JN070833

子育て支援員
研修テキスト 第3版

監修　一般社団法人　教育支援人材認証協会
編集　子育て支援員研修テキスト刊行委員会

中央法規

刊行にあたって

一般社団法人教育支援人材認証協会は、2015（平成 27）年度に厚生労働省から「子育て支援員研修の充実等に関する調査研究事業」を受託した。この研究事業の過程のなかで、子育て支援員研修のモデルになるようなテキストの原案作成を試みた。子育て支援員研修の場合、領域から考えても、社会福祉学のほかに、発達心理学や臨床心理学、教育心理学、保育学、教育学などの多様な学問分野の研究者の協力を得ることが必要となるが、それと同時に、多くの実践家からの協力も必要であった。幸い、こうした方々から執筆の同意を得ることができ、提出された原稿を、ほぼそのまま、「子育て支援員研修のためのモデル教材」として、報告書に収録する形になった。

2016（平成 28）年度に入ってから、報告書を目にした中央法規出版から、同報告書を子育て支援員研修のテキストとして刊行しないかというお誘いがあった。研究報告書を手にする人は限られているが、出版の形になれば、多くの人に研究の成果を読んでもらえる。そう考えて、協会として、中央法規出版の申し出を受けることにした。そして、協会内に本書のための刊行委員会を設置することにした。

もっとも、子育て支援員研修は、厚生労働省の提示した基準をもとに、各自治体が主催する公的な意味合いを伴う事業である。それだけに、通常の書籍のように、研究者の研究成果や実践家の実践報告をまとめればよいというわけにはいかない。といって、厚生労働省の基準の解説では事務的な連絡文書になってしまう。そこで、それぞれの問題について、厚生労働省の基準を発展させ、専門家としての研究の成果などを加えれば、テキストを刊行する意味が生じると考えた。

そうなると、各執筆者に、それぞれの項目ごとに、厚生労働省の基準を視野に入れながら、専門家としての見識を披瀝する形での原稿の見直しが必要となる。そこで、刊行委員会委員と中央法規出版の編集部とで個々の原稿に目を通したうえで各執筆者に加筆や補筆をお願いし、その内容を反映させて 2017（平成 29）年 8 月に刊行したのが本書の初版である。

その後、刊行から 1 年以上が経過し、この間に保育所保育指針の改定、本書の内容に関連する新たな調査結果や統計の公表などが行われ、本書の内容を更新する必要性が生じてきた。そこで、子育て支援員研修を受講する方々により新しい情報を学んでいただくために、初版の内容を更新して第 2 版として刊行することとした。更に 2019（平成 31）年の改訂から 4 年以上が経過し、子どもたちをめぐる状況の変化や新たな法令なども登場し、書き直しが必要となってきた。

初版、第２版と同様、厚生労働省の基準に準拠しながら、研究や実践の成果もそれなりに盛り込んだ内容になったと自負している。各研修会で本書を活用していただく際は、この内容をさらに発展させ、子育て支援員育成に役立つ講義を行ってほしいと願っている。

本書の作成にあたり、執筆者の先生方には、ご迷惑なお願いをしてお手数をおかけすることになった。しかし、そのおかげで、水準も高く、しかも、読みやすい本を刊行することができた。執筆者各位に心からの謝意を述べたい。それと同時に、編集作業に取り組んだ中央法規出版の編集部に感謝したいと思う。また、厚生労働省の関係者や教育支援人材認証協会の関係者のご助言やご支援にも感謝している。

2024（令和６）年２月

子育て支援員研修テキスト刊行委員会委員長
深谷昌志

目次

Ⅲ 地域保育コース　地域型保育

Ⅳ 地域保育コース　一時預かり事業

Ⅴ 地域保育コース　ファミリー・サポート・センター

Ⅵ 地域子育て支援コース 利用者支援事業（基本型）

Ⅶ 地域子育て支援コース 利用者支援事業（特定型）

Ⅷ 地域子育て支援コース 地域子育て支援拠点事業

Ⅸ 放課後児童コース

Ⅹ 社会的養護コース

序

子育て支援員について

1 子育て支援員研修制度の背景

2015（平成 27）年度から、「子ども・子育て支援新制度」（以下、「新制度」）が施行されている。「子育て支援員研修制度」は、この「新制度」をより実効性のあるものとするために創設された制度である。

「新制度」は、数年間の国の議論の末に始まったものである。しばしば待機児童問題の解消のためのより抜本的な制度改革と理解されているが、それは一面に過ぎない。

新制度に関する議論は 2003（平成 15）年頃から始まっていたが、きっかけはヨーロッパ諸国が保育・幼児教育、そして家庭支援等への抜本的な施策をとり始めたことであった。ヨーロッパ諸国は、保育・幼児教育にそれまでよりも相当多額な予算を割くようになっただけではなく、子育て家庭やひとり親家庭をそれまでよりもかなり厚く支援するようになっていた。ヨーロッパの OECD 加盟国で合同の取り決めがあり、すでにドイツ、フランス、スウェーデンなどは自国の GDP 比で 3%以上を保育予算、子育て支援予算、家族支援予算に費やしている。しかし日本では、ようやく 2%に届くかどうかというところである。

日本もこうした幼児教育重視策、子育て支援の一般化策を取らねばならないのでは、という議論が、2005（平成 17）年度にはじめて開かれた中央教育審議会幼児教育部会から始まり、その具体化が 2006（平成 18）年頃からようやく意識され始めた。理由は、かつては家族と地域で、まず子どもたちは生きる力の基礎を育んでいたが、今はそれがかなわない社会になっていて、人工的にそうした自生的な生きる力を育む場を築くことが必要になってきたということである。それに加えて、その裏面で進む家庭での子育ての困難を社会の力で本気でサポートしていかねば、子育ての苦労が増すばかりで、少子化等の問題がより大きくなってしまう、何とか抜本的な支援策を考えねば、ということであった。さらに、難問が山積する未来社会で、子どもたちはそれらを解決して生きていかねばならないのだが、それだけすべての子どもに質の高い保育・幼児教育を提供しなくてはならなくなったということもある。

このようなヨーロッパ諸国の動きなどを受けて創設されたのが、この「新制度」である。

「新制度」は、医療、年金、介護に加えて、四つ目の社会保障として子育て支援を位置づけたもので、幼稚園、保育所、認定こども園に共通の給付を創設するほか、19 人以下の小規模保育事業等についても給付の対象とする等の新たな制度枠組みをつくったが、その一環として子育て支援の充実を図ることも課題とされている。

この子育て支援の充実を図るため、「新制度」では地域子ども・子育て支援事業を創設し、13 事業を位置づけている（**図表1**）。

また、家庭的な養育環境が必要とされる社会的養護についても、子どもが健やかに成長で

■図表1　地域子ども・子育て支援事業

❶ 利用者支援事業	❽ 一時預かり事業
❷ 地域子育て支援拠点事業	❾ 延長保育事業
❸ 妊婦健康診査	❿ 病児保育事業
❹ 乳児家庭全戸訪問事業	⓫ 放課後児童健全育成事業（放課後児童クラブ）
❺ 養育支援訪問事業、子どもを守る地域ネットワーク機能強化事業	⓬ 実費徴収に係る補足給付を行う事業
❻ 子育て短期支援事業	⓭ 多様な事業者の参入促進・能力活用事業
❼ 子育て援助活動支援事業（ファミリー・サポート・センター事業）	

きる環境や体制の確保が必要とされている。

ところが、こうした子育て支援策を具体化するためには、それを担う職員の確保が必要となる。そこで、こうした事業について、保育士等の有資格者とこれを支援する者によって、子育て支援事業をより柔軟に、また、点・線だけでなく面として展開できるように、研修を制度化しようとしたのが「子育て支援員研修制度」である。地域トータルケアシステムづくりを人材面から支える制度といってもよいだろう。

子育て支援員がかかわる事業は小規模保育など10種類であるが、それぞれに共通する内容である「基本研修」と、それぞれの子育て支援の内容に応じた「専門研修」を受講することになっている。これらの研修を修了し「子育て支援員研修修了証書」の交付を受け、子育て支援分野の各事業等に従事するうえで必要な知識や技能を習得したと認められる者が子育て支援員となることができる。

制度創設から８年が経過し、今後さらに充実が図られるものと思われるが、この研修を受けることにより、日本の子育ての向上につながることが期待されている。

2 子育て支援員研修制度の体系

子育て支援員研修は、地域において子育て支援の仕事に関心をもち、子育て支援分野の各事業等に従事することを希望する者に対して行われる、多様な子育て支援分野について必要とされる知識や技能等を習得するための全国共通の研修であり、子育て支援の担い手となる子育て支援員の資質の確保を図ることを目的としている。子育て支援員は地域での支援の担い手として、一人ひとりの子どもの健やかな成長を支援することが期待されている。

この研修制度を体系的に表すと、**図表2**のようになる。研修は、すべての受講者が受ける「基本研修」と、各事業等の専門的な内容を学ぶ「専門研修」の２段階に分かれている。

基本研修は、子育て支援員として、子育て支援分野の各事業等に共通して最低限度必要と

■図表２　子育て支援員研修の体系

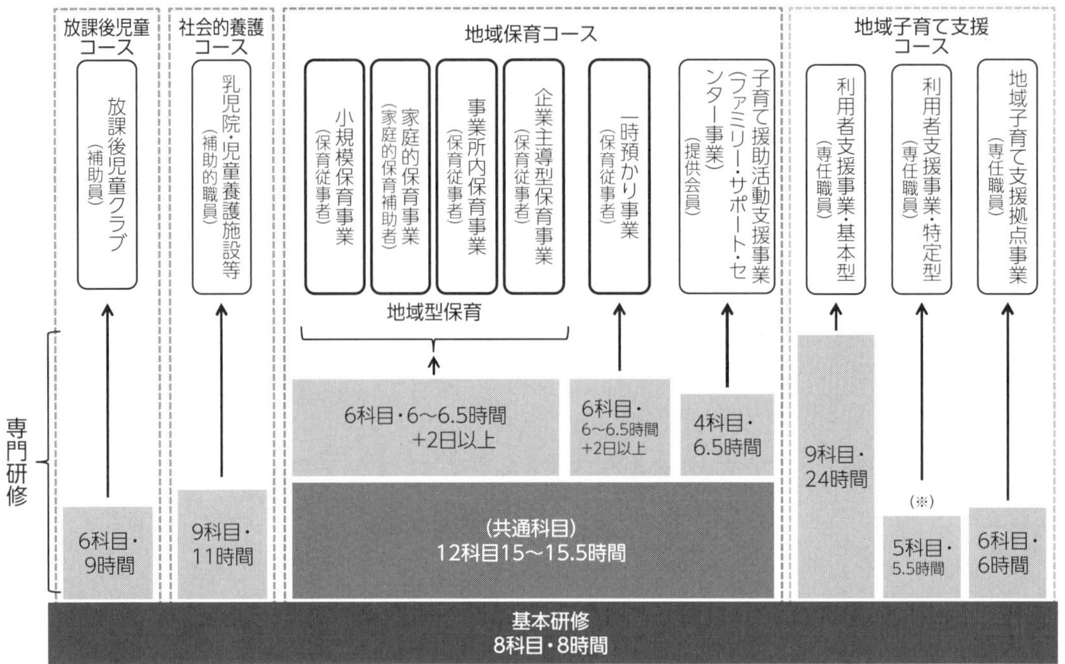

※「利用者支援事業・特定型」については、自治体によって、実施内容に違いが大きい可能性があるため、地域の実情に応じて科目を追加することを想定。
注）主な事業従事先を記載したものであり、従事できる事業はこれらに限られない（障害児支援の指導員等）。
注）太枠は、研修が従事要件となる事業。細枠は、研修の受講が推奨される事業。

出典：厚生労働省資料を一部改変

される子育て支援に関する基礎的な知識、原理、技能および倫理などを習得するものであり、子育て支援員としての役割や子どもへのかかわり方などを理解し、子育て支援員としての自覚をもつことが目的となる。

そして専門研修では、基本研修を修了した者が、子育て支援員として従事するために必要となる子どもの年齢や発達、特性等に応じた分野ごとの専門的な知識、原理、技能、倫理などを習得することが目的となる。

専門研修には、「地域保育コース」「地域子育て支援コース」「放課後児童コース」「社会的養護コース」の四つのコースがあり、さらに「地域保育コース」と「地域子育て支援コース」では事業ごとに研修内容が分かれている。子育て支援員となってからどの事業に従事するのかを念頭において、受講するコースを選ぶことが必要となる。子育て支援員が従事する各事業等の主な職務の詳細については、**図表3**の通りである。

なお、基本研修においては、保育士や社会福祉士、または幼稚園教諭や看護師等であり、基本研修で学ぶべき知識等が習得されていると都道府県知事等が認める場合には受講が免除される。また、専門研修のうち利用者支援事業・基本型を受講する場合は、相談やコーディネート等の業務内容を必須とする市町村長が認めた事業や業務（地域子育て支援拠点事業や保育所における主任保育士業務等）における１年以上の実務経験をあらかじめ有している

■図表３　子育て支援員が従事する主な職務

❶　家庭的保育事業の家庭的保育補助者
❷　小規模保育事業Ｂ型の保育士以外の保育従事者
❸　小規模保育事業Ｃ型の家庭的保育補助者
❹　事業所内保育事業（利用定員 19 人以下）の保育士以外の保育従事者
❺　利用者支援事業の専任職員（母子保健型に従事する者を除く）
❻　放課後児童健全育成事業（放課後児童クラブ）の補助員
❼　地域子育て支援拠点事業の専任職員
❽　一時預かり事業の一般型の保育士以外の保育従事者
❾　一時預かり事業の幼稚園型の保育士および幼稚園教諭普通免許状所有者以外の教育・保育従事者
❿　子育て援助活動支援事業（ファミリー・サポート・センター）の提供会員
⓫　社会的養護関係施設等の補助的職員等
⓬　仕事・子育て両立支援事業のうち、企業主導型保育事業の保育士以外の保育従事者

出典：「子育て支援員研修事業実施要綱」（平成 27 年 5 月 21 日雇児発 0521 第 18 号）

ことが条件となる。受講者はあらかじめこれらについても確認してほしい。

また、各研修は、実施主体（主に自治体）が地域の子育て支援のニーズや実情に応じて実施するものであるため、すべての地域ですべてのコースの研修が行われるわけではないことに注意する必要がある。また、研修の実施にあたっては、地域性や事業の特性等を考慮して時間数の増加や科目の追加などがなされる場合があり、地域の実情に応じた研修が行われることが想定される。

3　子育て支援員の役割

子ども・子育て支援法では、子ども・子育て支援は「社会のあらゆる分野における全ての構成員が、各々の役割を果たすとともに、相互に協力して行われなければならない」（第２条）とされ、その取組みの目的は「一人一人の子どもが健やかに成長することができる社会の実現」にある。子育て支援員もまた、子ども・子育て支援新制度における子ども・子育て支援の事業を担う者として、一人ひとりの子どもが健やかに成長することができる社会の実現に資するため、「子どもの育ち」と「家庭の養育機能」を支えることが求められる。具体的な役割は、従事する事業の機能により「保育業務の補助」「親子が集う場の提供や交流促進」「子育て家庭と地域の社会資源のコーディネート」に類別される。すなわち、子育て支援員は、「子どもの育ちと家庭の養育機能を支える」という共通の役割を意識しながら、各事業の機能や特性を理解して各事業に必要な役割を発揮することとなる。

子どもの育ちと家庭の養育機能を支える役割

子育て支援員は、従事する事業の形態や機能が異なっていても、子ども・子育て支援法に基づく子どもの育ちと家庭の養育機能を支える仕組みの一端を担うこととなる。そこでは取組みの主体が子どもと家庭であること、援助においては個人の価値観ではなく援助者としての価値・倫理を判断基準とすること、個別の子どもや家庭の状態を把握することなどを理解して働くことが求められる。そのため、子育て支援員の共通研修として「子ども・子育て家庭の現状」「子ども家庭福祉」「子どもの発達」「保育の原理」「対人援助の価値と倫理」「子ども虐待と社会的養護」「子どもの障害」などの科目が設定されている。

保育補助の役割

子育て支援員に求められる役割の多くは保育補助であり、保育の専門職である保育士の指示に基づきながら保育業務に携わることとなる（多くは同じ保育事業に勤務する保育士から指導や助言を受けるが、ほかの施設に勤務する保育士のスーパービジョンを受けながら保育を担うこともある）。例えば、家庭的保育事業、小規模保育事業、事業所内保育事業、放課後児童健全育成事業（放課後児童クラブ）、一時預かり事業、社会的養護関係施設などの保育補助業務に従事することが想定されている。また子育て援助活動支援事業（ファミリー・サポート・センター事業）の援助は、市民活動の延長上に位置する取組みであるが、子どもへのかかわりとしては共通する部分も多くある。保育補助の役割を担うにあたっては、「子育て」と「保育」の違いを理解し、子どもの命を守ること、子どもが育つその過程にかかわる責任を自覚しておく必要がある。さらに保育形態の違いにより保育の留意点が異なることを理解して保育士の指示や助言に従いつつ、事業形態に応じて保育の機能を発揮するチームの一員として働くことが求められる。

親子が集う場の提供や交流促進の役割

地域子育て支援拠点事業に従事する子育て支援員には、親子が集う場の提供や交流促進の役割が求められる。子育て支援員研修を受講することで、同じ空間や場のなかで親と子どもの双方を支援の対象とすること、不特定多数の親子を対象とすること、特に親子と親子間の関係性に着目した支援のあり方など、本事業の特徴を理解することが重要である。また、事業の内容には、「子育てについての相談、情報の提供、助言その他の援助を行う」ことも示されている。このような業務を担うにあたっては、子育て支援員研修の受講に加えて交流促進や相談機能等を発揮するための専門的な研修の受講が必要となる。

■図表４　事業内容からみた子育て支援員に求められる役割

役割	事業名	研修の対象となる職員	事業の概要	研修時間		
				基本研修	専門研修	
保育補助	家庭的保育事業	家庭的保育補助者	主として満３歳未満の乳幼児を家庭的保育者の居宅その他の場所において保育を行う事業（利用定員５人以下）。	8h	約 22h	＊
	小規模保育事業	B 型の保育士以外の保育従事者 C型の家庭的保育補助者	主として保育を必要とする満３歳未満の乳幼児を保育することを目的とする事業（利用定員６～19 人）。	8h	約 22h	＊
	事業所内保育事業	保育士以外の保育従事者	企業等が主として従業員の子どもを対象として運営する保育施設。	8h	約 22h	＊
	企業主導型保育事業	保育士以外の保育従事者	事業所内保育所などで、従業員の子どもや地域の子どもを対象として運営する保育事業。	8h	約 22h	＊
	一時預かり事業	保育士以外の保育従事者	乳幼児を主として昼間に保育所、認定こども園その他の場所において、一時的に預かる事業。	8h	約 22h	＊
	子育て援助活動支援事業（ファミリー・サポート・センター事業）	提供会員	援助を受けることを希望する者と援助を行うことを希望する者との連絡および調整並びに援助希望者への講習の実施その他の必要な支援を行う事業。 ・児童を一時的に預かり、必要な保護を行う。 ・児童が円滑に外出することができるよう、その移動を支援する。	8h	約 22h	
	乳児院・児童養護施設等	補助的職員	児童自立生活援助事業、子育て短期支援事業、小規模住居型児童養育事業、里親、乳児院、母子生活支援施設、児童養護施設、児童心理治療施設（情緒障害児短期治療施設）、児童自立支援施設および児童家庭支援センター。	8h	11h	
	放課後児童健全育成事業（放課後児童クラブ）	補助員	保護者が労働等により昼間家庭にいない小学校に就学している児童を対象として授業の終了後に児童厚生施設等の施設を利用して適切な遊びおよび生活の場を与えて、その健全な育成を図る事業。	8h	9h	
親子が集う場の提供	地域子育て支援拠点事業	専任職員	乳幼児およびその保護者が相互の交流を行う場所を開設し、子育てについての相談、情報の提供、助言その他の援助を行う事業。	8h	6h	
コーディネート	利用者支援事業	専任職員（母子保健型に従事する者を除く）	子ども・子育て支援の推進にあたって、子どもおよびその保護者等、または妊娠している方が教育・保育施設や地域の子育て支援事業等を円滑に利用できるよう、身近な実施場所で情報収集と提供を行い、必要に応じ相談・助言等を行うとともに、関係機関との連絡調整等を実施し、支援する事業。	8h	基本型 24 h 特定型 5.5 h	＊＊

＊　２日間の見学実習
＊＊相談およびコーディネート等の業務内容を必須とする市町村長が認めた事業や業務（例：地域子育て支援拠点事業、保育所における主任保育士業務等）の実務経験の期間を参酌して市町村長が定める実務経験の期間を有すること。保育士、社会福祉士、その他対人援助に関する有資格の場合１年。それ以外の場合３年。

子育て家庭と地域の社会資源のコーディネート

子育て家庭と地域の社会資源のコーディネートは、主に利用者支援専門員として利用者支援事業に従事する子育て支援員に求められる役割である。この事業の機能はいわゆるソーシャルワークであり、従事者には子どもや親に限定しない家庭全体を視野に入れたアセスメント、個別家庭の状況に応じたはたらきかけ、地域資源とその関係性を俯瞰する視野、地域資源との協働、それらを支えるコミュニケーション力等が多く求められる。そのため、本事業では研修の受講に加えて相談やコーディネート業務の実務経験が必要とされている。さらに、本事業の専門研修は、利用者支援事業を理解することを目的とした入門編に位置づく研修であり、継続して事業を担うにあたっては、より専門的な研修の受講が必要となる。都道府県等には現任研修やフォローアップ研修の実施が期待されている。

(汐見稔幸・橋本真紀)

I

基本研修

1 子ども・子育て家庭の現状

キーワード

家庭の教育力の低下　生活のなかでの育ち　生活の変容　格差の拡大
ひとり親家庭　少子化　子育ち支援

1. 歴史のなかでの子ども育ち

下の絵(**図表Ⅰ-1**)を見ていただきたい。これはオランダの画家、ピーテル・ブリューゲルの「子どもの遊戯」という有名な絵である。細かいのでよく見えないかもしれないが、この絵には子どもの遊びが 90 種類以上描かれている。つぶさに見ると、われわれが子どもの頃に遊んだものと似た遊びがたくさん描かれているのに驚く。どこの国でも子どもは似た遊びをするものだと誰しも思うのではないか。

問題はこの絵が描かれた時期である。ブリューゲルがこの絵を描いたのは 1550 年頃で、約 500 年前である。数百年前のオランダの村の子どもと、この文章を書いている戦後生まれの世代が子どもであった頃と、同じような遊びをしていることをあらためて確認しておきたい。論者によっては、江戸時代など、貧しいがゆえに子どもは幼い頃から家の仕事を手伝わされ、遊びどころではなかったのではないかというが、実際は、子どもたちは仕事の合間を縫うように、ずっと長く、こうした遊びに興じてきたのだと思う。

■図表Ⅰ-1　子どもの遊戯

こうした遊びで、子どもたちは大人になるために必要な身体諸力や道徳観、社会性などを自然に身につけた。家事・仕事の手伝いで身につけるもの、遊びを通じて身につけるもの、そして共同体の行事等に参加することで身につけるもの、この三つによってすべての子どもたちは、広い意味で「教育」されたのである。「生活」が育ちの場であった。

翻(ひるがえ)って現代社会はどうであろうか。こうした地域社会での自在な遊びはほぼ消滅しているし、子どもの仕事もなくなった。生活のなかで育つということは、従来のようには期待されなくなってきたのである。これは大げさに聞こえるかもしれないが、人類史的な危機状況といってよい。子どもは大人が自分たちの生活をしっかり行い、それに巻き込み、子どもの集団を大事にしておけば、自然と育っていくということが成り立たなくなってきたのである。

2.「家庭の教育力の低下」ということの正しい意味

こうした地域社会全体、生活全体で子どもを育てるという人類の育ての方式が成り立たなくなって、子どもの育ては二つのサイトに分担されるようになった。一つは家庭で、もう一つは保育を含む学校である。家庭で行わねばならない育児項目が急増し、頭も心も身体も、親が意識的に育てていくことを課せられるようになってきている。それが大変であるということから少子化や虐待が起こってきている。

狭く、育児の経験もなく、子どもを外で自由に遊ばせることもできず、いるのは両親だけという多くの核家族に、そうした豊かな教育力を普遍的なものとして期待するのは無理である。また学校もしつけ機能まで期待されるようになり、それがうまくできないと嘆く教師が急増し、逆にそれに対する不満を述べる保護者も多くなった。学校が窮屈(きゅうくつ)な場になることと家庭が諸問題を抱えることとは、コインの表裏の問題である。端的に子どもを育てるこれまでの方式が成り立たなくなってきたのに、それに代わる育てと育ちの方式がうまく編み出されていないということの反映である。

したがって、しばしばいわれる「家庭の教育力の低下」ということは、正確に理解されなければならない。家庭にはこれまで豊かな教育力があったのにそれが低下していると理解することは、事実にももとるし、間違いである。これまで貧しい農村の農民に豊かな教育力があったのではない。これまでは、意識的な教育をさほどしなくても、親が自分たちの「生活」全体の営みに子どもたちを巻き込むことで、結果として子どもたちの育ちが保障されたのである。また地域が子どもの育つ場として保障されていたので、自在に放り出して育てることができたのに、それもかなわないのが現代で、その限り家庭は課題を押しつけられてアップアップさせられているというのが正確である。だから、「家庭の教育力が低下」したのではなく、地域と生活の教育力が低下したために、家庭が大変苦労しているというのが実際である。

子育て・家族支援がなぜ必要になってきているのか、こうした角度から深く理解しておくことが肝要と思われる。

3. 少子化の原因

少子化とは社会のなかで若い世代の占める比率が非常に少なくなることであるが、現代とこれからの日本は、深刻な少子化問題を抱えることが予想されている。長寿化が進行している現代日本では、少子化は高齢化と直接にリンクしていて、このままでは少数の労働世代が多数の高齢世代を支えねばならなくなることは避けられない。**図表Ⅰ-2**のように少子化傾向は歯止めがかかっておらず、より実効性のある対策が求められている。子育て・家族支援は少子化問題の克服の要の一つといえる。

少子化がなぜ起こってきたかということは、さまざまに説明されている。

子どもを生んでも地域で自由に育てる場がない、保育所になかなか入れない、己の自己実現のテーマのなかから出産と育児ということを外す女性が増えてきた、そもそも経験もなく自信がない、父親の育児・家事参加が不十分等々、多くのことが少子化につながっていると考えられるが、ともかくこのまま少子化が続くと、年金、医療費問題などが深刻化し、社会の安定した持続が困難になってくる。地域の過疎化も起こりかねず、少子化問題は社会のあり方を根本から考え直してみることを要請している。子育て支援の活動は、人口構成をより自然なものにしていくための活動でもある。

■図表Ⅰ-2　出生数及び合計特殊出生率の年次推移

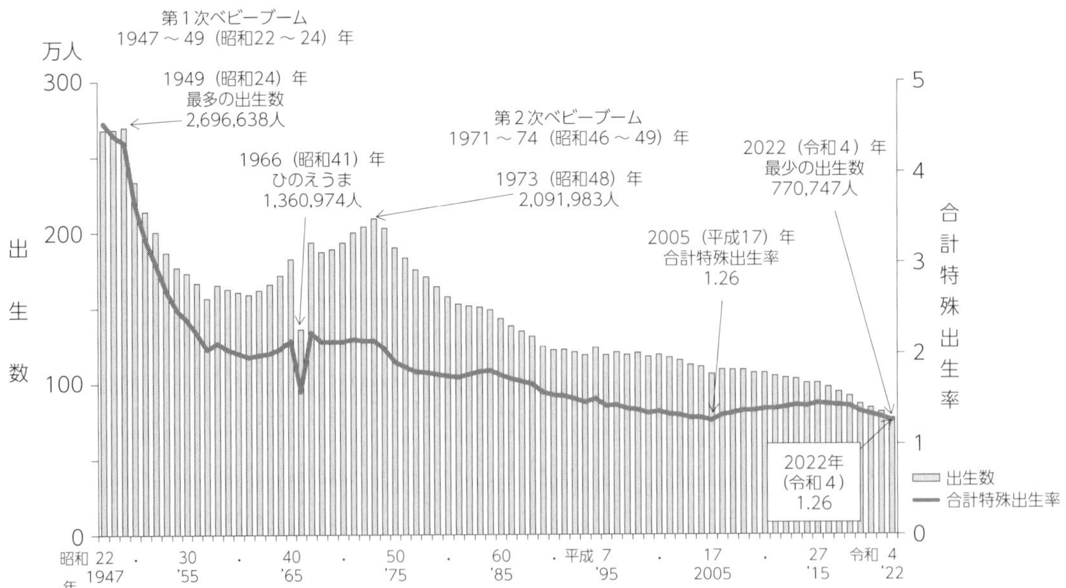

出典：厚生労働省「人口動態統計」2022．を一部改変

4. 格差の広がりと新たな課題の登場

先にみたように、家庭が「生活」を生産的に行う場でそこに子どもたちを巻き込んでいけばそれなりに育ったという時代が終わり、家庭が多くの育児課題――頭と心と身体の育てを担わなければならなくなると、そうしたことがそれなりにできる条件や姿勢のある家庭とそうでない家庭で、大きな差が出てくることになる。

図表Ⅰ-3は、小学生・中学生・高校生合計約1万4500人に対して行った調査で、手伝いをする割合と道徳観・正義感の育ち具合の相関を見たものである。お手伝いをしっかりしている子の道徳観・正義感の育ちがよい等、手伝いの度合いと道徳観の育ちはきれいな相関を示すことが明らかになっている。

これは、お手伝いをすると道徳観が育つという因果関係を表しているのではなく、現代のように、特にお手伝いをしなくても家庭生活が成り立つ時代でも、子どもに意識的にお手伝いをさせているような家庭では、道徳観や正義感の育ちもよいという結果になっていることを示している。同調査では、自然体験の豊かさと道徳観・正義感の育ちとの相関、生活体験の豊かさと道徳観・正義感の育ちとの相関についても調べているが、いずれも強い正の相関を示すことがわかっている。これらは、家庭での意識的な子どもへのはたらきかけ（手伝いをさせる、自然につれ出す、多様な体験をさせる）と子どもの道徳観の育ちが深く関係していることを示している。

したがって、これからの子育て・家族支援は、こうした意識的な育てを可能にするような

■図表Ⅰ-3　お手伝いと道徳観・正義感の関係（小4～6、中2、高2）

質問「あなたは、ふだん次のようなお手伝いをどのくらいしていますか。(a) 買い物のお手伝いをすること、(b) 新聞や郵便物をとってくること、(c) 靴などをそろえたり、磨いたりすること、(d) 食器をそろえたり、片付けたりすること、(e) 家の中のお掃除や整頓を手伝うこと」

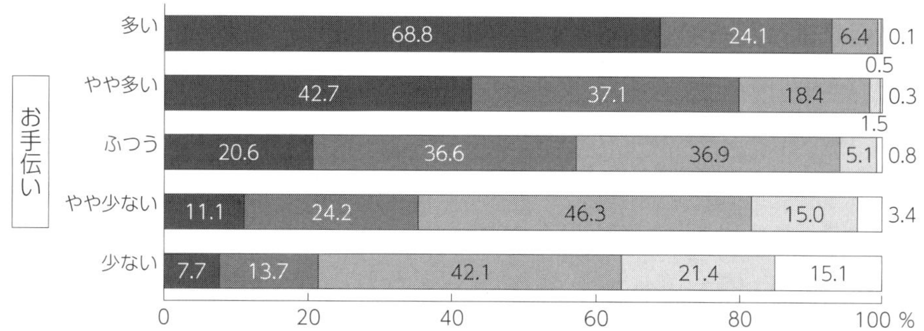

出典：国立青少年教育振興機構「青少年の体験活動等に関する実態調査（令和元年度調査）」pp.92, 181～182, 2019.

文化性の形成を応援する方向で構想されることが大事になっている。

5. ひとり親世帯の増加と経済困難

離婚等の理由で、単親で子どもを育てている世帯が増加している。厚生労働省の「令和3年度全国ひとり親世帯等調査」によると、2021（令和3）年の調査で母子世帯は119.5万世帯、父子世帯は14.9万世帯（推計値）で、うち7割以上が離婚を理由としている。収入は厳しく母子家庭の母親の平均就労収入は年236万円、父子家庭の父親の平均就労収入は年496万円で、平均的な両親家庭に比べてかなり低くなっている。ひとり親家庭では、年収127万円程度以下の収入しかない「貧困家庭」の割合が44.5%になっている。ひとり親家庭の9割近くが母子家庭であることを考慮すると、母子家庭の貧困率の高さは異常ともいえ、OECD加盟国中ではトップである。経済的な貧困は、お金が地縁、血縁代わりになる現代社会では、すぐに文化的貧困、教育の貧困、友人関係の貧困、孤立感の増大などに結びつき、子どもへのゆとりのない対応が増えていく。経済的な貧困はまた、子どもの学力形成条件の貧困にリンクするので、こうした家庭の子どもの生活支援、学力支援も大事なテーマになっている。同じように、ひとり親家庭の母親、父親が孤立しないようにする支援も最重要な課題である。

6. 子育て家庭への支援

地域の子育て家庭への支援が推し進められるなか、2016（平成28）年には母子保健法改正により、妊娠期から子育て期にわたる途切れない支援を実現するため、子育て世代包括支援センター（母子保健法上の名称は母子健康包括支援センター）が新たに規定された。また、同年の児童福祉法の改正では、市町村は子どもとその家庭及び妊産婦に関する支援を一体的に担う機能を有する子ども家庭総合支援拠点の整備に努めることとされた。

さらに相談支援機能を一体化し、家庭をマネジメントするために、2022（令和4）年に成立した改正児童福祉法（2024（令和6）年4月1日施行）では、子育て世帯への包括的な支援体制の強化が掲げられ、以下のように具体化された。

❶ こども家庭センターの設置

全国各地にこども家庭センターが設置され、子育てに関する情報や相談窓口が提供されるようになる。これにより、親が子育てに関する情報やサポートを得やすくなる。

❷ 家庭支援の拡充

家庭支援プログラムを充実させ、子育てに困難を抱える家庭に対する支援が強化された。経済的支援、育児支援、心理的サポートなどの提供により、家庭が安定し、子どもたちが適切な環境で成長できるようになることを目指す。

また、2023（令和5）年度に設置されたこども家庭庁と、こども施策の基本を定めたこども基本法（2023（令和5）年4月1日施行）についても理解しておくことが重要である。

2023（令和5）年12月、こども基本法の内容に基づき施策の基本方針を定める「こども大綱」が閣議決定され、さらに内閣総理大臣を議長とするこども会議で「こども未来戦略」が定められた。特に少子化対策については、これまでにない方策が提案されている。具体的には、児童手当の対象拡大と増額、保育所の職員配置基準の見直しなどが挙げられている。そのうちの一つである「こども誰でも通園制度」は、2025（令和7）年度からの運用を目指し、試行・検討が進められている。

7. 子育ち支援を念頭に

子育て支援は、基本的には子育てをしている親・保護者への支援であるが、その必要性を増大させている背景にある最大の社会的要因は、子育てを社会全体、生活全体で行ってきたこれまでの慣行が崩れてきたことにあった。それは一方で親・保護者と学校の過重負担を生み支援を必然化することを述べたが、同時に同じ事態が子ども自身の育ちの環境や条件の劣化ということにもつながっている。

そもそも子育て支援は、子どもたちを健全に育てていくことが難しくなっているために行うものでもあり、その意味で子どもの育ちへの支援、「子育ち支援」が同時に大事な課題になる。

子育て支援を子育ち支援と串刺しにするような支援のあり方を探ることが大切な課題となる。

まとめと課題

子育て支援には、子どもや子どもが育つ基本的な場である家庭がおかれている状況についての正確な理解が前提として必要である。そのために、地域と家庭の変容ということを客観的に理解したうえで、家庭支援の必要性や格差の拡大する理由を理解し、子育て支援の必要性を納得し、さらに、子育て支援は子育ち支援と重なることの重要性を理解する。また、子育て支援を子育ち支援と串刺しにするような支援のあり方を探ることが大切な課題となる。

（汐見稔幸）

2 「子ども家庭福祉」の概念と子ども・子育て支援の概要

キーワード

児童家庭福祉　人権　子ども・子育て支援新制度　児童福祉施設

1. 子ども・子育て支援新制度の概要

1 児童家庭福祉の理念

「児童家庭福祉」ということばは、子どもの支援や子育て支援を行う場合にとても大切なことばである。ことばには、多くの場合、私たちが大切にしてきた意味や命が宿っている。私たちは、何事もことばを使って考え、感じ、そして多くの人とかかわり、伝え合っている。だからこそ、社会のなかで人とかかわるときには、「ことば」が重要な道具となるのである。そこで、まずこの「児童家庭福祉」ということばの意味について理解することから始めてみる。

公的な子ども・子育て支援の根拠となっている「児童福祉法」(1947（昭和22）年法律第164号）には、総則として以下のように示されている。

> 児童福祉法
>
> 第1章　総則
>
> 第1条　全て児童は、児童の権利に関する条約の精神にのつとり、適切に養育されること、その生活を保障されること、愛され、保護されること、その心身の健やかな成長及び発達並びにその自立が図られることその他の福祉を等しく保障される権利を有する。
>
> 第2条　全て国民は、児童が良好な環境において生まれ、かつ、社会のあらゆる分野において、児童の年齢及び発達の程度に応じて、その意見が尊重され、その最善の利益が優先して考慮され、心身ともに健やかに育成されるよう努めなければならない。
>
> ②　児童の保護者は、児童を心身ともに健やかに育成することについて第一義的責任を負う。
>
> ③　国及び地方公共団体は、児童の保護者とともに、児童を心身ともに健やかに育成する責任を負う。
>
> 第3条　前2条に規定するところは、児童の福祉を保障するための原理であり、この原理は、すべて児童に関する法令の施行にあたつて、常に尊重されなければならない。

また、児童福祉法が施行された3年後の1951（昭和26）年には「児童憲章」が定められ、子どもに関する基本的な理念として次の三つを挙げている。

❶ 児童は、人として尊ばれる。

❷ 児童は、社会の一員として重んぜられる。

❸ 児童は、よい環境の中で育てられる。

このようなことから、まずその中心にある考え方は、「どのような背景をもっていようとも、すべての子どもは守られる存在であること」「保護者が責任をもつとともに、国や地方公共団体も子どもの育成の責任を負うこと」「すべての国民は、子育てに協力するよう努力し、社会全体で子どもの育ちを支えること」であるといえる。

さらに、1980年代以降、いわゆる「少子化」が社会的な問題として注目されるようになったり、国際連合で児童の権利に関する条約（子どもの権利条約）が採択されたりするなかで、子どもが「未成熟な未完成品」ではなく、一人の人間として大人と同様の「基本的人権」をもち、その主体性が大切にされなければならないとの考えも広がった。そのような流れをきっかけに、児童のみならず、子育てに責任をもつ保護者にも国や公共団体が援助を与える必要があるというように視野が広がっていった。また単に最低限の保障をどの子どもにも与えようとするだけではなく、人権の擁護や自己実現を支えることをも大切にする「ウェルビーイング（well-being）」という思想も広がった。ここから、「児童福祉」ということばは、「児童家庭福祉」あるいは子どもの人権や主体性をより強調しようとする「子ども家庭福祉」へと発展的に変化していったのである。

つまり、現在使われる「児童家庭福祉」ないしは「子ども家庭福祉」ということばには、このように子どもの権利を尊重し自己実現を支えることを含めた、すべての子どもと家庭に対する「児童福祉」を実現しようとする理念が埋め込まれているのである。子どもの支援や子育て支援にかかわるものの原点として、この理念には何度となく立ち返る必要があるといえる。

2 少子化と保育ニーズ・子育て支援ニーズ

子どもの支援や子育て支援を行おうとするとき、現在、社会の大きな特徴となっている「少子化」という問題について理解しておく必要がある。このことによって、保育のニーズや子育ての支援のニーズが大きな影響を受けているからである。

出生数及び合計特殊出生率（「15歳～49歳までの女性の年齢別出生率を合計したもので、一人の女性がその年齢別出生率で一生の間に生むとしたときの子どもの数に相当する」[1)]）の推移は、**図表Ⅰ-2**に示した通りである（12頁）。男女1組のカップルが2名以上の子どもを産んでこそ、理論上は人口が維持されるわけであるが、2022（令和4）年の合計特殊出生率1.26というのは、いわゆる「1.26ショック」と呼ばれる2005（平成17）年に並び、過去最低の水準である。このような少子化の背景にある問題は、これまでにも多く指摘されている。晩婚化や非婚化といった結婚に関する時代的な変化もあるが、さらに大きな問題は、社会の変化に伴う雇用やライフスタイルの変容、保護者と子どもを取り巻く家族環境や地域環境の変化であろう。

近年は、若者の雇用環境がとりわけ厳しい社会である。非正規雇用の割合が高く、また収入が相対的に低い若者世代が、ちょうど子育て世代に合致してしまっている。このような雇用の不安定さは、育児休業の取得やワークライフバランスに影響し、そしてなによりも育児に対する関心や意欲を低くする方向に作用してしまっている。また、3世代同居といった家族が少なくなり、地域での人間関係が希薄になっていることなども指摘されるなかで、子育てにおける「孤立」も進んでおり、結果的に「子どもを産み育てること」が困難な社会が広がっている面は否めない。

こうしたなかで、保育ニーズとともに、子育て支援ニーズもやはり高くなっているのが、現在の日本の社会である。ライフスタイルが価値観とともに多様化し、地域の取り組みの違いなども広がるなかで、子ども支援や子育て支援も、そのニーズが高まるにつれて多様化している。保育サービス、地域の子育て支援、放課後児童クラブ等のさまざまな支援事業が求められる理由でもある。貧困や虐待、いじめ、発達障害など、子どもや子育てをめぐる大きな課題への対応も含めて、誰もが子どもを産み育てることに生きがいや楽しさを感じる社会を、私たち自身の手でつくり出すことが、今、求められているといえよう。

3 子ども・子育て支援新制度の概要

2015（平成27）年4月より本格施行されている「子ども・子育て支援新制度」は、ここまでに述べてきた状況を踏まえて、国が地方の公共団体と一体となり、子どもや子育ての支援をより充実させるために取り組もうとしている施策である。具体的には、2012（平成24）年8月に成立した「子ども・子育て支援法」「就学前の子どもに関する教育、保育等の総合的な提供の推進に関する法律の一部を改正する法律」「子ども・子育て支援法及び就学前の子どもに関する教育、保育等の総合的な提供の推進に関する法律の一部を改正する法律の施行に伴う関係法律の整備等に関する法律」の子ども・子育て関連3法に基づく制度のことをいう。

こども家庭庁では、「子ども・子育て支援新制度」の主なポイントについて、**図表Ⅰ-4**のようにまとめている。

保育ニーズや子育て支援ニーズに対して、支援を量と質の両面から拡充したり、向上したりするのが本制度のねらいである。また、身近な市区町村が中心となって、地域特性に応じて柔軟に取組みを広げることが目指されており、消費税増税分を財源として当てることになっている。

■図表Ⅰ-4　子ども・子育て支援新制度の主なポイント

子ども・子育て支援新制度は、
「量」と「質」の両面から子育てを社会全体で支えます。

消費税率引き上げによる増収分を活用します

幼児期の学校教育や保育、地域の子育て支援の量の拡充や質の向上を進める「子ども・子育て支援新制度」が、平成27年４月にスタートしました。

この新制度の実施のために、消費税率引き上げによる増収分が活用されます。
貴重な財源を活かして、社会全体で子どもの育ち、子育てを支えます。

もっとも身近な市町村が中心となって進めます

市町村は地域の子育て家庭の状況や、子育て支援へのニーズをしっかり把握し、５年間を計画期間とする「市町村子ども・子育て支援事業計画」をつくります。

都道府県や国は、こうした市町村の取組を制度面、財政面から支えます。

企業による子育て支援も応援します（平成28年度創設）

「仕事・子育て両立支援事業」を創設し、
企業等からの事業主拠出金を財源として、
事業所内保育の整備やベビーシッター派遣サービスの利用を促進します。

支援の量を拡充！

必要とするすべての家庭が利用できる支援を目指します。

・子どもの年齢や親の就労状況などに応じた多様な支援を用意。
　教育・保育や子育て支援の選択肢も増やします。（地域の実情により異なります）
・１人目はもちろん、２人目、３人目も安心して子育てできるように、
　待機児童の解消に向け教育・保育の受け皿を増やします。

支援の質を向上！

子どもたちがより豊かに育っていける支援を目指します。

たとえば・・・

幼稚園や保育所、認定こども園などの職員配置の改善
・子どもたちにより目が届くように、職員1人が担当する子どもの数を改善します。
　（３歳の子どもと職員の割合を、従来の20人に対して１人から、15人に対して１人にする　など）

幼稚園や保育所、認定こども園などの職員の処遇改善
・職員の処遇改善を行い、職場への定着及び質の高い人材の確保を目指します。
　（職員の給与を増やしたり、研修を充実するなどキャリアアップの取組を推進する　など）

※児童養護施設など、社会的な養護を必要とする子どもたちが生活する施設などの改善にも消費税が使われます。

仕事・子育て両立支援　（平成28年度創設）

従業員が働きながら子育てしやすいように環境を整えて、離職の防止、就労の継続、女性の活動等を推進する企業を支援します。

・企業主導型保育事業
　従業員のための保育施設の設置・運営の費用を助成します。
　※週２日程度の就労や夜間、休日勤務など、従業員の多様な働き方にも対応できます。
・企業主導型ベビーシッター利用者支援事業
　残業や夜勤等でベビーシッターを利用した際に、費用の補助を受けることができます。

出典：こども家庭庁ホームページ「よくわかる「子ども・子育て支援新制度」」より抜粋

■図表Ⅰ-5　認定の仕組み

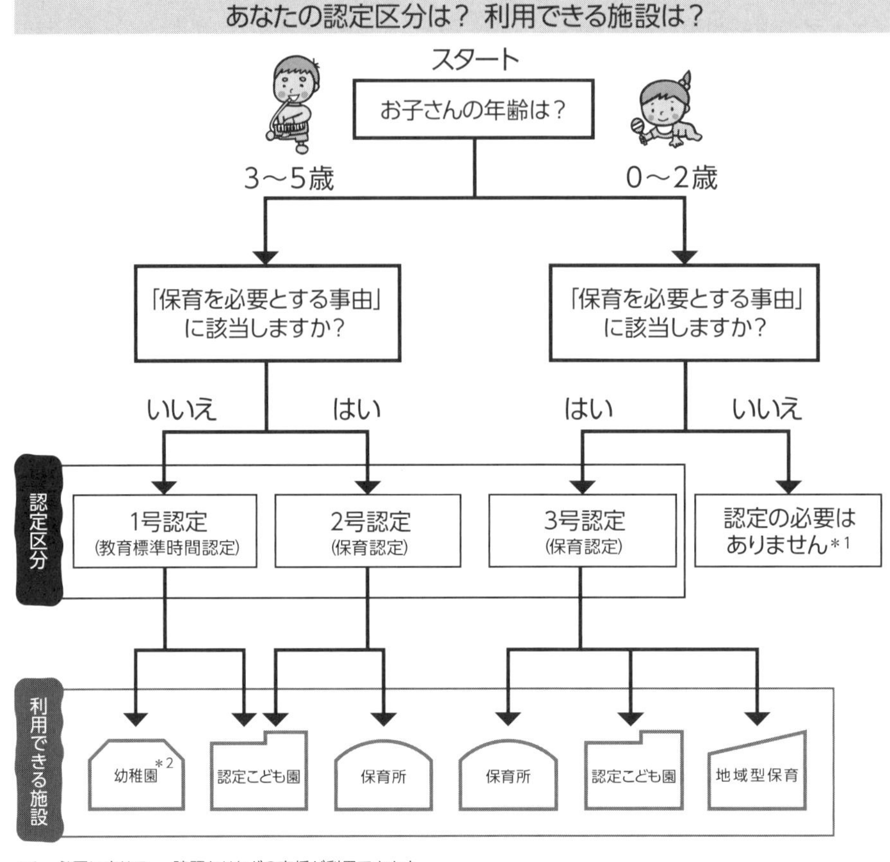

●共働き家庭でも幼稚園を利用したい場合は？
共働きでも幼稚園での教育を希望される場合は、
1号認定を受けることになります。

出典：内閣府・文部科学省・厚生労働省「子ども・子育て支援新制度なるほどBOOK 平成28年4月改訂版」p.5, 2016.

保育に関しては、特に地域型の保育が新たに設けられ、定員5名以下の「家庭的保育（保育ママ)」、定員6～19名の「小規模保育」、会社の保育施設で従業員と地域の子どもを保育する「事業所内保育」、個別な対応が必要なのに地域に施設がない場合に行う「居宅訪問型保育」の四つの事業が、保育所より少人数での単位で展開されることになった。これに伴い、施設などの利用を希望する場合は、市区町村から1～3号までの認定を受ける必要がある(**図表Ⅰ-5**)。

また、地域の子育て支援の充実にも力が入れられており、「利用者支援」「放課後児童クラブ」「地域子育て支援拠点」「一時預かり」「延長保育」「病児保育」「ファミリー・サポート・センター」「子育て短期支援」「乳児家庭全戸訪問」「養育支援訪問」「妊婦健康診査」等の事業が進められている。

このような事業に、家庭的な養育環境が必要とされる社会的養護について、地域の実情やニーズに応じて、支援の担い手となる人材の確保が必要となっている。このため、研修制度を創設し、養成されるのが「子育て支援員」である。子育て支援員は、国で定めた「基本研修」および「専門研修」を修了し、「子育て支援員研修修了証書」の交付を受けることで、各事業に従事するにあたっての必要な知識や技能等を修得したことを認められる。そして、ここでの研修を活かして、子ども・子育て分野で幅広く活動することが期待されている。

こうした「学び」を活用して、子ども・子育て支援に参加することは、広くは「生涯学習」と呼ばれる営みでもあり、社会や地域を「学び」を通じてつくったり、再構築したりすることへの参加でもある。社会全体で子どもや子育てを支援する社会は、実は一人ひとりの小さな動きからしか生まれない。それが、少しずつ増えて大きな集まりとなり、地域や社会全体にまで広がっていくことが望まれている。

2. 児童福祉施設等の概要と児童福祉の専門職・実施者

児童家庭福祉の理念に基づき、地域における子ども・子育て支援のために設置されているのが、児童福祉施設である。児童福祉法の第7条では、**図表Ⅰ-6**にある施設が児童福祉施設として規定されている。

児童福祉施設は、「助産施設」「乳児院」「母子生活支援施設」「児童養護施設」「障害児入所施設」「児童心理治療施設」「児童自立支援施設」といった生活を支える入所型の施設と、「保育所」「幼保連携型認定こども園」「児童厚生施設（児童遊園・児童館）」「児童発達支援センター」「児童家庭支援センター」といった保育サービスなどを利用することができる通所型の施設に大きく分けられる。加えて、児童家庭福祉にかかわる専門職や実施者には、相談業務に従事する「社会福祉主事」「児童福祉司」「児童心理司」「母子・父子自立支援員」「家庭相談員」「児童委員・民生委員」「主任児童委員」などと、子どもの支援にかかわる「児童指導員」「保育士」「保育教諭」「母子支援員」「児童自立支援専門員」「児童生活支援員」などがある。児童福祉施設での事業に従事する専門職は、**図表Ⅰ-6**にある通りである。専門職と実施者は、常に連携して家庭や子どもを支え、自立支援と健やかな育ちを行うことが求められる。

また、児童福祉施設等の利用のしくみについては、利用契約制度（障害児施設等）、選択利用制度（母子生活支援施設、助産施設）、措置制度（児童養護施設等）がある。利用契約制度や選択利用制度によるものは、利用者（保護者）が事業者（施設等）を選んで、前者では事業者と直接、後者においては実施主体（自治体）と契約を結ぶことになる（保育所については、子ども・子育て支援新制度の実施に伴い利用者と事業者が公的契約を結ぶ方法がとられている）。一方、児童養護施設等への入所は、都道府県等の委託を受けた児童相談所が

■図表Ⅰ-6　児童福祉施設の種類とそこで働く専門職

施設名	配置職員
助産施設	第一種助産施設　医療法に規定する病院または診療所である助産施設。医療法に関するもの以外で職員配置は規定されていない 第二種助産施設　医療法に規定する助産所である助産施設。医療法に規定する職員のほか、1人以上の専任または嘱託の助産師
乳児院	小児科の診療に相当の経験を有する医師、看護師（保育士、児童指導員）、個別対応職員、家庭支援専門相談員、栄養士、調理員（調理業務を全委託する施設は非配置可）、心理療法担当職員（必要とする乳幼児・保護者が10人以上のとき）
母子生活支援施設	母子支援員、嘱託医、少年を指導する職員（通称：少年指導員）、心理療法担当職員（心理療法を必要とする母子10人以上のとき）、個別対応職員（DV被害の母子支援を行う場合）、調理員
保育所	保育士、嘱託医、調理員（ただし、調理業務を全委託する施設は非配置可）
幼保連携型認定こども園	園長、保育教諭、養護教諭、栄養教諭　等
児童厚生施設（児童遊園、児童館）	児童の遊びを指導する者（通称：児童厚生員）　等
児童養護施設	児童指導員、保育士、嘱託医、家庭支援専門相談員、個別対応職員、栄養士（入所児40人以下の施設は非配置可）、調理員（ただし、調理業務を全委託する施設は非配置可）、看護師（乳児が入所しているとき）、心理療法担当職員（必要とする児童10人以上のとき）、実習設備を設けて職業指導を行う場合には職業指導員
福祉型障害児入所施設	嘱託医、児童指導員、保育士、栄養士（入所児40人以下の施設は非配置可）、調理員（調理業務を全委託する施設は非配置可）、児童発達支援管理責任者、心理指導担当職員（心理指導を行う必要がある児童5人以上の施設）、職業指導員（職業指導を行う場合） ※ただし、主に自閉症児を入所させる場合は、医師、看護職員（保健師・助産師・看護師・准看護師）、主に肢体不自由児を入所させる場合は、看護職員が配置される。
医療型障害児入所施設	医療法に規定する病院として必要な職員、児童指導員、保育士、児童発達支援管理責任者 ※ただし、主に肢体不自由児を入所させる場合は、理学療法士または作業療法士、主に重症心身障害児を入所させる場合は、理学療法士または作業療法士、心理指導を担当する職員が配置される。
福祉型児童発達支援センター	嘱託医、児童指導員、保育士、栄養士（入所児40人以下の施設は非配置可）、調理員（調理業務を全委託する施設は非配置可）、児童発達支援管理責任者、機能訓練担当職員（日常生活を営むのに必要な機能訓練を行う場合） ※ただし、主に難聴児を通わせる場合は、言語聴覚士、主に重症心身障害児を通わせる場合は、看護職員が配置される。
医療型児童発達支援センター	医療法に規定する診療所として必要な職員、児童指導員、保育士、看護師、理学療法士または作業療法士、児童発達支援管理責任者
児童心理治療施設	医師、心理療法担当職員、児童指導員、保育士、看護師、家庭支援専門相談員、個別対応職員、栄養士、調理員（ただし、調理業務を全委託する施設は非配置可）
児童自立支援施設	児童自立支援専門員、児童生活支援員、家庭支援専門相談員、個別対応職員、嘱託医および精神科の診療に相当の経験を有する医師または嘱託医、栄養士（入所児40人以下の施設は非配置可）、調理員（ただし、調理業務を全委託する施設は非配置可）、心理療法担当職員（必要とする児童10人以上のとき）、実習設備を設けて職業指導を行う場合には職業指導員
児童家庭支援センター	相談・支援担当職員、心理療法担当職員

その調査や判定に基づいて決定するものであり、虐待を受けている場合や、子どもの権利擁護の観点から児童相談所が必要と判断する場合に、措置制度による入所が行われる。

3. 児童家庭福祉にかかる資源の理解

地域には、児童家庭福祉にかかる場所や取組みが多様に広く存在している。例えば、孤立化等を背景とした育児不安などに対する支援サービスを行う「地域子育て支援拠点」は、常設の地域の子育て拠点を設け、地域の子育て支援機能の充実を図る取組みを実施する「一般型」と、児童福祉施設等の子育て支援に関する施設に親子が集う場を設け、子育て支援のための取組みを実施する「連携型」の二種類が実施されている。また、児童のアフタースクールの生活を支える「放課後児童クラブ」は、小学校の敷地内に設置されている場合以外でも拡充が図られている。また、会員制をとって、子どもを預けたい会員と預かりたい会員のマッチングを図る「ファミリー・サポート・センター」など、地域では子育てを支援する事業がさまざまに展開されている。

児童相談所、家庭児童相談室、保健所など児童家庭福祉に関する取組みの要となっている施設や組織に加えて、地域にはこのように児童家庭福祉にかかわる資源が豊かに用意されている。地域ごとの社会資源の整備状況や各種施策をよく理解し、研修等にも積極的に参加して、必要な情報を必要とする人に伝えたり、相談に応じられるように留意したりすることが大切である。また、子育てや子育て支援に関する各種施設や事業において、専門職やボランティアの確保に資するネットワークをつくることなども求められる。

まとめと課題

子育て支援制度を理解するために、子ども家庭福祉に関する概念やそれに連なる制度の概要、子育て支援サービスや子ども・子育て支援制度、さらには児童家庭福祉施策や児童福祉施設、施設・事業の担い手等について概略を述べてきた。社会の変化とともに広がる、多様で複雑化する子ども・子育て支援に対するニーズに対応して子ども家庭福祉の理念が具体化することで、子どもを産み育てるという個人や社会にとっての豊かさが広がっていくと思われる。

このときに、一つ課題を挙げるとすれば、こうした取組みを実際に進めていくにあたっては、ここまでに述べてきた多様な専門職や実施者が、それぞれの立場や特性に応じて「チーム」として活動を広げ、子どもと子育てを行う家庭を「つなぐ」「つなげる」ことにあると思われる。「チーム」として活動するための力とは何かという課題について、それぞれでぜひ考えてみて欲しい。

（松田恵示）

引用・参考文献

1）厚生労働省「令和４年（2022）人口動態統計月報年計（概数）の概況」，p.49，2023.
こども家庭庁ホームページ「よくわかる「子ども・子育て支援新制度」」（https://www.cfa.go.jp/policies/kokoseido/sukusuku/）
佐々木政人・澁谷昌史編著『子ども家庭福祉』光生館，2011.
社会福祉士養成講座編集委員会編『新・社会福祉士養成講座15 児童や家庭に対する支援と児童・家庭福祉制度 第６版』中央法規出版，2016.

3 子どもの発達をとらえる視点

キーワード

発達への理解　胎児期から青年期までの発達　発達への援助
子どもと遊び

1. 発達への理解

1 子どもの発達を理解することの意義

子どもを育て、支援する人にとって、支援の対象となる子どもについて理解することは、適切な支援を行ううえで大変重要である。特に大人と違って子どもは日々成長、発達していくため、その発達の過程を把握する必要がある。

また、子どもの発達は連続的ではあるが、常になめらかに進むわけではなく、ときには停滞しているようにみえたり、逆に飛躍的に進んだりすることもある。さらに一人ひとり異なる資質や特性があり、その成長には個人差があるため、そうした子どもの発達の特性や、一人ひとりの発達過程に応じた援助の仕方を学び実践することで、子どもの望ましい発達を促すことにつながる。

2 子どもの発達と環境

人は生まれたときから自然に成長していく力が備わっているが、それと同時に、周囲の環境に主体的にかかわろうとする力ももっている。子どもは自発的・能動的に環境にかかわり、自分自身の生活と関連づけながら豊かな心情や意欲、態度等を身につけ、新たな能力を獲得、発達していく。このように発達とは、周囲の環境との相互作用の結果であると理解されている。

そのため、周囲の環境を整えることには大変重要な意味がある。周囲の環境には、身近な人や自然などがあげられるが、特に大切なのは人とのかかわりである。愛情豊かな大人から保護や世話などを受けることで、次第にほかの子どもとの間でも相互にはたらきかけることができるようになり、人と人とのかかわりを深め、その結果、人への信頼感と自己の主体性が形成されていく。

2. 胎児期から青年期までの発達

1 生涯発達と発達援助

「三つ子の魂百まで」ということわざから、幼い頃に形成された性格は年を取っても変わらないという解釈が生まれ、乳幼児期の教育の大切さの根拠のように用いられてきた。その結果、「子どもは３歳までは常時家庭において母親の手で育てないと、子どものその後の成長に悪影響を及ぼす」という意味の「三歳児神話」が今でも話題にのぼることがある。しかし、現在ではこの神話には合理的根拠がないとされ、人は生涯にわたって発達していくものと理解されている。また、赤ちゃんはまったくの白紙状態で生まれ、吸い取り紙が水を吸い取るように何でも覚える、とも思われてきたため、小さいときに基礎をたたき込むべきであるとも考えられてきた。しかし、現在ではごく小さい赤ちゃんであっても決して白紙状態ではなく、大人の想像以上にさまざまな知識と個性をもち、自ら好んで物事にはたらきかけ、科学者のように実験したり統計的に分析したりしながら、周りの世界について学んでいることも明らかになってきている。子どもたち一人ひとりの健やかな育ちを保障するためには、これらのことを念頭におきつつ、子どもが心身共に安定した状態でいられる環境と、愛情豊かな大人のかかわりを提供していくことが必要である。

2 胎児期から新生児期および乳幼児期の発達

胎児は妊娠10週に満たないうちから感覚器官が形成され、20～25週（6～7か月）には各器官の神経ができあがる。そしてその頃から聴覚も発達するので、話しかけるなどの好ましい刺激は脳の発達を促し、生まれる前から親子の関係を築くことも可能となる。生後1か月間の新生児期は、パターン的な対象に対するある程度の視覚的能力や、人の声と物理的な音を区別する能力もあり、すでに周りの世界を新生児なりにコントロールしていこうとする能動的な側面がみられる。

そして、生後４か月頃までに首がすわり、５か月ぐらいから寝返りができるようになるなど、生後半年までの期間で、全身の動きが活発になり、自分の意志で身体を動かせるようになってくる。また、視覚・聴覚などの感覚の発達もめざましいものがあり、この時期に子どもが示すさまざまな行動や欲求に大人が適切に応えることで、人に対する基本的信頼感が芽生えてくる。

1歳３か月頃までには、座る→這(は)う→立つ→つたい歩きを経て一人歩きに至るなど、運動面の発達により子どもの視界は広がり、さまざまな刺激を受けながら生活空間を広げていく。また徐々に簡単なことばの意味がわかるようになり、コミュニケーションの芽生えがみられる。

2歳から3歳頃までには、歩行が安定し、歩く、走る、跳ぶなどの基本的な運動機能や、指先の機能が発達する。また、ことばもめざましく発達し、3歳頃までには日常生活でのことばのやり取りが不自由なくできるようになる。「なぜ」「どうして」といった質問を盛んにするようになるのもこの時期の特徴である。

4歳頃から就学前までには、全身運動が滑らかになり、大人が行う動きのほとんどができるようになる。思考力も芽生え、自尊心の高まりがみられる。また自分と他者との区別がはっきりとし、自我が形成されていくなかで、集団での活動や仲間意識の芽生えがみられる。そして集団のなかで葛藤を重ねていきながら、自主と協調の姿勢や態度を学び、社会性が身についていく。

3 学童期から青年期の発達

小学校低学年の時期の子どもは、幼児期の名残はまだあるが、大人の言うことを守るなかで、善悪の理解と判断ができるようになってくる。そして小学校高学年の時期になると、ある程度物事を対象化して認識することができるようになり、自分のことを客観的にみることができるようになってくる。また、集団の規則を理解したり、自分たちでルールをつくったり、それを守ったりできるようになる。しかしその一方で、いわゆる「ギャングエイジ」と呼ばれる閉鎖的な子どもの仲間集団が発生する時期でもあり、そうした仲間内での付和雷同的な行動がみられる場合もある。この頃になると発達の個人差が大きくなってくるため、他者と比較して劣等感を抱きやすくなる時期でもある。

青年期前期（中学生）になると思春期に入り、自分独自の内面の世界に気づき始め、自意識と客観的事実との違いに悩み、さまざまな葛藤のなかで自分自身の生き方を模索し始める。この時期は大人よりも仲間との関係を重要視する傾向があり、親に対する反抗期を迎えることも少なくない。性意識の高まりもみられ、異性への興味・関心も高まる時期である。

青年期中期（高校生）は、親の庇護（ひご）の元から、社会の形成に参画し貢献するといった自立した大人になるための最終的な移行時期ともいえる。そして、大人の社会でどのように生きるのかという課題に対して真剣に模索する時期でもある。しかし、現在の日本では大人への移行が長期化したり、複雑化したりしているともいわれている。

3. 発達への援助

1 基本的生活習慣の獲得と発達援助

食事や排泄（はいせつ）、睡眠といった基本的な生活習慣は、子ども自身が身近な人や周囲の物、自然などといった環境とかかわりを深めていき、興味・関心の対象を広げつつ、物事を認識する力や社会性を発達させていく過程で獲得される。

そのため、子ども自身が自分の生活と関連づけながら好奇心を抱いたり、必要だと感じたりすることが重要となる。

2 発達の課題に応じた援助やかかわり

子どもには一人ひとり異なる性質や特性があり、その成長には個人差がみられる。しかしその一方で、発達の道筋やさまざまな能力を獲得していく順序については共通している部分も多い。例えば、赤ちゃんはハイハイをしてからしばらくして歩くようになり、言葉も「マンマ」といった一言のみだったのが「マンマ、ちょうだい」の二言に増えていくというように、ある行動が現れる時期には個人差があるものの、その順序はだいたい決まっている。そのため、支援者は子ども自身の各発達段階における達成すべき課題をうまくクリアしていくことができるよう援助することで、子どもの継続的な発達を支援していくことができる。

多くの子どもを見ていると、同年代の子ども同士を比べて特に発達が遅れていると思われる子どもについて心配しがちだが、次のことを意識してかかわるようにしたい。

一つ目は、「子どもの長所を見つける」ということである。子どものできないところに目を向けるのではなく、ほかのことに目を向け、できるだけその子どもの長所を見つけるようにしたい。二つ目は、「無理にさせない」ということである。心配しすぎたり、気にしすぎたりして、できないことについて子どもを責めたり、無理に行わせるといったことがないようにする。三つ目は、「見過ごさない」ということである。先ほど、個人差があるのでできないことよりできることに目を向けるべきと述べたが、あまりにも遅れていると思われる場合、身体の動きや話す言葉などそれぞれの発達があまりにもバランス悪く発達しているように感じられる場合は、養育者ともよく話し合い、より注意深く見守ると同時に、保健センターや専門機関などに相談することを勧めたほうがよい場合もある。

子どもは、成長していくなかで徐々に視野を広げ、さまざまな物事に対しての認識力が高まり、他者とのかかわりを深め、自己を探求していく。そのように子どもが成長していくためには、それぞれの発達段階にふさわしい生活や活動を十分に経験することが重要である。特に身体感覚を伴う多様な経験を積み重ねることが、子どもの発達には不可欠である。

すべての発達に気を配りながら、さまざまな経験ができるよう、子どもの発達をサポートしていきたい。

4. 子どもと遊び

1 子どもと遊び

子どもにとって、遊びは日々の生活と切っても切り離せないものである。子どもにとって遊ぶことは誰もが行う当たり前の活動でもあり、子どもにとって欠くことのできない活動ともいえる。

子どもにとって遊びは単なる自然な活動ではなく、成長過程とも深く結びついている。子どもの成長が遊びの内容を変化させていくと同時に、遊びが子どもを成長させているともいえる。

そもそも遊ぶためには、愛着形成と呼ばれる、安心できる特定の対象（その多くは養育者、母親）に対する特別な感情（情愛）を抱くことが必要である。子どもは、そうした愛着の対象を安全基地として活発に探索行動を行うようになる。そうした探索行動と、それに伴うおもちゃなどの操作によって、より高度な遊びの前提条件となる機能的な遊びが促され、さらにそれが象徴遊びといった遊びに発展していく。遊びの種類は発達過程に応じておおむね**図表Ⅰ-7**のように展開されていく。

■図表Ⅰ-7　発達過程に応じた遊びの変化

機能遊び（ものを移す、穴に通す等）⇒象徴遊び（つもり、みたて遊び→ごっこ遊び）⇒構造遊び（積み木遊び等）⇒ルール遊び（カード遊び等）

2 子どもの遊びの効用

子どもは遊びを通してさまざまなことを学ぶ。まず子ども同士で遊ぶことなどを通じて、豊かな創造力がはぐくまれる。そして自分と違う他者の存在や視点に気づき、相手の気持ちになって考えたり葛藤を経験したりするなかで、自分の気持ちを表現することや相手のことを受け入れるといった態度を学んでいく。こうした体験は道徳性や社会性の基盤となる。

また、遊びには道徳性や社会性を育むだけでなく、❶人間関係力を育む、❷さまざまな物事について体験的な知識を身につける、❸自主性、耐性、創造性など「心の能力」を育む、❹体力、運動能力、巧緻性（こうちせい）を育む、❺自尊感情を高める、❻子どもなりのストレスを解消し、心の健康を維持する、などといった効用もある。

3 遊びによる総合的な保育

遊びが子どものさまざまな面の発達に寄与し、子どもが遊ぶためには愛着形成が必要なことについてふれた。しかし、養育者との愛着形成が不十分であっても、保育者との愛着が形成されていくことで、子どもの愛着を修復し、子どもに安全観と安心感をもたらし、安心して遊ぶことが可能となる。

そのため支援員などの保育者は、子どもが表現したことと、そのときの子どもの感情をしっかりと受け止め、遊びの世界につなげながら展開するようにし、子どもと保育者間でイメージの共有体験ができるよう意識してかかわる必要がある。イメージの共有体験は、保育者との気持ちの共感性へとつながり、保育者との愛着の形成につながる。

まとめと課題

子どもの発達を理解して支援していくことの重要性について述べたが、子育てを取り巻く現状には、少子化や都市化の影響から子どもが人や自然とふれ合う機会が少なくなったり、生活リズムの乱れがみられたりといった課題があげられる。こうしたことを念頭におき、子どもにとって最適な支援を考えて実践していきたい。

（荒川雅子）

参考文献

厚生労働省編『保育所保育指針解説 平成30年3月』フレーベル館，2018.
高橋惠子・波多野誼余夫『生涯発達の心理学』岩波書店，1990.
滝川一廣・小林隆児ほか編「こころの科学」『そだちの科学』第12号，2009.
内閣府・文部科学省・厚生労働省『幼保連携型認定こども園教育・保育要領解説 平成30年3月』フレーベル館，2018.
奈良県教育委員会『親学サポートブック――子どもと向きあって』奈良県立教育研究所，2003.
文部科学省『幼稚園教育要領解説 平成30年3月』フレーベル館，2018.
文部科学省「3．子どもの発達段階ごとの特徴と重視すべき課題」『子どもの徳育の充実に向けた在り方について（報告）』2009.

4 保育を通して子どもは育つ

キーワード

保育原理　命ある存在　情緒の安定

1. 子どもという存在

1 一人のかけがえのない「命ある存在」である子ども

日本における子どもの出生数をみてみよう。**図表 I -8** は、人口動態総覧の年次推移である。第二次世界大戦が終結して間もない 1947（昭和 22）年には、約 268 万人の子どもが生まれている。その年を含む 3 年間に出生したいわゆる団塊世代は、現在はすでに後期高齢者（75 歳）に入っている。2022（令和 4）年の出生数は 77 万 747 人であるが、戦後と比較すると 1 年間に生まれる子どもの数は 3 分の 1 にまで減少しており、現在もその傾向は続いている。

こうした背景から、政府は 2023（令和 5）年にこども家庭庁を創設し、同年 12 月 22 日には「こども大綱」が閣議決定された。これは、こども基本法（2023（令和 5）年 4 月施行）や子どもの権利条約の精神にのっとり、「こどもまんなか社会」の実現を目的として政策の方向性や具体的な数値目標を盛り込み、こどもや若者、子育て当事者とともに施策を推し進めようとするものである。国の方針を受けて、今後都道府県、さらには地方自治体がこども計画を作成することとなる。どの地域においても、実行力のある内容が求められている。

子どもという存在について、かなり以前のことであるが、私はシェイラ・キッチンジャー文、レナート・ニルソン写真、松山栄吉訳『おなかの赤ちゃん』（講談社、1986 年）という本を手にした。その本には、生命の誕生から出産に至るまでの経緯が、文と写真で綴（つづ）られていた。母なる性と父なる性との営みから長い間かけて、一人の人間としての命が生み出されてきたさまは、神秘的でありながら、このような筋道を経てきたのかということをみせてくれている。

命の誕生までには、みながこのような経緯をたどっているとはいえ、誕生して「おめでとう」と祝福されていない子どもたちもいる。遺棄されて虫の息の子どもたちもいれば、命を

■図表Ⅰ-8　人口動態総覧の年次推移

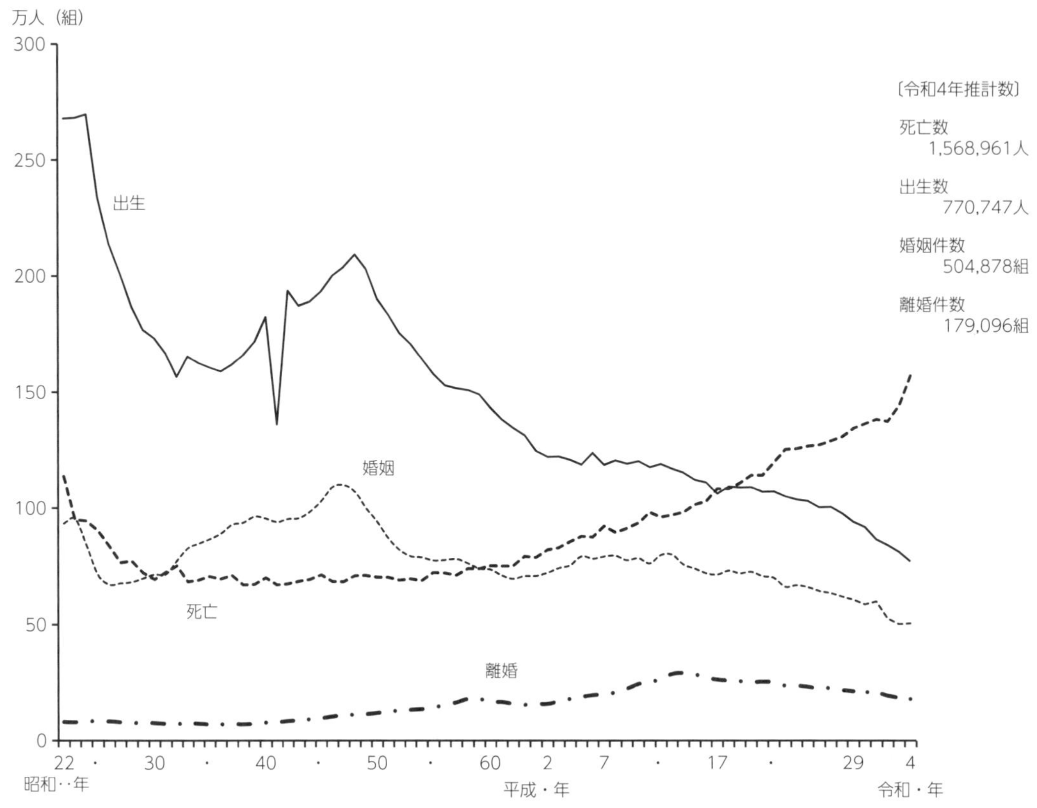

出典：厚生労働省「令和４年（2022）人口動態統計月報年計（概数）の概況」2022．をもとに作成

落としてしまう子どもたちもいる。誕生した命としてかけがえのない存在は、出産した母親、あるいはそのパートナー・伴侶といった保護者らの保護を受けなくては生きてはいけない。その生命を維持していくには、穏やかで温かいかかわりを含めた保護を必要とする。命の誕生までの間にさまざまなリスクを抱えている子どもたちもいる。そのすべての子どもたちを守り育てていく責務が、大人であるわれわれにある。大人の責務の一つは、育むことである。一人ひとりかけがえのない「命ある存在」を大人たちがしっかりと受けとめ、そこで子どもの育ちにかかわってこそ、子どもは育っていくといえよう。保護者が第一義的にその保護責任の義務をもつものの、それ以外の大人を含めた温かいまなざしや穏やかなかかわり合いによって、保護され、守られて子どもは育っていく。その営みこそ、「保育」であろう。

2 子どもは育つ力・学ぶ力をもって生まれている

赤ちゃん学をはじめ、最新の脳科学によって、生まれた子どもの力はかなり解明されてきている。研究を通じて判明したことは、子どもは育つ力・学ぶ力をもって生まれてきているということである。小泉らによる研究においても赤ちゃんは自発的に運動をしていることが明かされている（『育つ・学ぶ・癒す脳図鑑 21』工作舎、2001 年）。その力がよりよく発揮されるには、その命が育まれなくてはならない。その後アメリカの脳科学者リザ・エリオットによる研究では、かかわる大人たちの丁寧さによって脳と心の発達にすぐれた変化をもたらすことがわかってきたという（『赤ちゃんの脳と心で何が起こっているの？』楽工社、2017 年）。

また、ジェニファー・ヘイズ＝グルード、アマンダ・シェフィールド・モリスによる研究では、辛い育ちの子どもたちに保護的体験をなすことで成長の修復が見出されているという（『小児期の逆境的体験と保護的体験　子どもの脳・行動・発達に及ぼす影響とレジリエンス』明石書店、2022 年）。子どもの育つ力・学ぶ力を育むには、そこに大人たちの保護力が必要になる。赤ちゃん自ら、食を得ることはできない。食事をとること、排泄をすること、睡眠をとること、清潔であること、温度管理を含めた温度調節・衣服の着脱が維持されていることが、命を育むうえで求められることである。その支援をするにあたっては、大人たちが一人ひとりの状態を見極めながら、個体としての一人の命ある存在をしっかりと保護育成できてこそ、子どもがそのもてる力をよりよく機能させることになるであろう。そのような存在の子どもを育むには、それぞれの発達に応じて、どのようにかかわるのか、どのような保護支援をしていくのかについて理解し、対応することが大人に課せられており、大人が果たすべき役割である。

3 子どもという存在の理解

あらためて、子どもという存在の理解が大人たちに求められよう。どんな能力をもっていても、その命を育むエネルギーを得ることをはじめ、さまざまなことで子どもには大人のかかわりが必要になる。命を育むにはその命を保護する大人の存在が欠かせない。自ら移動、咀嚼、行動することが可能になってもなお、大人たちの支援が必要でもある。具体的にそれがどの時期までなのかについては、さまざまな観点によって変動すると思われるが、現在の児童福祉法においては児童の定義を 18 歳未満の者としている。この年齢層は大人の保護下になる。保育の対象としての年齢幅であるととらえられよう。ここでは 0 歳から 18 歳未満を対象と考えていくことにしよう。

4 児童憲章、児童の権利に関する条約から、あらためて学ぶこと

児童は人として尊ばれるほか、児童の権利に関する条約（子どもの権利条約）などで示された、子どもの存在についての理解をするための着目点等を通じて理解をすることができる。しかし、昨今、虐待やそれが原因の死亡事件などを見聞きすることが増え、子どもの存在や権利を尊重するということについて、大人が十分に理解しているとは言いがたい時代になった。大人たちは、どこかに大事なこと、子どもたちと共に社会をつくっていくという意識を置き忘れてしまったのではないか。上記の内容をあらためて紐解き、読み合い、内容の

示していることが何かについて考え合い、理解を深めていくための時間をつくることが、多くの大人たちにも子どもたちにも求められているように思える。

5 保育は「協働」という見方のなかにある

保育は人と人との営みである。子どもと大人との関係でみていくと、大人は保護者であり、子どもを守り、育成する役割を有している。子どもはそのなかで、能動的に自らの意思を示していきながら主体的に動き、活動を進めていく。子ども時代には、保護のもと、生命を維持して命を育み、食することが安定的であれば、そのなかで子どもは遊びを体験し、さらにその先を深めていこうとする。能動的な子どもの姿がそこにある。それらを保障していくと、そこに子どもの個性の発揮も見出される。見守り、後押しをしていく側の大人たちによって、子どもはさらによりよく生きる力を発揮していけるようになる。そこには大人と子どもの「協働」が息づいているように思われる。

大人のあり方としては、子どもの出生直後から18歳に至り、成人として自立する前後まで、子どもとの協働がある。関係性は決して押しつけではないものであり、子ども自身がそのような大人との関係性のなかで育むものなのであろう。このような関係性のなかで育まれた子どもは、次の世代においても子育ての根幹となるものを継承していくことになる。子育ては循環するといわれている。ただ、そのような育ちの過程を経験してこなかった子どもや大人も多い。押しつけていくことでしか子どもをみることができない人たちもいる。その人たちもまたあらためて、ともに生きるという原点から始めていかなくてはならないのではないか。そこに大人の側への支援も加えていく必要性があろう。これらのことを考慮すると、「協働」には、幅広い意味合いがあるということになろう。

2. 情緒の安定・生命の保持

ここまで、子どもという存在とその生き方における大人との協働についてみてきたが、それだけの関係性を築くためには、その子どもがそのように能動的に生きられるだけの条件が整っていることが必要になる。それは、そこに生命の保持に必要なかかわりがあり、子ども自身と育てる側の情緒が安定している状況が求められるということである。

赤ちゃんは泣くことでさまざまなことを発信していく。おなかがすいたということや、汗をかいて心地よくないということなど、さまざまな不快な状態を泣くことで発信する。それらを読み取っていくのが大人である。しっかりとその不快を受け止めてくれて心地よい状態にしてくれる大人・保護者の存在やかかわりが、子どもの生命の保持において重要な役割を果たすことになる。大人・保護者が赤ちゃんに穏やかに接してかかわってくれれば、より一層ほっと安堵する時間となる。そのなかで赤ちゃんは多くのことを吸収していくことになる。情緒の安定はそのような大人とのかかわりのなかで育まれていく。乳児期の安定的な人間関係は、人によって育てられる典型的な姿といえよう。そのやりとりの内容は、相互にわかり合える人間関係を形成していくことになる。乳児期のそのような人間関係は、その後の成長過程における人間関係の基盤になるといわれている。乳児期から幼児期に至るまでに安定した情緒のなかで育まれていくことで、その子ども自身の感情や自我の発達過程において、穏やかに自立に向かう力も強くなるという。大人はその基盤形成にかかる時間を急がず、穏やかにかかわり、見守りながら、子ども自身が育つのを見守ることが重要であろう。

一方、子どもにはそれぞれ個人差があり、それゆえ個性がある。発達初期段階においても、泣き叫ぶ子どもや、もの静かで発信内容を読みとることがむずかしい子どももいる。生命の保持や安定的な情緒形成においては大人・保護者がなすべきことは変わらないものの、個人差については丁寧にかかわることが必要であろう。子どもにとっての不快なことや泣くことについては、その意味を察知して、大人たちが収めていくことが重要である。生命の保持への丁寧なかかわりは、子どもの豊かな情緒を形成していくことになり、また、穏やかさにもつながってくるようである。育ちの過程では、一人ひとりの個性を見極め、その時期それぞれの保育の内容を選択しながら、丁寧に進めていくことが重要である。

3. 健康の保持と安全管理

斎藤は、子どもの成長過程における保護期と、子ども自らが安全に対応していける力をもてるようになる時期について、6歳であっても保護・安全管理については大人たちが配慮しなければならないとしている[1)]。誘拐などの犯罪は、本人が気をつけても、なお防ぐことが難しい場合がある。その意味では、12歳でも厳しいといえよう。子どもの安全能力にかかわるものとして、斎藤は三つの能力の総合化、すなわち、身体面では健康・運動・機能、知的面では知能・知識、精神面では性格・情緒・規範・道徳の総合化により防ぐことが大切だとしている[2)]。子どもが自ら自身の健康の保持と安全管理を行えるようになるにはかなりの時間を要することになるため、大人が気遣うことが求められる。そこに保育の内容が位置づいてくる。

子どもの日々の生活における安全点検については、都道府県のホームページからも検索できる資料がある。それぞれの発達過程における子どもの日常生活で、大人が留意し、点検していくべき内容が示されているので、参考にされたい。また、乳児から幼児期までの生活の流れにおける安全点検について**図表Ⅰ-9**にまとめた。事故防止および健康安全管理に関する保育者の取組みについて示しているので、参考にされたい。

保護者・大人とともに、育ち・育て合う関係（協働）が保育を進めていくことになる。

■図表Ⅰ-9　乳児から幼児期までの生活の流れにおける安全点検項目

安全点検項目	生活の流れ				安全点検項目
	0歳	時間	1、2歳	幼児	
〔天〕〔人〕					〔人〕〔天〕
〔疾〕①	睡眠	1:00	就寝	就寝	①〔疾〕
		2:00			
〔疾〕① 〔衛〕②① 〔衛〕〔疾〕	目覚め 授乳 排泄	3:00			
		4:00			
		5:00			
〔疾〕①	睡眠	6:00			
		7:00	着脱、起床 歯みがき、排泄	起床、着脱 排泄、歯みがき	①③〔衛〕〔疾〕
		8:00	朝食 遊び おやつ 排泄	朝食 遊び 排泄	①③〔衛〕 ①②③ 〔衛〕〔疾〕
〔疾〕① 〔衛〕②① 〔衛〕〔疾〕	目覚め 授乳 排泄 着脱／沐浴	9:00			
		10:00			
		11:00			
〔疾〕①	睡眠	12:00	昼食 排泄	昼食	①③〔衛〕 〔衛〕〔疾〕
		13:00	午睡	遊び 排泄	①②③〔疾〕 〔衛〕〔疾〕
		14:00		午睡	①〔疾〕
〔疾〕① 〔衛〕②① 〔衛〕〔疾〕③②① 〔衛〕〔疾〕	目覚め 授乳 排泄 入浴 着脱	15:00	起床 おやつ、排泄	起床 排泄、おやつ	①〔疾〕 ①③〔衛〕〔疾〕
		16:00	遊び 排泄	遊び 排泄	①②③ 〔衛〕〔疾〕
		17:00			
〔疾〕①	睡眠	18:00			
		19:00	着脱、夕食 歯みがき、排泄 入浴	夕食 排泄 入浴 着脱 歯みがき	①③〔衛〕〔疾〕 ①②③〔衛〕〔疾〕 〔衛〕〔疾〕 ①〔衛〕〔疾〕
		20:00			
〔疾〕① 〔疾〕②① 〔衛〕〔疾〕 〔疾〕①	目覚め 授乳 排泄 睡眠	21:00	就寝		
		22:00		就寝	①〔疾〕
		23:00			
		24:00			

①…子どもの状態の把握
②…保育における設営と周辺環境の点検
③…遊具、道具等の特性と状態の点検

〔衛〕衛生管理…食事・排泄・着脱・清潔
〔疾〕疾　病…清潔・健康管理
〔人〕人　災…不審者・不法侵入・火災
〔天〕天　災…地震・雷・台風・洪水

出典：佐々加代子編著『みんなで育て合う――地域の子育て支援の実際と課題』犀書房，p.193，2004.

まとめと課題

子どもが育つにあたって大きな役割を果たす保育について学ぶことがねらいである。命ある子どもの保育をするには、情緒の安定を図りながら保育者として大人たちが丁寧にかかわることが求められるという保育の原理を見直してみよう。もう一度ここで自分なりにふりかえってまとめてみよう。

（佐々加代子）

引用・参考文献

1）斎藤歆能「第12章 事故防止と安全教育」高野陽・柳川洋ほか編『母子保健マニュアル 改訂5版』南山堂，pp.125～131，2004.
2）同上.
伊藤正男序文・小泉英明編著『育つ・学ぶ・癒す 脳図鑑21』工作舎，2001.
佐々加代子編著『みんなで育て合う――地域の子育て支援の実際と課題』犀書房，2004.
シェイラ・キッチンジャー文，レナート・ニルソン写真，松山栄吉訳『おなかの赤ちゃん』講談社，1986.
レナート・ニルソン写真，ラーシュ・ハンベルイェル解説，楠田聡・小川正樹訳『A Child is Born 赤ちゃんの誕生』あすなろ書房，2016.

5 対人援助の価値と倫理

キーワード

尊厳の遵守　利用者主体　守秘義務　連携協力

1. 専門職の価値と倫理

医療、社会福祉、教育、臨床心理などの対人援助の専門職は、専門的な知識や技術とともに、その専門職における価値や倫理をもつことが特に求められる。

価値と倫理の違いについて、小山は「『価値』とはその専門職が『何を目指しているのか、何を大切にするのか』という信念の体系であるのに対して、『倫理』は価値を実現するための『現実的な約束事・ルールの体系』である」[1]と定義する。また、奥西は「価値が目指すべき到達点であるならば、倫理はそれを実現するための取り決めごとの体系」[2]と両者を区別している。

つまり、専門職の価値は、専門職が大切にする信念の集まりであり、援助を方向づけるものである。そして、専門職の倫理とは、価値を実現するための義務や規範の集まりであり、専門職としての望ましい行動・正しいとされる行動である。

対人援助職は、利用者の尊厳、生命、生活や人生に大きな影響を与えるために価値や倫理が求められる。そのため、職務を行う際、個人的な価値観・倫理観や感情ではなく、専門的な倫理に基づく判断が必要とされるのである。各対人援助職の団体は、そのような価値や倫理を明文化した「倫理綱領」をもっている。

子育て支援員独自の倫理綱領はないが、社会福祉専門職の倫理綱領である「社会福祉士の倫理綱領」や「全国保育士会倫理綱領」、「乳児院倫理綱領」、「全国児童養護施設協議会倫理綱領」を参照するとよい。各倫理綱領で表記や文言に違いはあるが、共通する価値や倫理には、人間の尊厳、受容と自己決定の尊重、子どもの最善の利益の尊重、プライバシーの配慮と守秘義務、連携などがある。

2. 利用者の尊厳の遵守と利用者主体

子育て支援員には、子どもや保護者などの利用者の尊厳を守ることが求められる。すなわち、親子の出自、人種、性別、年齢、身体的・精神的状況、社会的地位、経済状況などの違いにかかわらず、かけがえのない存在として尊重することが求められる。これは対人援助職に求められる根本的な価値である。

この価値から、利用者主体（主体性の尊重）、受容、自己決定の尊重といった倫理が導き出される。利用者主体というのは、利用者が権利主体であるととらえ、その主体性を重視した支援を行うことである。それは利用者の人権を尊重し、その人らしく生きることを支援することといえる。

そのためには、受容と自己決定の尊重が必要である。受容とは、自らの先入観や偏見を排し、利用者のあるがままを理解することである。たとえ利用者の言動が否定的であっても、それはその人の背景にあるさまざまな要因が関連して発せられるものであるため、頭から否定せず、なぜ否定的な言動になるかを理解することが求められる。自己決定とは、利用者が自分にかかわることを自分自身で決めることである。子育て支援員は、自己決定を尊重し、利用者がその権利を十分に理解し活用していけるような援助を常に意識することが重要である。決して自己決定を迫るのではなく、子どもを含めた利用者が自己決定をできるように、わかりやすく十分な説明や状況の整理、必要な選択肢の提示などの利用者の能力や状況に合わせた援助をすることが必要である。

3. 子どもの最善の利益

子どもの最善の利益の尊重は、子育て支援員にとって、最も重要な判断基準であり、行動原理である。すなわち、子どもに直接かかわる子育て支援員は、子どもの福祉や成長・発達にとって何が最善（best）かを考えながら職務に取り組まなければならない。

そのためには、まずは、子どもを一人の人間として尊重し、子どもの人権を尊重することが求められる。子どもの人権は、児童の権利に関する条約（子どもの権利条約）などに示されている、生きる権利、育つ権利、守られる権利、参加する権利などである。そして、子ども一人ひとりの人格を尊重し、一人ひとりの発達状況などに応じて援助することが求められる。発達などに関する知識をもとに、日々の子どもとのかかわりからその発達状況や特徴を把握する。そのうえで、子どもにとって安全かつ快適で、安心な生活ができるように配慮するとともに、子どもが集中して遊んだり学んだりできる環境を構成し、援助することが求められる。

さらに、子どもの現在と未来の福祉、成長・発達に目を向ける長期的な視点や、子どもを取り巻く家庭や地域といった環境に目を向ける視点も必要である。

4. 守秘義務・個人情報の保護と苦情解決のしくみ

1 プライバシーの保護と守秘義務

子どもや保護者のプライバシーの保護は、親子の基本的な権利であるが、子育て支援員は職務上、子どもや保護者のプライバシーを知り得る立場にいる。そのため、子育て支援員はプライバシーの保護と秘密保持に努める必要がある。この点は、子育て支援員が配置される事業では、省令や実施要綱においても利用者の個人情報保護として明記され、従事者の秘密保持義務を定めている。また、2008（平成 20）年の『保育所保育指針解説書』には「保護者や子どものプライバシーの保護、知り得た事柄の秘密保持は、相談・助言において欠かすことのできない専門的原則であり、倫理です」[3)] と明記されている。

さらに、プライバシー保護に関連して、子育て支援員は個人情報を適切に取り扱うことが求められる。例えば、職場で取り扱う個人情報には、児童票、各種申請書、名簿、写真などがあるが、これらの情報の漏洩や流出がないように慎重な取扱いが必要である。また、このことは職場を離れた後も同様である。

ただし、子どもが虐待を受けているなど、秘密保持がかえって子どもの福祉を侵害し、子どもの最善の利益に反するような場合は、必要な対応を図るために関係機関などへ通告や協議を行うことが認められる。

2 利用者の権利擁護と苦情解決

2000（平成 12）年に社会福祉事業法が改正されて社会福祉法が成立した。これによって、利用者に十分な情報の提供を行い、その意見を尊重して利用者の立場に立って事態を処理していくこと、苦情の解決を図る制度を導入するなど、具体的に利用者の権利擁護のためのしくみが導入された。

その結果、児童福祉施設では、施設内や各市区町村に苦情解決窓口の設置、苦情の解決における第三者の関与、都道府県社会福祉協議会に設置された運営適正化委員会の調査への協力などが実施された。

5. 保護者・職場内・関係機関・地域の人々との連携・協力

1 保護者との連携

子どもの時期（特に乳幼児期）における親子関係の重要性や子どもの生活の連続性を考慮

すれば、支援にあたって、保護者との協力関係は不可欠である。

そのために、まずは親子関係の重要性を認識するとともに、保護者との信頼関係を築く必要がある。日々の保護者とのやりとりを通して、家庭の状況を理解したり、保護者の意向を受け止め、尊重したりすることが求められる。その際、子育て支援員は保護者の気持ちや感情を受容するとともに、保護者に対して自分自身の価値観を押しつけないようにしなければならない。

同時に、子育て支援員は、支援に関する情報提供や情報開示を行うことで相互の理解を図らなければならない。こうしたやりとりを通して、保護者と情報を共有し、子育てに関する協力体制を築くのである。

2 職場内・関係機関・地域の人々との連携の必要性

よりよい支援は一人では不可能であり、職場内におけるチームワークや、関係するほかの専門機関との連携が重要である。職場内においては、日々の職員同士のやりとりや会議などを通して、支援方針や親子に関する情報などを共有することが求められる。情報共有することによって、一貫した支援が可能となる。また、他職種の役割や専門性をしっかりと理解することも必要であり、各専門職の専門性を尊重して連携することが求められる。

親子の支援を行い、地域の子育て環境をつくるためには、関係機関や地域住民との連携が不可欠である。連携のためには、さまざまな関係機関を把握することが重要である。例えば、保育所を基点として考えると、専門機関や専門職には、市町村の児童福祉、母子健康などの担当部局をはじめとして、児童相談所、医療機関、地域子育て支援センター、児童家庭支援センター、保健所、福祉事務所、児童館、乳児院、児童養護施設などの公的なものから、民生委員、NPO 法人、自治会など、さまざまなものがある。

把握だけに終わらずに、公的な会議や研修への参加、日頃の交流などを通して、顔の見える関係を築くことも必要であろう。

6. 子育て支援員の役割

子育て支援員には、子ども・子育て支援の事業を担う者として、「子どもの育ち」と「家庭の養育機能」を支えることが求められる。それは、子どもたちが育つ環境のなかで、その発達を支援することであり、その際、子育て支援員は保護者と協働して子どもの成長にかかわるが、主体はあくまでも子どもと保護者（家庭）である。かかわりのなかでさまざまな助言や提案を行うこともあるが、それらは保護者が適切に判断することを支援するものであることを忘れてはならない。

子育て支援員の具体的な役割は、その従事する事業により分けられるが、その一つに「保育補助」があり、中心となる専門職の保育士や児童養護施設などの職員の指示に基づきながら保育業務に携わることになる。その際、保育士等の専門職と連携しつつ、サポートする立場として（事業によっては主体的に保育に従事する者として）、子どもたちのよりよい成長と発達に寄与することが求められる。

その他の役割として、「親子が集う場の提供や交流促進」「子育て家庭と地域の社会資源のコーディネート」があるが、これらを含め子育て支援員の具体的な役割については、「**序-3 子育て支援員の役割**」に詳しく示しているので、本章と併せてお読みいただきたい（5頁）。

まとめと課題

子育て支援員は子育てに関する親や施設の活動を支援することになっている。人を援助するとは何か、どのようにすれば支援といえるのか等について理解するとともに、児童の権利に関する条約（子どもの権利条約）にうたわれている子どもの最善の利益をどう保証するのかを考えなければならない。子育てを支援するにあたって何を重視しなければならないかという対人援助の基本を押さえるとともに、保護者や関係者、関係機関との連携・協力の必要性を理解し、子育て支援員の役割について理解する必要がある。

（深谷昌志・鶴宏史）

引用文献

1）小山隆「福祉専門職に求められる倫理とその明文化」『月刊福祉』第86巻第11号，pp.16～19，2003.
2）奥西栄介「社会福祉援助の価値・倫理・専門性」谷口泰史・松本英孝・高間満ほか編『社会福祉援助技術論』久美，p.12，2005
3）厚生労働省編『保育所保育指針解説書』フレーベル館，p.185，2008.

6 子ども虐待（児童虐待）と社会的養護

キーワード

子ども虐待（児童虐待）　児童虐待の定義　発見と通告　社会的養護

1. 児童虐待とその影響

1 児童虐待とは何か

児童虐待は、2000（平成12）年の「児童虐待の防止等に関する法律」（以下「児童虐待防止法」）制定により定義が明記された。制定当時は保護者のみを虐待者と定めていたが、同居する大人による事件の増加により、4年後の2004（平成16）年に行われた改正では保護者以外の同居人による虐待行為が加えられ、また、配偶者からの暴力（DV：Domestic Violence）が及ぼす子どもへの影響の大きさから、子どもの目の前で行われる「面前DV」も虐待として明記された。

児童虐待の定義について、児童虐待防止法が定めていることと、その解説（筆者による）については以下の通りである。

> （児童虐待の定義）
> **第2条**　この法律において、「児童虐待」とは、保護者（親権を行う者、未成年後見人その他の者で、児童を現に監護するものをいう。以下同じ。）がその監護する児童（18歳に満たない者をいう。以下同じ。）について行う次に掲げる行為をいう。

（解説）保護者が、子どもの心や身体を傷つけ、健やかな成長や人格の形成に重大な影響を与える行為であり、大半は家庭内で行われるため、発見しにくい問題とされている。

> 1　児童の身体に外傷が生じ、又は生じるおそれのある暴行を加えること。

（解説）身体的虐待であり、殴る、叩く、蹴る、熱湯をかける、煙草の火を押しつける、寒い日に戸外へ出す、高いところから落とす、身体をしばりつける、布団ですまきにする、狭いところに押し込める、けがをするような行為をさせるなどの行為が該当する。

> 2　児童にわいせつな行為をすること又は児童をしてわいせつな行為をさせること。

（解説）性的虐待であり、性的な行為の他に、子どもに性的な行為を見せる、ポルノ写真や映像を見せる、子どもの裸を写真にとるなどが含まれる。

> 3　児童の心身の正常な発達を妨げるような著しい減食又は長時間の放置、保護者以外の同居人による前２号又は次号に掲げる行為と同様の行為の放置その他の保護者としての監護を著しく怠ること。

（解説）ネグレクト（保護の怠慢・育児放棄）であり、病気になっても医者に診せない、食事を与えない、汚れたままできれいにしてやらない、学校に行かせないなどである。

> 4　児童に対する著しい暴言又は著しく拒絶的な対応、児童が同居する家庭における配偶者に対する暴力（配偶者（婚姻の届出をしていないが、事実上婚姻関係と同様の事情にある者を含む。）の身体に対する不法な攻撃であって生命又は身体に危害を及ぼすもの及びこれに準ずる心身に有害な影響を及ぼす言動をいう。）その他の児童に著しい心理的外傷を与える言動を行うこと。

（解説）心理的虐待であり、「バカ」「死ね」「あなたはいらない」「生まれてこなければよかったのに」などの暴言、子どもに関心を示さない無視、子どもの面前での夫婦間の暴力などにより、子どもの心を傷つけることが該当する。

2 児童虐待の実態

毎日のように子どもの虐待事件が報道されている。父親が虐待しているケース、母親が虐待しているケース、両親が虐待しているケースなど状況はさまざまである。児童相談所等に寄せられたデータは、全体として厚生労働省に集約され発表される。**図表Ⅰ-10**は、その年次ごとの推移である。

こども家庭庁の調査では、2022（令和4）年度の児童相談所における児童虐待の相談対応件数（速報値）は21万9170件で、そのうち、心理的虐待が59.1％、身体的虐待が23.6％、ネグレクトが16.2％、性的虐待が1.1％となっている。しかし、性的虐待、心理的虐待は表面に出ないことも多く、正確な実態把握は難しい。

虐待した者や被害児については、直近では2021（令和3）年度のデータが公表されている。それによると、主たる虐待者は、実母が47.5％、実父が41.5％、継父等が5.4％で、継母等が0.5％、その他が5.2％であった。また、虐待を受けた子どもは、小学生が最も多く34.3％、3歳から学齢前が25.4％、3歳未満児が18.6％、中学生が14.5％、高校生等が

■図表Ⅰ-10　児童相談所における児童虐待相談の対応件数の推移

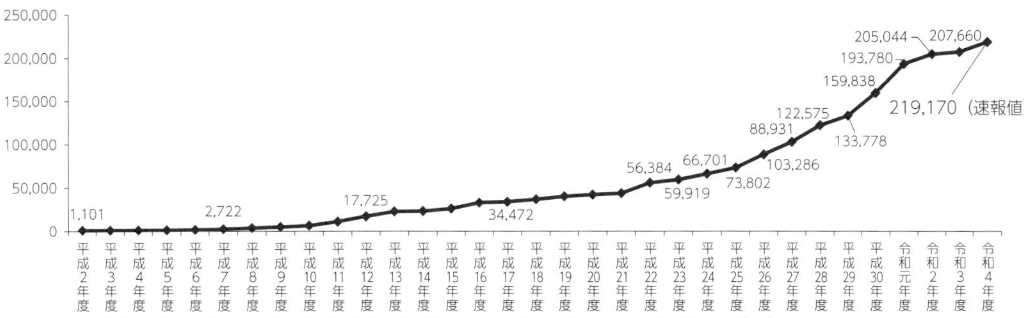

※ 2010（平成22）年度は、東日本大震災の影響により、福島県を除いて集計した数値である。

注：2022（令和4）年度の結果は集計の見直し、2021（令和3）年度以前の結果は再集計が予定されている。

出典：こども家庭庁

7.3%であった（ただし、2024（令和6）年1月26日厚生労働省政策統括官付参事官付行政報告統計室通知により、児童虐待相談の対応件数について、2022（令和4）年度調査以前の結果は再集計が予定されており、当該数値も変更の可能性がある）。

主たる虐待者が実母であることが多いのは、それだけ女性であることや母親であることで、わが国の社会では困難を抱えやすい状況になっており、さらに、そうならないための支援もまだ十分ではないためだといえるのではないだろうか。虐待を受けた者のうち78.3%を小学生以下が占めていることは、手のかかる時期に支援の手が必要であることを示していると思われる。

3 子ども虐待の背景

家族サイズの縮小・孤立しやすい家庭状況

育児は楽しいものであるが大変なこともあり、一人で育児をすることはさまざまな困難を生み出す。育児には人手が必要であるし、ときに周囲からの助言も必要である。

かつてのように、大きな家族のなかで祖父母やその他の親族が育児をする母親とともに生活し、また近所の人々との交流が密だった時代には、育児は人の目の届く場で、他者の育児支援もある環境で行われた。しかし最近では、小さな家族と、地域とのネットワークが乏しい状況のなか、孤独な育児を余儀なくされている母親は少なくない。

また、自分自身が小さな家族のなかで育ち、育児スキルや子どもとかかわる経験に乏しいため、育児上でつまずきがあった場合に相談もできず追い詰められてしまう。その結果、子どもへのかかわり方が、間違った方向に向かってしまうおそれもある。そのため、現在では、そのような状況を予防・解消するために、訪問により相談に応じたり、子育て中の親子が交流・相談できる場を提供するなど、政府や自治体、民間の組織などによりさまざまな施策や事業が実施されている。

多くの問題を抱えて精いっぱいの家庭状況

夫婦間の関係が良好でないなど家庭の問題、経済的貧困、親の未成熟・育児への無理解、子どもの成長の遅れ、近所付き合いがうまくいかないなど大人のなかでの人間関係、仕事上の大きな困難を抱えているなどで、自分のことで精いっぱいになっている親は、子どもが思うように行動しないと「邪魔をする存在と認識してしまう」こともある。思うようにいかない怒りを幼い子どもにぶつけてしまう事例は多く報告されている。

障害や精神疾患をもつ親の状況

親に発達障害や知的障害がある場合には、社会生活自体に困難を抱えることも多く、支援者が必要となるケースもある。何らかの困難を抱えている場合は、支援者による支援が不足すると子育てが不十分となり、ネグレクト状態を生み出しやすい。

また、精神疾患をもつ親の場合も、症状の悪化などによりネグレクトをはじめとする育児上の問題が起こりやすくなるため、支援が行き届かないと重大な事態になりかねない。里親家庭や乳児院などで社会的養護を受けて生活する子どもの入所等の理由を、厚生労働省「児童養護施設入所児童等調査結果（平成 30 年 2 月 1 日現在）」からみると、「父または母の精神疾患等」である子どもは、総数 4 万 375 人のうち 6026 人で約 15% を占めている。したがって、精神疾患が背景にある可能性は低くはない。

配偶者からの暴力（DV）

内閣府が作成した「令和 5 年度版男女共同参画白書」によると、配偶者暴力相談支援センターへの女性の被害者からの相談件数は、20 年前の 2002（平成 14）年度には 3 万 5943 件だったが、2022（令和 4）年度には 12 万 2211 件と 3 倍以上になっている。また、2020（令和 2）年に開設された内閣府の「DV 相談プラス」に寄せられた相談件数は、2020（令和 2）年度は 5 万 2697 件、2021（令和 3）年度は 5 万 4489 件、2022（令和 4）年度は 4 万 7971 件と推移しており、母子生活支援施設の入所理由をみると、近年では「配偶者からの暴力」が半数以上を占めている。

さらに、前述した通り、児童虐待に占める心理的虐待の数も増加を続けている。子どもの心理的虐待には、子どもの目の前で配偶者に暴力をふるう面前 DV が多く含まれるが、これらをみても、家族の安心の場にならない家庭が増えている現状がわかり、また母親の人権が守られない家庭では子どもの人権侵害も起きやすいことが示されている。

4 虐待が子どもに及ぼす影響

虐待は子どもにとってはマイナスの経験である。また、ネグレクトは必要な体験を奪うものであり、育ちに必要な適切な経験が不足し、間違った考えや行動を学ぶことになる。暴力を受けた子どもは、暴力で物事を解決することを身につけ、話し合いをする前に手が出てしまうことが多い。無視された子どもは、他人との関係で思うようにならないと相手を無視することが多い。性的な虐待を受けた子どもは、ほかの子どもへの性的な問題を引き起こしやすい。適切に教えられていないことは適切にできないため、年齢に応じて一般的にできると思われる社会常識や身の回りの自立などで失敗することが多い。どの子どもにもプライドがあるために素直に「教えて」と言えなかったり、そもそもそのような知識や経験がなく、できないことを問題と認識していない場合もある。そのことをごまかすために暴れるなどの問題行動を起こすことがあり、子どもが抱える背景の問題への配慮など、適切な理解がないままに「問題のある子」とみなされやすい。

そのため、大人への信頼感がもてずにさまざまな逸脱行動を繰り返すことになりやすい。虐待を受けた子どもは、大人になったときに自らが虐待をする側になりやすいと考えられ、それゆえ、児童虐待防止法第1条では「我が国における将来の世代の育成にも懸念を及ぼす」として「国及び地方公共団体の責務」として「児童虐待の防止等に関する施策を促進し、もって児童の権利利益の擁護に資すること」が定められているのである。

2. 虐待の発見と通告

子どもが泣いていたり、子どもに親が怒鳴っていたりすると、虐待が行われているのではないかと心配することもある。児童虐待が疑われる事案を発見したときにはどのような点に注意すればよいのだろうか。

1 児童虐待発見のポイント

子どもにかかわる仕事に従事する者は、子どもが虐待されていないかを見分ける「目」をもつことが必要である。子どもの様子を見て「何か変だ」、親の様子を見て「何か変だ」、親子のかかわりの様子を見て「何か変だ」と思うことから始まる。表情が暗い、素直でない、突然叫んだり泣いたりする、集団を避けて一人でボーッとしている、楽しい活動なのに全く楽しそうにしない、ほかの子に意地悪する、極端に親を怖がる、親がひどく疲れている、保育者など職員を極端に避けるなどのいつもと違う様子が見られた場合には、一人で判断するのではなく、保育者間で相談して確認の作業を行うことが必要となる。

また、確認にあたっては、国や自治体で作成している児童虐待対応の手引きやマニュアル、チェックリストなどを読み、そのポイントをよく理解しておくことが重要である。

支援者は、親に「何か困っていることはありますか、お手伝いすることはありますか」などと声をかけて、相談しやすくすることが大切である。子どもも親も何らかのサインを出しているケースが多く、親子の様子に注意深く寄り添うことが大切である。

2 児童虐待の通告

児童福祉法第25条は、児童虐待を発見した場合はそれを通告するのが周りの大人の義務であることを定めている。虐待の通告先は市町村・福祉事務所・児童相談所・警察などであり、民生委員・児童委員を介して通告することもできる。

児童虐待防止法第5条は、学校・児童福祉施設・病院等の児童の福祉に業務上関係のある団体、および学校の教職員・児童福祉施設の職員・医師・保健師・弁護士等は、児童虐待に関して早期発見に努めなければならないとしている。

保育所等で発見した場合は、職場内で報告する。市町村への通告は園長や施設長の責任になる。異変に気づいたら職場内で報告・相談することが保育者の重要な役割である。

3. 虐待を受けた子どもにみられる行動

1 愛着障害がもたらす行動

安心を与えてくれるはずの親から生命の危険を感じるほどの虐待を受けた子どもは、親との適切な愛着関係を築くことはできない（この状態を反応性愛着障害という）。子どもは絶対的な安全・安心の関係におかれて人の心地よさを実感し、人間関係を適切に築く基礎が芽生えるが、その重要な時期に適切に育てられなかったため、自分を大事にしてくれる存在を求め続ける。具体的な状態としては、「誰か私をかわいがって」と、優しそうな人ならば誰にでも愛嬌を振りまき愛着を求める、脱抑制性愛着障害（無差別的愛着）や「誰も信じられない」と愛着の対象を求めることをあきらめてしまい、誰にも心を開かなくなる抑制性愛着障害（脱愛着）がある。このような子どもたちは、人間関係の構築やコミュニケーションが苦手で、自己中心的な言動が多いため孤立しやすく、逸脱行動を起こしやすい。

2 性的虐待がもたらす行動

小学校高学年から高校生までの女子が引き起こす逸脱行動（万引き、夜間徘徊、喫煙、飲酒、無断外泊など）の背景に性的虐待があることは、専門的な支援の場面ではよくみられることである。性は基本的な人間の尊厳につながり、それを侵害されたことにより自暴自棄となるような行動に走りやすくなる。性は人と人を結ぶ最高のものであり、その結びまでには育ちとともに人としての人格の形成が大切である。最高の結びまでには関係を深める時間と適切な道のりが必要であるが、その道を省略して強要される性被害は、その人の人格形成や適切な信頼関係の構築に大きな影響を与えるものである。また、将来に安定した家庭を築くことが難しくなる場合も多い。

3 心理的虐待がもたらす行動

子どものことに無関心で期待もしないが、特に叱ることもしない親に育てられた子どもは、愛着障害をもっていることが多い。「ふと、自分が何者かわからなくなる」「今自分がやっていることがわからなくなる」「自分なんかどうでもいいと思ってしまう」。そして、何もかも投げ捨ててふらふらと当てもなくさまようような子どもも多い。ある子は、「おまえを産むのには反対だったんだよ」と、実際に育ててくれた祖母に口癖のように言われながら育った。母親はその子を産んだ後５歳の時に精神障害で入院したままである。「私がいなければいいのね」と彼女は小学５年生でさまよった。最も大事な人から拒否され否定されることがもたらす死への寂しい想いが、さまざまなさまよいの行動を引き起こすのである。

4 身体的虐待がもたらす行動

身体的虐待を受けてきた子どものなかには、力が絶対という認識が染みついてしまい、力の強いものにはへつらい、弱いものには傍若無人の振る舞いをするということがみられる場合も多い。

ある子の場合、父親の暴力がひどくて、小さい頃から顔色をうかがっていた。父親が煙草を取り出すとすぐに灰皿を持ってくる。そうしないと殴られた。父親が事件を起こして刑務所に入ると母子家庭になった。中学２年生になった彼は、今度は父親と同じように母親と妹に暴力を振るうようになった。そして、母親にけがをさせてしまい、施設入所となった。彼は、男性職員の前では大人しく、しゃべるのもたどたどしいほど緊張していた。しかし、女性職員や年下の子どもの前では同じ人と思えないほど傍若無人で暴力的な言動を繰り返した。父親が行ってきたことを口では批判しながら、やっていることは同じであった。

4. 子どもの権利を守るかかわり

1 子どもの権利について適切な認識をもち、伝える

児童虐待防止法第１条で「児童虐待が児童の人権を著しく侵害し、その心身の成長及び人格の形成に重大な影響を与える」と明記されている通り、虐待は子どもへの重大な権利侵害である。子どもの権利を守り、すべての子どもが子どもらしく健全に育成されるために、児童の権利に関する条約（子どもの権利条約）を学び理解していくことは、子どもの保育・養護などにかかわる職員にとって、とても重要なことである。

子どもの権利についての理解が不十分なために、「子どものため」と思って間違ったことや、行き過ぎたことを行ってしまう親もいる。他人の車に石をぶつけた子をしつけようとして、森のなかに置き去りをした事件があったが、この場合も親が行った「この子のためのしつけ」が子どもの安全、ひいては生命を脅かす状況をもたらしてしまった。

そのような状況を引き起こさないためにも、子どもの権利の理解とともに、権利について周りの親たちに伝えていくことも、子どもの保育・養護などにかかわる職員の役割である。

2 職員などによる不適切なかかわりをなくすために

児童の権利に関する条約（子どもの権利条約）が批准された1994（平成6）年、「児童養護施設高校生交流会」が九州の福岡で開催され、施設で生活する高校生が全国から150人以上集まった。そこで子どもの権利の学習が行われた。その翌年に、参加した高校生たちから施設のなかでの職員による体罰などが告発された。1995（平成7）年以後、児童養護施設にとどまらず障害児者の施設、高齢者施設などでの不適切なかかわりが社会問題となった。

権利侵害事件の顕在化などを受け、2008（平成20）年には児童福祉法第33条の10から17に「被措置児童等虐待の防止」が明記され、2009（平成21）年には「被措置児童等虐待対応ガイドライン」（平成21年3月31日雇児福発第0331002号・障障発第0331009号）が作成された。困難を抱えた子どもたちとのかかわりでは、職員個人では対応しきれないことも多い。不適切対応の多くは職員が個人で判断して対応するなかで生まれている。職場で職員がチームとして適切にかかわること、チームとしてかかわれる体制や運営のあり方も重要となっている。

不適切なかかわりが起きる場合の多くは、職員が職場のなかで孤立して独断で行う間違ったかかわり、子どもの特性の理解不足が生み出す間違ったかかわりをあげることができる。子育て支援員が不適切なかかわりをしないために、以下のことには留意しておこう。

❶ 自分のできることとできないことを理解しておき、できないことは必ず手を貸してもらうこと。

❷ かかわる子どもの特性などをほかの職員と十分に共有しておくこと、その子どもに合ったかかわりがあり、一般的にかかわることが不適切となる場合もあることを理解しておくこと。

❸ 常に、チーム内で共通認識をもち、協力して対応すること、職場でよい人間関係を保つこと。孤立しないこと。

5. 社会的養護の現状

1 社会的養護の理念

人間は本来、睡眠や休息などの生理的な欲求と、愛情や所属、参加、承認、自由、独立等といった社会的な欲求をもっている。生理的な欲求については誰でも同じようにその欲求が満たされるが、社会的な欲求については、その人間の育ちや環境のなかで大きな違いが生じてくる。

社会的養護は、本来ならば家庭において行われるべき欲求の充足に対して、それが不可能な子どもたちを対象にして行われるものであり、人間の豊かな発達をできるだけ保障するために国が責任をもって親とともに行うものである。

2 社会的養護の実態

冒頭の児童虐待の状況において、年々その数が増加していることがあげられており、社会的養護の意義はますます重要になってきている。しかし一方ではこうした状況のなかで、提供されるケアやサポートが十分でないという報告もあり、国や自治体には社会的養護の充実など、早急な対応が求められている。社会的養護の現状は、**図表Ⅰ-11** の通りである。

子どもの愛着形成が行われないまま思春期を迎えると、さまざまな問題行動が表面化するという報告もある。家庭での愛着形成はいうまでもないが、施設などにおいてもこの課題は大きい。

3 施設養護と家庭養護

社会的養護は施設養護と家庭養護に分けられる。施設養護は通所施設と入所（居住）型施設があり、代替的に養護を行うものとして乳児院や児童養護施設、支援的な養護を行うものとして母子生活支援施設、自立援助ホーム、救護・治療・療育的な養護を行うものとして児童自立支援施設、障害児入所施設などがある。施設養護においては、可能な限り家庭的な環境において、安定した人間関係のもとで生活ができるように、施設の小規模化やユニット化（小規模のグループでの生活）が進められている。

2018（平成 30）年の児童福祉法改正で、家庭環境を奪われた子どもは、家庭と同等の環境の下で育てられることが子どもの権利と位置付けられ、児童相談所には里親支援機関が設置され、里親への委託を優先的に進める仕組みが整えられつつある。家庭的養護には、養育里親、専門里親、養子縁組里親があり、小規模住居型児童養育事業によるファミリーホームも含まれる。里親支援機関の充実が図られているが、里親登録数は 2021（令和 3）年 3 月末現在で 1 万 4401 世帯、委託里親数は 4759 世帯、ファミリーホームを含めた委託児童数は 7707 人にとどまっており（**図表Ⅰ-11**）、諸外国に比べて数と率ともに低いことが課題になっている。

■図表Ⅰ-11　社会的養護の現状

里親	家庭における養育を里親に委託		登録里親数	委託里親数	委託児童数	ファミリーホーム	養育者の住居において家庭養護を行う（定員5～6名）
			15,607世帯	4,844世帯	6,080人		
	区分（里親は重複登録有り）	養育里親	12,934世帯	3,888世帯	4,709人	ホーム数	446か所
		専門里親	728世帯	168世帯	204人		
		養子縁組里親	6,291世帯	314世帯	348人	委託児童数	1,718人
		親族里親	631世帯	569世帯	819人		

施設	乳児院	児童養護施設	児童心理治療施設	児童自立支援施設	母子生活支援施設	自立援助ホーム
対象児童	乳児（特に必要な場合は、幼児を含む）	保護者のない児童、虐待されている児童その他環境上養護を要する児童（特に必要な場合は、乳児を含む）	家庭環境、学校における交友関係その他の環境上の理由により社会生活への適応が困難となった児童	不良行為をなし、又はなすおそれのある児童及び家庭環境その他の環境上の理由により生活指導等を要する児童	配偶者のない女子又はこれに準ずる事情にある女子及びその者の監護すべき児童	義務教育を終了した児童であって、児童養護施設等を退所した児童等
施設数	145か所	610か所	53か所	58か所	215か所	229か所
定員	3,827人	30,140人	2,016人	3,340人	4,441世帯	1,575人
現員	2,351人	23,008人	1,343人	1,162人	3,135世帯 児童5,293人	818人
職員総数	5,555人	20,639人	1,522人	1,839人	2,073人	874人

小規模グループケア	2,197か所
地域小規模児童養護施設	527か所

出典：こども家庭庁支援局家庭福祉課「社会的養育の推進に向けて」令和５年４月

まとめと課題

児童虐待とは何か、何を虐待と呼ぶのかを整理し、併せてわが子を親がなぜ虐待してしまうのか、その背景を理解する。虐待が疑われる場合の対処方法や虐待を受けた子どもがどのような行動をとりがちなのかを視野に入れ、われわれの理解を超えた世界にいる被虐待児の心と世界を、何よりも、共感的に理解することが重要である。

（中山正雄・深谷和子）

参考文献

上野加代子『児童虐待の社会学』世界思想，1996.

厚生労働省雇用均等・児童家庭局「児童養護施設入所児童等調査結果（平成25年２月１日現在）」平成27年１月

こども家庭庁支援局家庭福祉課「社会的養育の推進に向けて」令和５年４月

社会福祉法人全国社会福祉協議会全国母子生活支援施設協議会「平成28年度全国母子生活支援施設実態調査」2017.

7 子どもの障害の基本的な理解

キーワード

障害がある子ども　障害特性の理解　家庭支援　療育支援

1. 障害があることをどう理解するのか

障害があることは、特別なことではない。子どもへの視線が「子ども<障害」なのか、「子ども>障害」なのかでは、障害がある子どもたちへの私たちの援助姿勢は大きく変わる。つまり、ある子どもをみつめる目が、「Aちゃんという子ども」に「知的障害がある」とみるのか、「知的障害があるAちゃんという子ども」とみるのかの違いであり、それは、はじめにAちゃんという子ども自身をみていくのか、それともはじめに知的障害があるというレッテルを貼りつけてAちゃんをみるのかという違いとなって現れる。障害がある前に一人の人間である、子どもであるという支援者のまなざしがその援助姿勢を変えるのである。

これらの姿勢は、支援者が障害というレッテルを貼って「○○障害だから問題行動がある」と考えれば、「○○障害」のために「問題行動」が引き起こされるから、「問題行動」の原因は「○○障害」である、という考え方に結びつきやすい。この思考の流れは、子どもの行動そのものに目を向けにくくしてしまい、不適応行動の本来の原因が支援者の無理解による不適切なかかわりであることに反して、不適応行動の原因は「○○障害」であると理解することに結びつく。このようなループに入ってしまうと、障害がある子どもは理解してもらえず、より「問題行動」が引き起こされる。そもそも「問題行動」ということばも、誰からみた問題なのかを考えると、支援者や社会からみた問題であり、障害がある子どもが問題を起こしてやろうと思って起こしている行動ではない。障害がある子どもにとって、われわれからみた「問題行動」はことばやほかの手段でのやりとりやコミュニケーションが難しい子どもからの何らかの発信であり、そうした子どもからの発信をどのようにとらえ対応するかによって、支援者との関係形成が大きく変わってくる。いわゆる「問題行動」は「障害がある」から起こる、という理解からは子どもと支援者の信頼関係が形成されにくく、いくら支援してもうまくいかないことが多くなってしまう。

このように、障害がある子どもへの支援も、障害がない子どもたちと同じように、われわれと同じ意思をもった「一人の子ども」であることを忘れずに、子どもの意思や個性、発達の可能性を最大限発揮できるような支援者の援助姿勢、子どもや障害に対する知識や技術、環境への配慮などが求められるのである。

2. 障害があること・育つこと

子どもが育つということにおいて、障害があるからといって何か特別なことがあるわけではない。前節で述べたように、どの子どもも「子ども」であることに変わりはない。しかし、障害があるということは、私たちより少しだけ「生活のしにくさ」や「困ったことを多くもつ」ことであり、その状態に合わせた特別な配慮が必要になる。

2011（平成23）年の障害者基本法改正では「可能な限り障害者である児童及び生徒が障害者でない児童及び生徒と共に教育を受けられるよう配慮しつつ、教育の内容及び方法の改善及び充実を図る等必要な施策を講じなければならない」とし、これを受けて文部科学省は「共生社会の形成に向けたインクルーシブ教育システム構築のための特別支援教育の推進」として報告書をまとめ、「合理的配慮」や「基礎的環境整備」を掲げた。どのような障害でも、社会や地域の無理解や不適切な対応は、子どもたちにとって困難な状況やトラブルを引き起こす頻度を増すことになる。つまり、子どもたちがもって生まれた力を最大限発揮できるような「基礎的環境整備」が重要となる。それは、物理的な環境、人的な環境、社会環境などを整えることの必要性であるといえる。

支援者が子どもとかかわり、子ども自身を共感的に理解し、よりよい人間関係を育むことで、子どもが自発的に活動し、自己有用感をもって生活することができる。このような保育者との支援の関係が、障害があっても必要な環境といえる。しかし、ともに遊び、学ぶなかでも、障害があることで「合理的配慮」が必要なことも確かである。

また、障害がある子どもにとっての「障害」は、その子自身にとってどのような意味をもつのか、どのような思いがあるのかを理解することも必要である。子どもの立場に立って物事をみつめ、とらえることで、その子どもの困難がみえることが往々にしてある。その意味で、次節に示す障害特性を理解することも大切である。

3. 障害特性とかかわりを理解する

一口に障害といっても、その種類や程度によってさまざまな様相を呈する。これらの程度や状態を詳細に調べることが医学的治療の観点からは必要だが、保育としてのかかわりではさらに「子どもの生活」そのものに目を向けることが求められる。それは、同じ障害であっても、その子どもの育ってきた環境やかかわりによって子どもの示す状態像が大きく違ってくるためである。そこでは、障害があることで示す行動や状態なのか、さらに環境との相互作用によって引き起こされる状態なのかを見極め、対応することが求められる。つまり、障害特性を理解することが子どもを理解するすべてではなく、保育を展開するうえでの一つのアセスメントに過ぎないのである。

以下に、主な障害とかかわりの留意点を述べる。

1 身体障害

肢体不自由

上肢、下肢あるいは四肢および体幹に障害があり、移動や日常生活動作に何らかの支援が必要な状態にあるものをいう。保護者や医療機関との情報共有を行い、食事や排泄（はいせつ）などの介助のほか、保育や活動において本人のできることを生かしながら、さまざまな活動に主体的に参加できるような支援者側の配慮が必要になる。例えば、手指がうまく使えないときに、絵を描く活動に参加するには絵筆を握りでも動かせるようにグリップを大きくしておく、画用紙がずれないように固定しておくなど必要に応じた配慮を要する。

視覚障害

視力の障害（物の見え方や色の識別に関する障害）や視野狭窄（きょうさく）（物の見え方の範囲が狭くなる障害）などをいう。視覚障害がある場合には、視覚による情報が入らないがゆえの不利益を極力減らす配慮をする必要がある。視覚情報を頼りにしづらいので、初めての活動に不安を感じやすい、慣れるまでに時間がかかる、ことばと物を結びつけにくいことからことばの理解の遅れが生じるなどの可能性がある。そのため、それらを補うように実際の物を繰り返し見せたり、触らせたりするなど体験的な理解を促す工夫が必要となる。

聴覚障害

聴力に困難がある状態をいう。まったく聞こえない状態から、難聴などの聞こえにくさがある場合がある。これらの子どもの状態として、話を理解できたか不安になり、人前で話したがらない、ことばでのコミュニケーションで誤解が生じやすいなどがある。字幕や手話など聴力の代わりになる伝達手段が確保されているか、配慮が必要となる。

内部障害

慢性的な内臓の疾患のことをいう。医学的な知識や医療スタッフとかかわるうえでの留意点などを保育者間で共有する必要がある。特に運動制限がある場合や、食事療法が必要で給食や間食の提供に配慮が必要な場合などには情報共有が重要となる。また、家庭での様子なども必要に応じて共有するような対応が求められるであろう。

難病

難病とは、発病の原因が明らかでなく、かつ治療方法が確率していない希少疾患であり、長期にわたる療養を要する疾患のことをいう。内部障害と同様、医療的な知識や医療スタッフとの情報共有、共通理解が必要となる。場合によっては、服薬の管理や医療的ケアの必要性など、看護スタッフの配置や直接的な支援が必要な場合もある。そのような理由から、保育や教育などの場に参加すること自体が難しく、入園を拒否される事例も散見される。子どもが子どもらしい、発達段階にあった経験をするためには、これらの障壁が少しでも少なくなることが望ましい。

2 知的障害

おおむね18歳までに発現する、物事の認識や認知に現れる障害をいう。物事の理解が十分にできなかったり、判断することや覚えることが苦手であったりする。また、重度の知的障害がある場合にはことばによるやりとりが難しい場合もあるため、コミュニケーションの方法も本人がわかるやり方や伝え方などで対応するなどの工夫が必要である。理解できることばのほかに、絵や写真などを見せる、それも難しい場合には体験を通して（一度やってみて）意思の確認をするなど、より具体的な方法で認識してもらう必要がある。また、日常生活行動などは繰り返し経験し習慣づけることによって、できることが増える可能性もある。本人の理解度やペースに合わせた活動の提示やかかわりが求められる。

3 発達障害

注意欠如・多動性障害（ADHD：Attention-Deficit / Hyperactivity Disorder）

注意の持続が難しく、また周囲の刺激につられて動いてしまうことも多く、集中しない、落ち着かない様子がみられる。また、衝動性が高い場合は、そこまで怒ったり攻撃をしたりするほどのことではないように思えても、気持ちを抑えることが難しく、トラブルを起こしてしまうことがある。そのようなときは、叱っても効果はないので、気持ちが落ち着いたときに話をするなどの対応の工夫が必要となる。また、本人のできないことや悪い面ではなく、できたことやよい面に目を向けて、「褒める」「認める」ことが有効な対応の一つといわれている。

学習障害（LD：Learning Disabilitiy）

知的な発達に遅れがなく、視覚や聴覚、運動能力にも大きな困難がなく、本人が努力しているにもかかわらず、また養育や教育の環境が整っていても、ある特定の能力の障害（読み、書き、計算など）のために本来身についていてもよい能力が身につかず、それらの学習自体が難しい。文字を読むことができても書くことが難しい、いくら練習をしても計算ができるようにならない、などがあげられる。幼児期においては不器用さ、整理整頓ができない、落とし物が多いなどとして現れる。これらが頻繁に起こる場合には、早期に適切な診断を受け、本人の特性を知ることが大切である。そうすることで、子どもからみると「理不尽な非難」や「努力してもできないことを怒られる体験」を回避することができ、課題や活動の提示の仕方をより具体的にするなど、困難さを補うような工夫が可能になる。

自閉症スペクトラム障害（ASD：Autism Spectrum Disorder）

社会的なコミュニケーションや人とのかかわり・やりとりに課題があり、行動・活動や興味・関心が限定されており、それらを何度も繰り返し行うなどの反復行動、いわゆる「こだわり行動」などを伴うことがある。知的障害や言語障害などを伴う場合もある。つまり、自閉症スペクトラム障害には、知的機能の高い状態から、知的障害を伴い認知機能に制限のある状態までが含まれる。DSM-5においてはASDと一つにまとめられているが、発達障害者支援法においては「自閉症、アスペルガー症候群その他の広汎性発達障害」とされている。支援の場では、その子ども一人ひとりの状態をアセスメントし、その子どもの状態にあったかかわりや活動の支援が必要となる。また「自閉症」というと、人とかかわることを嫌がると誤解されがちだが、周囲の人や行動に関心をもっている。人嫌いとは違うという認識をもってかかわりを考えてほしい。また、繰り返し行われる行動やこだわり行動も、「自閉的だからこれらの行動は当たり前」と片づけるのではなく、これらの行動を引き起こす背景に目を向け、繰り返しやこだわり行動を軽減するよう努めることが求められる。

4. 子どもと家庭を守る制度やサービス

妊産婦健診や乳幼児健診などで、障害の有無を広くスクリーニングするのが母子保健の役割である。市町村の保健センターなどで行われるこれらの健診により、障害の早期発見と早期介入ができ、障害の軽減や機能の補完などができる。

また、実際に療育などの支援が必要ということになれば、児童福祉法に規定される児童発達支援、放課後等デイサービス、障害児入所支援、ホームヘルプサービスや日中一時支援、ショートステイなどのサービスを受けることができる。地域での生活を支えるためのサービスは市町村が窓口になり、入所支援については都道府県が窓口となる。これらのサービスは、相談支援専門員が作成するサービス等利用計画によって支援が展開されていく。また、各サービス提供施設においては、児童発達支援管理責任者のもと、一人ひとりの子どものニーズに合わせた個別支援計画が立てられ、それに則って実際の療育や日常生活支援などが行われる。サービス等利用計画や個別支援計画は、一定期間を経るとサービスのモニタリングとその結果に応じたプランや支援の見直しがなされ、よりよい支援となるように点検や評価がなされる。

障害に応じた手帳の制度もあり、知的障害等には「療育手帳」、身体障害等には「身体障害者手帳」、精神障害などには「精神障害者保健福祉手帳」が関係機関の判定に応じて支給され、自治体や民間事業者などが提供するサービスを受けることができる。また、特別児童扶養手当など障害のある子どもを育てている保護者に対して手当が支給される制度もある。

こうした制度やサービスの内容、具体的な利用方法などについては、福祉事務所において子どもや家庭の福祉を担当する課や、児童相談所、また発達障害に関することは都道府県に必置の発達障害者支援センターなどが相談に応じている。また、前述のサービス等利用計画を作成する相談支援事業所や保健センターなども、相談ができる場の一つである。

さらに、近年は医学の進歩を背景に、たんの吸引や経管栄養などの医療的ケアを日常的に必要とする、いわゆる医療的ケア児が増加している。2021（令和 3）年には医療的ケア児及びその家族に対する支援に関する法律（医療的ケア児支援法）が公布・施行され、保育所や学校における医療的ケア等についての支援を責務としている。支援者も医療的ケア児が身近な存在となり、一層の理解が求められるであろう。

まとめと課題

子どもの支援は、子どもの悪いところや「問題行動」ばかりに視点が向きがちであるが、本来の子どものもつ、よいところや可能性をみる視点が必要である。さらに、子ども自身も周りのかかわり（環境）が変化することによって大きく変わる。つまり私たちがはぐくむ環境の一つとして、かかわりを考えることが大切であり、関係機関との連携も重要となる。また、障害がある子どもがどこで生まれ育っても、サービスや支援の格差が起こらないような地域や国のレベルでの対応も必要なことである。

（竹之内章代）

参考文献

融道男・中根允文・小見山実・岡崎祐士・大久保善朗監訳『ICD-10 精神および行動の障害 新訂版――臨床記述と診断ガイドライン』医学書院，2005．

日本発達障害学会監，日本発達障害学会 50 周年記念事業編集委員会編『キーワードで読む 発達障害研究と実践のための医学診断／福祉サービス／特別支援教育／就労支援』福村出版，2016．

森則夫・杉山登志郎・岩田泰秀編著『臨床家のための DSM-5 虎の巻』日本評論社，2014．

8 総合演習

キーワード

子ども・子育て家庭　特別な支援　基本研修の意義

1. 総合演習の目的

本研修において、履修した内容についてのふりかえりを図るためのグループ討議を行うことによって、内容の確認と定着を図ることが目的である。また、子育て支援員として求められる資質についてどの程度理解しているのかを確認するためにも、ふりかえりのための演習が必要である。また、実際に履修した内容をしっかりと総括し、今後の課題を改めて認識しなおすことによって、新たな発展につながることを確認しておく必要がある。

2. 総合演習の内容

総合演習は、次の❶～❺の項目のいずれかについて、課題の確認と履修内容の理解を目的に、グループ討議や事例検討などの手法により研修効果の定着を図る。

❶ 子ども・子育て家庭の現状の考察・検討

子どもたちは多様な家庭のなかで育ち、それぞれ状況やニーズおよびその背景が違っている。こうした違いを理解することが指導員としての力を発揮することにつながるという視点で、子どもの理解に努めることが重要である。

❷ 子ども・子育て家庭への支援と役割の考察・検討

まず､支援の対象となる子どもの発達や成長について十分な理解をしておく必要がある。これまでの講座で一定の理解を得ていると思われるが、それをさらに深める必要がある。また子ども・子育て家庭への支援の意味と役割についての理解を定着する必要がある。

❸ 特別な支援を必要とする家庭の考察・検討

さまざまな子どもや家庭の理解のなかでも、特別な支援を必要とする家庭の理解については、総合演習では特に十分な配慮が必要である。また、児童の権利に関する条約（子どもの権利条約）に位置づけられた「子どもの最善の利益」の意義についても十分な理解をしておく必要がある。

❹ 子育て支援員に求められる資質の考察・検討

子育て支援員に求められる資質については、社会性、公平性、子どもや家庭の特性への対応について等も理解を図っておく必要がある。

❺ 専門研修の選択など今後の研修に向けての考察・検討

基本研修の履修後の子育て支援に対する理解を深めるとともに、専門研修の履修に向けた基本研修の意義についての理解を深める。

3. 総合演習の展開

グループ討議

❶ 前日までに行っておくこと

① グループの編成（一つのグループは４～５人）

＊グループのリーダーを選出する

② 討議のテーマを提示する（上記の❶～❺のなかから適宜選ぶ）

＊すべてのグループに共通のテーマを提示する場合もあれば、各グループにテーマを選ばせることもある

③ 各グループの担当者は討議に必要な資料を準備する

＊各グループで分担を決めておく

❷ 総合演習当日の展開

① グループごとの話し合いと発表内容の検討（3～5点に絞る）

＊ KJ 法などの活用

② 各グループの発表（時間は事前に設定する（5～10 分））

③ 質疑と全体の討議

❸ 演習後のまとめ

① 各テーマについて指導者よりコメントする

② 各自が討議内容を踏まえて文書化することによって整理される

4. 総合演習の代替

総合演習については、レポートの提出により代替することができる。代替する場合には研修効果の定着が図られるよう、研修を実施することに留意する。

研修にあたっての考え方

❶ 基本研修において履修した内容について、演習形式でのふりかえりやアウトプットにより履修内容の確認・定着を図ることを目的とするものであり、双方向での研修により聴くだけの研修に終わることがないよう研修を実施する。

❷ 子育て支援研修においては、試験を課して研修の理解度等を評価することは求めていないが、受講者がこの基本研修を踏まえて、さらなる学びと職務実践への意欲・姿勢が確かなものになるよう履修内容の定着に留意する。

（瀧口優）

Ⅱ

地域保育コース
共通科目

1 乳幼児の生活と遊び

キーワード

発達の連続性　総合的な保育　発達段階

1. 子どもの発達と生活

日本の保育所では、生後1年未満の子どもを0歳児と称している。正確にいえば、1歳未満児であって決して0歳ではない。誕生してから日々刻々と成長し続けているのである。それゆえ、生後まもない子どもとやがて1歳になろうとする子どもでは、運動や精神発達、生活の様子も大きく違う。保育の場で子どもが睡眠、授乳、食事、排泄(はいせつ)などの生活や遊びなどで毎日を快適に過ごすために、保育者は発達段階を理解し、さまざまな援助を行う。著しく発達に違いがある乳幼児期のすべての保育で発達段階に応じたきめ細かい配慮や援助、環境づくりが行われており、子どもが成長していくうえで最も重要な柱となっている。

1 生活や発達の連続性に考慮した保育

「保育所保育指針」(平成29年厚生労働省告示第117号)「第1章 総則」に、「子どもの発達について理解し、一人一人の発達過程に応じて保育すること。その際、子どもの個人差に十分配慮すること」とある。発達過程を踏まえて保育をすることとは、0歳から6歳までの発達の連続性を理解することでもある。また、家庭と園を行き来する子どもは、子どもを取り巻く環境との相互作用で発達するとブロンフェンブレンナーは述べている。生活の場が移行しても安心して生活できるよう環境を整え、生活が連続するためにはどのような配慮が必要かを考え、保育をしていくことが重要である。

2 子どもの生活への援助と保育

出産直後に新生児を母親のお腹の上に乗せると、まだ目も見えないのに、乳首を探すような仕草を見せるという映像を見たことがある。人は本来自分の力で生きようとする力をもっている。しかし大人は、援助なしには生きられない、と生活のすべてにおいて「できないからやってあげる」援助、ととらえがちである。生活への援助は、乳児期からやがて人として自立して生きていくためのものである。子どもは心身の発達とともに自分で食事、排泄、身の回りのことができるようになり、自分の生活に見通しをもつようになる。保育では自分でやろうとする気持ちを大切にして、その力が発揮できるような環境を十分に整え、失敗しながらも自分でできたという達成感を自信につなげていく。子どもの「デキナイ」「ジブンデ」の揺れる気持ちにゆったりとつきあってくれる保育者の存在こそが、子どもの自立への力を後押しするのである。

2. 子どもの遊びと環境

子どもにとって日々のなかで遊びは生活そのものであり、どこからが生活で、どこからが遊びであると明瞭に認識しているわけではない。見る、触れるなど五感を通しての遊び、自ら興味をもって探索する遊び、人とのふれ合いを通して自分を表現する遊びなど、遊びによって子どもは発達し、成長し続けている。

1 遊びによる総合的な保育

「遊び」は子ども自らが自分の意志で取り組み始めるが、その過程で困難なこともあり、楽しいことばかりではない。子どもはその都度工夫し、豊かに発想を広げ、友だちと協力し合い、創造し、挑戦することで充実した「遊び」へと発展していくのである。子どもにとって「遊び」とは今を生きていることの証でもある。保育の場では子どもの主体性を尊重し、子どものもつ自らの能力を最大限に引き出し、子どもがつくりだす「遊び」を子どもとともに楽しみながら、子どもの生きる場をより豊かにしていくことが求められる。

2 遊びを豊かにする環境のあり方

保育は環境と人のかかわりの両輪に支えられているといっても過言ではない。環境の創意工夫は保育の専門性を発揮する場でもある。今、子どもがどのようなことに興味・関心を抱いているのか、どのような遊びを楽しもうとしているのか、子どもの姿をとらえ、予想しながら、保護者は環境を構成する。発達が著しい乳児期は子どもの成長に応じ、ハイハイの時期、歩行し始める時期によって玩具の配置、空間の広さ、高さなどを工夫する。また、玩具や絵本などで一人遊びが十分に楽しめる環境、数人の子どもと「ごっこ遊び」を楽しむ環境づくりに工夫する。そして子どもが自ら遊びを選択できるよう、遊びの種類によってコーナーをつくる。さらに大人の予想を超えた子どもの発想、遊びの展開を想像し、保育者が楽しみながら環境づくりをすることも、子どもの育ちを豊かにすることにつながる。

3. 子どもの育ちと人との関係

まず、子どもの発達は連続していること、発達をプロセスととらえ子どもの成長を理解することが重要となる。また発達の特性として、子どもはまず人から愛され、かけがえのない尊い存在として受けとめられることで人への信頼感が育まれる。信頼感が心のよりどころとなり、自らも身近な人や周囲の環境にはたらきかけるようになる。この人とのかかわりから、子どもはさまざまな経験を通して豊かな情感を育むとともに自我が育ち、人間形成への第一歩を踏み出していく。

子どもは、子ども同士で遊びを通して自分の気持ちを抑えたり、相手を思いやる気持ちをもったり、また互いにかかわり、影響し合うことで情緒が発達し、社会性の発達にもつながっている。それらがやがて、生きる力となっていくのである。

4. 子どもの一日の生活の流れ

保育所や幼稚園、認定こども園などに通う子どもたちの生活は家庭とそれぞれを日々行き来している。子どもは早朝から身支度をし、食事をとり、園に到着する。家庭では手伝ってもらうことも多い身の回りのことを自分でやらなければいけない。それぞれの発達段階に応じて、できること、援助が必要なことがあり、保育者はその状況に応じてどこまで援助が必要かを判断しながら、自分でやろうとする意欲を見守ったり、子どもの意志を尊重し必要なところで援助したりするなどして、子どもを支えるのである。

子どもは、乳児期に自我が芽生えると、それまで援助していた保育者に手を出してほしくない、と主張する姿がある。食事や衣服の着替え、排泄(はいせつ)などをことごとく自分で、自分で、と主張する。うまくできなくても、自分で最後まで取り組むことで達成感や自信をもつことができるようになる。幼児期は自分の生活を意識し、流れを見通して行動するようになる。個人差は大きいが、保育者は子どもの個々の発達段階や行動特徴を把握し、子ども自身の力が最大限発揮できるようにはたらきかける。また、子どもは周囲へ目を向け、子ども同士で手伝ったり、協力したりと互いにかかわり合いながら生活をする姿もみられるようになる。子どもはこういった経験を通して、生きていくうえで身につけなければならないものを育んでいくのである。

まとめと課題

乳幼児の生活と遊びについて、その意味と役割を理解することがねらいである。身近な子どもたちをイメージしてみて、自分なりにふりかえり、まとめてみよう。

（松永静子）

2 乳幼児の発達と心理

キーワード

発達の時期　コミュニケーション　探索行動

1. 発達とは

発達について、『保育所保育指針解説 平成30年3月』のなかでは「子どもがそれまでの体験を基にして、環境に働きかけ、様々な環境との相互作用により発達していく。また資質（豊かな心情、意欲及び態度）、能力が育まれていく過程である」と述べられている。特に乳児の発達研究は最近、目覚ましく進歩している。赤ちゃん学はミステリアスである、と東京大学の開一夫氏はその著書のなかで述べている。もともと『学ぶ』という語源は「まねぶ（まねる）」といわれているが、開氏はまさに赤ちゃんの「舌だし模倣」や模倣行動をとりあげて赤ちゃんの能力の高さ、学ぶ力を解説している。

保育者は、子どもの発達を頭で追いかけたり、先を急いだりするのではなく、そのとき、そのときの子どものありのままをとらえながら、ゆっくりと楽しみながら子どもの発達する姿をみていきたいものである。

2. 乳幼児期の発達

発達には順序性がある。また、それぞれの発達段階には個人差もある。ここではおおむねの年齢区分で発達段階を述べる。まず、生後動くことのできない時期があり、寝返りなどができるようになるのはおおむね6か月未満である。乳児期後半は6か月からハイハイ、お座りの9か月頃、乳児期後半以降では一人立ち、歩き始めるのはおおむね1歳3か月未満までで1歳前半である。1歳後半は歩行が安定し、ことばが出て自我が発達するのはおおむね2歳未満までである。おおむね2歳以降では、語彙はまだ少ないが会話でのやりとりができ、簡単な生活の身の回りのことが一人でできる。おおむね3歳以降はさまざまな運動ができるようになり、友だちと生活再現遊びをさかんに行い、感情表現も豊かになる。身近な自然やものなどに積極的に興味を示したり、想像力が豊かになり、ことばや行動で豊かに表現できるようになったりするのはおおむね４歳以降である。おおむね５歳以降は生活習慣がほぼ身につき、自信をもってさまざまなことにチャレンジしたり、遊びを発展させたり、友だちへの思いやりをもったりするほか、自分の気持ちもコントロールできるようになる。これまでの体験を活かして、友だちと協力して、自分たちで遊びや生活のルールをつくったり、さらに創造的な活動に取り組んだりする姿もみられるようになるのはおおむね６歳以降である。

3. ことばとコミュニケーション

人は誕生の瞬間の産声から、コミュニケーションが始まる。産声そのものは反射行動の一つでもあるが、反射行動そのものが生きていくための人の先天的な能力ととらえられる。生後１か月頃から機嫌のよいときに声を発するようになり、この声に応えるとタイミングを合わせて乳児がまるで会話をしているように声を出す。このやりとりもまさにコミュニケーションの始まりではないか。３か月を過ぎると喃語（なんご）が多くなって、自分の声で遊ぶ姿もみられるようになる。１歳前後には初めて意味のある初語が出てくる。一語で身近な人に何かを伝えようとする時期から大人のことばを模倣し、語彙が急速に増えていく時期になる２歳頃は、会話をすることを楽しんでいるようにみえる。

このように、コミュニケーションは相手との心地よいやりとり、気持ちの共有など、ことばを介して伝達すること以外に人と人の関係を育む意味が大きい。相手とことばのキャッチボールをするプロセスで、相手の話をよく聞くということが大切になる。それには相手をする大人がまず、子どものことばをしっかり受け止めて聞くことである。子どもは日々の生活や遊びのなかで体験しながらことばを獲得していく。気持ちを伝えたい人がいるからこそ、ことばが生まれ、発達するのである。

4. 人とのかかわりを通して

泣いて生理的欲求を訴え、世話をする大人がその欲求に応え、空腹を満たし、お尻をきれいにしてくれることから、乳児は安心できる人の存在を感じとり、人へ関心を向けるようになっていく。ことばはなくとも表情豊かに、身振りなどで気持ちを伝え、相手もこれに応えることを楽しみながらやりとりを積み重ねていく。この身近な人とのかかわり（愛着関係）が強くなると、見知らぬ人に不安を感じ、緊張したり激しく泣いたりする人見知りが始まる。

同時に、安心できる身近な大人が存在するからこそ、その大人に見守られながら次第に行動範囲を広げていくことができ、探索行動が活発になる。１歳半を過ぎると自我が芽生え、自己主張をして、相手の主張とぶつかり合うことも多くなる。大人が互いの気持ちを代弁しながら、自分の気持ちを抑えて相手の気持ちを思いやることをはたらきかけると、少しずつ相手である友だちを意識して、自分の気持ちを調整できるようになる。ことばが多くなり、さまざまなことばで相手に気持ちや意志を伝えようとするようになり、生活面でも自分でできることが増え、自信をもって人との関係を広げていくようになる。

乳幼児期はまだまだ自分が世界の中心で、人との関係を子どものみで調整することは難しい。しかし、大人が子どものさまざまな思いや気持ちを受け止めて見守り、子どもを信頼し、子ども同士で調整できるようはたらきかけていくことが必要であろう。

5. 手指を使うことで育まれる子どもの意欲

ぎゅっと握られた手、小さな紅葉のような開いた手、しっかり玩具をつかみとる手。手指の発達は目で見てわかりやすい。仰向けの姿勢から寝返り、首をあげて腹這(ば)いの姿勢になるときは手を開き、床にしっかりとつけていなければならない。身体運動の発達が進むと手の動きも次第に細やかな動きになる。3か月頃には握っている手が開いたり、仰向けで寝ている顔の上に手をかざすハンドリガードがみられたりする。半年を過ぎると、自分から手でモノをつかみ取るようになり、片方の手からもう片方の手へ持ち替えることもできる。個人差は大きいが、1歳前後には箱のような容器にものを入れたり、持っている玩具を相手に手渡したりすること、離乳食を手でつかんで口に持っていくこともできる。おおむね1歳半になると道具を操作して遊んだり、食具を使って食事をしたりする。積み木やブロックを積む、その他にまわす、ねじる、ちぎるなどの細やかな操作もできる。

模倣行動が活発になると、手遊びや歌遊びを真似て楽しめるようになる。目と手の協応動作が発達し、自分から玩具や道具にはたらきかけることが多くなる。簡単ななぐり描きや新聞紙をちぎる遊び、折り紙を折ったり、はさみで切ったりする遊び、さらにイメージを膨らませて描く、つくるといった造形遊びを楽しむ。また生活再現遊びでは、お店屋さんごっこなど、自分たちで道具をつくり、道具を使いながら遊びを楽しむこともできるようになる。

手指の発達によって食事や着替え、排泄(はいせつ)の始末や手洗いなどの身の回りのことが自分でできるようになり、自立したいという意欲につながる。大人は目にみえる結果を急ぎすぎる傾向がある。手指を使ってものやことに向かう子どもの気持ちを大切にし、取り組んでいく過程が重要であることはいうまでもない。

6. 遊び・生活の行動範囲を広げる運動発達

人の運動発達は1歳前後まで、ダイナミックに変化していく。寝返りからうつ伏せの姿勢で前へ後ろへと少しずつ移動する段階、お腹を床から離して手と膝で移動するハイハイは、目指す場所に移動することができる第一段階である。ほかの動物にない発達が二足歩行である。ハイハイから座る姿勢へ、それからつかまって立つようになり、つかまりながら立って横に移動する。そしてしゃがんだ姿勢から自分の力で立ち上がることができるようになると、はじめの一歩への期待が高まる。このような発達が順序性をもって進んでいくのである。

2、3歳頃には走って移動したり、階段をのぼりおりしたり、よじのぼる、飛び降りる、スキップするなどのさまざまな動きができるようになる。乳幼児期の運動発達は目覚ましいが、個人差が大きい。それゆえ個々の子どもの発達段階を考慮しながら、環境を工夫し、安全に過ごせる配慮やかかわりが必要である。

ハイハイまでの動きが少ない時期は、乳児の視野を考え、目に見えるところに玩具を置いたり、清潔な環境づくりをしたりする。ハイハイ、つかまり歩きなど移動ができるようになると近づいていく先に段差や危ないものがないか、安全に特に注意しながら、子どもの興味関心をひく玩具、素材を用意する。歩き始めから安定した歩行へと進んでいく過程では、自由に歩くことを楽しませることが最も大切ではあるが、転倒には十分注意し、環境整備は毎日欠かせない。どんなものにも興味を示す時期でもあり、子どもの歩く周囲に危険なものがないか常に点検をする。乳児期から幼児期へ移行しても子どもの興味や関心をもてる環境づくりは保育の大黒柱ともいえる。子どもの行動範囲を広げ、想像力や創造力を喚起し、自由に活発に遊びを展開する環境づくりが何よりも子どもの成長発達には重要である。

7. 子どもの育ちを楽しむ保育者に

大人は誰しも子どもだった。どんなに難しい仕事や高度な研究をする学者であっても、皆思い出深い子ども時代があった。その子ども時代が、どの子どもにとっても豊かで幸せに過ごせるように、一人ひとりの存在や育ちを何よりも大切にすること、そのことがやがて生きる力として礎となっていくのではないか。そのかけがえのない子どもの育ちを後押しし、見守り、保育者としての願いをもちながらはたらきかけるのが保育である。

まとめと課題

❶ 保育者として

子どもとともにあり、子どもから学ぶ姿勢をもって、保育者自身が生き生きと生活し、さまざまなものや人にかかわり、感性を高めながら生きることを自ら楽しむ保育者であって欲しいと願う。保育の世界にどっぷり浸かって、子ども目線といいながら、子ども観を狭め、専門外だからと保育以外の社会や政治経済の動き、情勢にあまり関心を示さない保育者も少なくない。地域の文化や歴史を学び、子どもに経験させたいものを厳選する目を養う。子どもの育つ社会の展望をもち、子どもの育ちを考えた保育を創造することを目指し、保育を実践していく。保育者自身もアイデンティティーをもち、ともに今、この時代を歩む姿勢をもつことが重要ではないか。

❷ 遊びは学びである

遊びをせんとや生まれけむ（『梁塵秘抄（りょうじんひしょう）』に収載されている歌）。子どもの遊びは生きている証である。しかし、遊びは○○遊びという決まったものがあるわけではなく、遊びという枠のなかで遊ぶわけでもない。遊びはあくまでも子どもの興味関心から始まる。その年齢や発達に応じ、興味関心を引き出す環境が何よりも重要である。しかし環境による誘導が多くなると、子どものやりたいこととは別の方向に進む危険性も否めない。大人が子どもの主体性を重んじ、子どもはやりたいことを実現するプロセスを楽しみながら達成感を味わい、うまくできないこと、遊びが展開しなかったことも経験できる、それが遊びそのものである。また、遊びは学びでもある。乳児が手にしたものをじっと見つめたり、同じ動作を繰り返したりする姿があるが、まるで研究者である。一人遊びを十分に楽しみ、経験することを積み重ねることで、幼児期への探求心をもった遊びへと発展し、やがて学童期の学びにつながることはいうまでもない。認知スキルを高める幼児教育よりも社会情動的スキルや非認知的能力を高める幼児教育を受けたほうが、やがて社会で自分の仕事で成功する可能性が高いという調査結果も、アメリカでは実際に報告されている（『幼児教育の経済学』（東洋経済新報社））。子どもの遊びは、子どもの育ちを深く考え、どのようなこと・ものに出会うことが必要なのか、どう進めていくのかを子どもと対話し、保育者、大人と子どもで学び合いながら、ともに楽しむことである。

（松永静子）

参考文献

厚生労働省編『保育所保育指針解説 平成30年3月』フレーベル館，2018.
ジェームズ・J・ヘックマン，大竹文雄解説，古草秀子訳『幼児教育の経済学』東洋経済新報社，2016.
開一夫『日曜ピアジェ 赤ちゃん学のすすめ』岩波書店，2006.

3 乳幼児の食事と栄養

キーワード

乳幼児期の食事　離乳食　食物アレルギー

1. 乳幼児期の食事

乳幼児は、生命活動を維持するためだけではなく、著しい成長・発達のために十分な栄養を摂取することが必要である。食事は乳汁栄養（哺乳）から食物を咀嚼（そしゃく）する形態へと発達する。しかし、乳幼児の消化器官は未発達のため、保育者は子どもにとって消化のよいものを選び、1回に食べる量や質も考慮する。十分な水分の補給も必要である。この時期の特性を理解して、安心と安らぎのなかで、発達過程に応じた「食べる力」を育てることが重要である。

2. 乳児期の栄養

乳児期は生涯で最も成長・発達が著しい。乳児期の前半は乳汁によって栄養を摂取する。乳汁栄養には母乳栄養と人工栄養（粉ミルク）がある。母乳には乳児の発育において理想的な栄養素が含まれており、母乳が十分出ない場合も、せめて乳児には初乳を与えることが望ましい。初乳は分娩後、7日間程度分泌される。初乳は黄色で粘性があり、日数が経つにつれて白色になる。初乳には、細菌やウイルスから乳児を守る免疫グロブリンなど免疫物質が多く含まれている。首のすわりがしっかりした6か月頃を目安に、食べることの準備をするため、また母乳のみでは不足する栄養を補うため、離乳食を与える。

1 離乳の進め方

離乳とは、乳汁栄養から幼児食に移行する過程である。乳児には離乳食を少量ずつ与え、いろいろな味を経験させる。少しずつ食品数と量を増やし、栄養バランスを考え、味付けは薄めにし、適温で与える。食事のリズムも大切にして、急がずにゆっくり進める。12～18か月が離乳完了時期の目安である。乳児は免疫力も弱いので、素材は新鮮なものを選び、食品の衛生・取扱いには十分注意する。

離乳食は食欲をつけ、生活リズムを整え、食べる楽しさを体験していくことを目標とする。乳児は家族と一緒に食卓を囲み、手づかみでも自分で食べることで、食の楽しさを身につけていく。発達の目安としては、首がすわり、支えれば座れる時期を目安とし、安心と安らぎのなかで食べる意欲の基礎をつくる。離乳も後期になると、乳児は「手づかみ食べ」をするようになり、いろいろな食べ物を目で確かめて、触って、味わって、自分で進んで食べようとする意欲が芽生える。手づかみ食べから次第にスプーンへと移行していく。

2007（平成19）年には、厚生労働省より、授乳・離乳の支援が健やかな親子関係の形成や子どもの健やかな成長・発達への支援としてより多くの場で展開されることをねらいとした「授乳・離乳の支援ガイド」が示された。同ガイドにおける離乳の進め方の目安を**図表Ⅱ-1**に示す。

■図表Ⅱ-1　離乳の進め方の目安

	離乳の開始 ━━▶ 離乳の完了			
	以下に示す事項は、あくまでも目安であり、子どもの食欲や成長・発達の状況に応じて調整する。			
	離乳初期 生後5～6か月頃	離乳中期 生後7～8か月頃	離乳後期 生後9～11か月頃	離乳完了期 生後12～18か月頃
食べ方の目安	○子どもの様子をみながら1日1回1さじずつ始める。 ○母乳や育児用ミルクは飲みたいだけ与える。	○1日2回食で食事のリズムをつけていく。 ○いろいろな味や舌ざわりを楽しめるように食品の種類を増やしていく。	○食事リズムを大切に、1日3回食に進めていく。 ○共食を通じて食の楽しい体験を積み重ねる。	○1日3回の食事リズムを大切に、生活リズムを整える。 ○手づかみ食べにより、自分で食べる楽しみを増やす。
調理形態	なめらかにすりつぶした状態	舌でつぶせる固さ	歯ぐきでつぶせる固さ	歯ぐきで噛める固さ
1回当たりの目安量				
Ⅰ　穀類（g）	つぶしがゆから始める。 すりつぶした野菜等も試してみる。 慣れてきたら、つぶした豆腐・白身魚・卵黄等を試してみる。	全がゆ 50～80	全がゆ 90～軟飯80	軟飯90～ ご飯80
Ⅱ　野菜・果物（g）		20～30	30～40	40～50
Ⅲ　魚（g）		10～15	15	15～20
又は肉（g）		10～15	15	15～20
又は豆腐（g）		30～40	45	50～55
又は卵（個）		卵黄1～ 全卵1／3	全卵1／2	全卵1／2～ 2／3
又は乳製品（g）		50～70	80	100
歯の萌出の目安		乳歯が生え始める。	1歳前後で前歯が8本生えそろう。	離乳完了期の後半頃に奥歯（第一乳臼歯）が生え始める。
摂食機能の目安	口を閉じて取り込みや飲み込みが出来るようになる。	舌と上あごで潰していくことが出来るようになる。	歯ぐきで潰すことが出来るようになる。	歯を使うようになる。

※衛生面に十分に配慮して食べやすく調理したものを与える

出典：厚生労働省「授乳・離乳の支援ガイド（2019年改定版）」2019.

2 エネルギー摂取基準

厚生労働省から乳幼児期の１日のエネルギー量と各栄養素量の摂取基準が「日本人の食事摂取基準（2020年版）」に示されている**（図表Ⅱ-2）**。乳幼児期は０～５か月、６～８か月、９～11か月、１～２歳、３～５歳に区分されている。食事摂取基準には各栄養素が示されているが、エネルギー必要量で見ると、０歳から５歳までは活動量にかかわりなく、男女ともⅡの区分である。６歳以上になると活動量に応じて摂取量がⅠ、Ⅱ、Ⅲに分類される。乳幼児は体重1kgあたり大人の２～３倍のエネルギーやタンパク質が必要である。

■図表Ⅱ-2　推定エネルギー必要量　（kcal／日）

性別	男性			女性		
身体活動レベル[1]	Ⅰ	Ⅱ	Ⅲ	Ⅰ	Ⅱ	Ⅲ
0～5（月）	—	550	—	—	500	—
6～8（月）	—	650	—	—	600	—
9～11（月）	—	700	—	—	650	—
1～2（歳）	—	950	—	—	900	—
3～5（歳）	—	1,300	—	—	1,250	—
6～7（歳）	1,350	1,550	1,750	1,250	1,450	1,650
8～9（歳）	1,600	1,850	2,100	1,500	1,700	1,900
10～11（歳）	1,950	2,250	2,500	1,850	2,100	2,350
12～14（歳）	2,300	2,600	2,900	2,150	2,400	2,700
15～17（歳）	2,500	2,800	3,150	2,050	2,300	2,550
18～29（歳）	2,300	2,650	3,050	1,700	2,000	2,300
30～49（歳）	2,300	2,700	3,050	1,750	2,050	2,350
50～64（歳）	2,200	2,600	2,950	1,650	1,950	2,250
65～74（歳）	2,050	2,400	2,750	1,550	1,850	2,100
75以上（歳）[2]	1,800	2,100	—	1,400	1,650	—
妊婦（付加量）[3] 初期				＋50	＋50	＋50
中期				＋250	＋250	＋250
後期				＋450	＋450	＋450
授乳婦（付加量）				＋350	＋350	＋350

[1] 身体活動レベルは、低い、ふつう、高いの三つのレベルとして、それぞれⅠ、Ⅱ、Ⅲで示した。

[2] レベルⅡは自立している者、レベルⅠは自宅にいてほとんど外出しない者に相当する。レベルⅠは高齢者施設で自立に近い状態で過ごしている者にも適用できる値である。

[3] 妊婦個々の体格や妊娠中の体重増加量及び胎児の発育状況の評価を行うことが必要である。

注１：活用に当たっては、食事摂取状況のアセスメント、体重及びBMIの把握を行い、エネルギーの過不足は、体重の変化又はBMIを用いて評価すること。

注２：身体活動レベルⅠの場合、少ないエネルギー消費量に見合った少ないエネルギー摂取量を維持することになるため、健康の保持・増進の観点からは、身体活動量を増加させる必要がある。

出典：厚生労働省「日本人の食事摂取基準（2020年版）」p.84，2020.

3. 幼児期の栄養

幼児期は乳児期に続いて成長・発達し、精神的な発達も著しい。社会性が芽生えて、食事のマナーや食生活習慣の基礎がつくられ、味覚も豊かになる。活動量も多くなるため、エネルギー・タンパク質・カルシウム・鉄・ビタミン等が不足しないよう、バランスのよい食習慣を身につけさせる。消化・吸収能力も発達し、徐々に大人の食事形態に近づいていくが、1回の食事量を多くできないので、3回の食事だけでは栄養のうえからも満たすことができない。不足分を間食（おやつ）で補うという点で間食の意義は大きい。幼児が偏食にならないようにし、歯やあごの発育を考えて、噛みごたえのあるものも取り入れる。濃い味付けは避け、消化のよいものにする。正しい食習慣を身につけるために、楽しい食事環境づくりを心がける。この時期は食事の行動のうえからも、幼児が少食（小食）・偏食・早食い・遅食い・ダラダラ食べなどにならないように親や保育者は十分注意することが必要である。

4. 食育の重要性

食の安全性に対する関心の高まりや、食の乱れが社会問題化していることを背景に、子どもの食育の重要性を考慮して、2005（平成17）年7月に「食育基本法」が施行された。

近年では、成人と同様に小児の生活習慣病も増加している。主な要因に欧米化した食生活、食環境の変化、食の乱れがある。子どもが豊かな人間性を育み、生きる力を身につけていくためには食が重要であり、積極的な取組みが国・自治体・民間に求められている。

食育は、生きるうえでの基本であり、知育、徳育および体育の基礎である。子どもの肥満・欠食・孤食・偏食・過食・少食（小食）等の食の乱れに対応して、家庭や学校・保育所での食生活を改善して国民の健康増進を図ることなどを目的としている。

「食育基本法」では、❶国民の心身の健康の増進と豊かな人間形成、❷食に関する感謝の念と理解、❸食育推進運動の展開、❹子どもの食育における保護者、教育関係者等の役割、❺食に関する体験活動と食育推進活動の実践、❻伝統的な食文化、環境と調和した生産等への配慮及び農山漁村の活性化と食料自給率の向上への貢献、❼食品の安全性の確保等における食育の役割などを掲げている。

5. 食物アレルギーについて

食品に含まれる物質を身体が異物と判断し、過敏な免疫学的反応を起こすことを食物アレルギーという。症状としては、かゆみ・じんましん、吐き気、せきなどがある。最も重いものは、急激な血圧低下、呼吸困難、意識障害などを起こすアナフィラキシーショックで、対応が遅れると命を落とすことがある。

小児の食物アレルギーの初期の症状の多くは乳幼児期に始まることが多く、消化器が成熟するにつれて改善される場合もある。

アレルギー物質の表示は食品表示法で定められており、特に容器包装された加工食品にはアレルギー症状を引き起こす物質の表示が義務づけられている。

食品のアレルギー表示について

●表示の義務がある８品目：

えび・かに・くるみ・小麦・そば・卵・乳・落花生

●表示が推奨されている20品目：

アーモンド・あわび・いか・いくら・オレンジ・カシューナッツ・キウイフルーツ・牛肉・ごま・さけ・さば・大豆・鶏肉・バナナ・豚肉・まつたけ・もも・やまいも・りんご・ゼラチン

まとめと課題

❶ 乳児期は授乳期と離乳期を経験し、この時期は安心と安らぎのなかで母乳（ミルク）を飲み、離乳食を通して食べる意欲の基礎づくりをする。

授乳期から離乳食へと移行するが、離乳食においては、乳児の食欲、成長・発達を考慮し、無理のない進め方、内容や量に留意し、食べる楽しさを体験させ、子どもの「食べる力」をはぐくむ支援をする。

❷ 幼児期は生活習慣の基礎が確立する時期である。生活のリズムを整えて食習慣、食事のマナーを身につける時期でもある。

孤食ではなく、家族や仲間と一緒に食べる楽しさを味わっていく。さらにさまざまな食文化にふれることにより食べ物への関心が深まっていく。活動量も増え、食べる意欲を大切にして食の体験を広げていく支援をする。そして食べ物への関心を深める。

（熊澤幸子）

参考文献

厚生労働省「授乳・離乳の支援ガイド（2019年改定版）」2019.
厚生労働省「日本人の食事摂取基準（2020年版）」2020.
日本子ども社会学会研究刊行委員会編『子ども問題事典』ハーベスト社，pp.26～27，2013.

4 小児保健Ⅰ 健康・発達・薬等

キーワード

健康管理　健康観察　衛生管理

1. 乳幼児の健康観察

子どもの日常の健康管理は、保育者の的確な健康観察から始まる。そのため保育者は、健康観察に関する知識と技術を習得する必要がある。

1 バイタルサイン

バイタルサイン（vital signs）とは、人間が生きていることを示す徴候を意味し、一般的には体温、脈拍数、呼吸数、血圧の測定によって判断される。保育者はバイタルサインの異変を察知し、子どもの異常に気づかなくてはならない。

2 子どもの健康状態の変化の特徴

子どもは形態的、機能的に未熟である。そのため感染症にかかりやすく、発熱、下痢、嘔(おう)吐(と)等によりすぐに脱水症を起こしやすい。また高熱を出しやすい、突然症状が出る、急変する、重症化する、進行が速い等、子どもの健康状態の変化には特徴がある。

3 健康観察

健康観察は、保育者が日常の保育のなかで行うとともに、登園時など一日の保育時間のなかで、健康観察を行う時間を決めて実施することが望ましい。

健康観察の項目としては、体温、呼吸、脈拍、食欲、顔色、表情、風邪症状、尿や便の回数・色・性状、機嫌がよいか、元気で動きが活発か、よく眠るか等が目安となる。さらに日常の変化をとらえる目安として、服装・頭髪の乱れや汚れ、表情、肌の色つや、発疹の有無、姿勢、視線が合うか等にも注意する必要がある。また保育者は、保護者から日常の子どもの健康状態や注意点を聞いておくことが必要である。

4 乳幼児突然死症候群（SIDS：Sudden Infant Death Syndrome）

乳幼児突然死症候群とは、事故や窒息、病気等の原因が特定されず、原則として１歳未満の乳児が主として睡眠中に突然死亡する病気である。予防方法は確立していないが、こども家庭庁は、「１歳になるまでは、寝かせるときはあおむけに寝かせる」「できるだけ母乳で育てる」「妊産婦や乳児の身近な人はたばこをやめる」という三つが重要であるとしている。保育施設における子どものお昼寝中の観察も、突然死の予防のために欠かせない。

2. 発育と発達について

乳幼児の成長発達や健康状態の把握をするために、保育施設は定期的に身体計測や健康診断を行う必要がある。保育者は、子どもの健康管理のためのみならず、計測や健診の結果を教育的に活用することにより、保護者や子ども自身が、身体の大切さや成長することの喜びを得られるようなはたらきかけをすることが重要である。

1 子どもの健康状態の把握

保育施設では子どもの成長発達や健康状態を知るため、健康記録簿を作成する必要がある。健康記録簿には、入所前に保護者にそれまでの健康状態や母子健康手帳を参考とし、予防接種の有無や罹病歴、健康上の配慮事項、アレルギーの有無等を記載してもらう。入所後は保護者と保育者が予防接種や健康状態を記載する。また、定期健康診断の結果の記録簿や発育測定の記録簿も必要である。発育測定後は、異常の早期発見や健全な成長発達の管理として発育曲線を記載するとよい。

なお、健康上特に配慮を要する子どもがいる場合には、保育者は、子どもの入所時に保護者からその子どもの疾病の特性、症状、対応、配慮事項、緊急時の対応等について、十分に情報を入手し、受け入れ体制を整えておく必要がある。

2 嘱託医や関係機関との連携

保護者や保育者は、日頃子どもの健康状態で気になることがあれば、健康記録簿に記載しておき、定期健康診断の際に嘱託医に相談するとよい。また、保育中に子どもに発熱等の症状やけがかあった場合、保育者は保護者に連絡するとともに、状況に応じて嘱託医やかかりつけ医の指示を受け、速やかに対応しなくてはならない。疾病や障害の疑いがある場合は、保護者に伝えるとともに、嘱託医や専門機関と連携しながら対応することが必要である。

また、子どもが小学校に入学する際には、保育者は保護者と相談しながら、配慮してほしい事項等について小学校に情報を提供する必要もある。

3. 衛生管理・消毒について

保育施設での衛生管理や消毒は、「児童福祉施設の設備及び運営に関する基準」（昭和23年厚生省令第63号）第10条ならびに「家庭的保育事業等の設備及び運営に関する基準」（平成26年厚生労働省令第61号）第14条に定められている。なお、保育施設での衛生管理や感染予防のために、保育者自身が清潔の保持と健康管理に留意しなくてはならない。

1 保育室の環境整備（室温、換気、採光等）

保育環境を整えるためには、室温や湿度の調節、換気が必要である。季節や施設の状況に合わせ、エアコンや加湿器等を活用するとよい。採光、照明、音や声の大きさにも配慮する必要がある。

近年では熱中症対策のための環境整備も欠かせない。熱中症対策の目安として、国際規格である暑さ指数（WBGT（湿球黒球温度）：Wet Bulb Globe Temperature）がある。暑さ指数とは、身体と外気との熱のやりとりに着目した指標であり、湿度、日射・輻射（ふくしゃ）など周辺の熱環境、気温の三つを取り入れた指標である。労働環境や運動環境の指針として有効であると認められており、日本スポーツ協会は「熱中症予防運動指針」、日本生気象学会は「日常生活における熱中症予防指針」を公表している。運動や活動等の際にはこれらを活用してほしい。さらに、熱中症の情報については、環境省の「熱中症予防情報サイト」を参考にするとよい。

2 施設内外の衛生管理

保育室の日常の定期的な清掃、玩具や食器類等の使用後の洗浄と消毒、寝具類の定期的な洗浄と適切な管理、調理室の清掃と衛生状態の徹底等は必須事項である。加えて、水道の蛇口やトイレの水洗レバー、便座等汚染の多い場所は、日常的に洗浄や消毒を行う必要がある。機材や器具類に吐物や排泄（はいせつ）物、血液等の汚染があった場合には、確実に消毒する。汚物のついた衣類は適切に保管もしくは廃棄しなくてはならない。園庭や砂場の動物の糞尿の処理、樹木・雑草の管理、害虫等の駆除や消毒、小動物の飼育施設の衛生管理、プールの消毒や水の管理も忘れてはならない。

子どもが嘔吐した場合の対応方法と吐物処理の方法ならびに、消毒の種類や方法は、「保育所における感染症対策ガイドライン（2018年改訂版）」に詳述されているので参照してほしい。

なお、保育施設の衛生管理を徹底するためには、施設内外の環境の維持とともに、保育者の衛生管理に関する意識の向上が重要となる。そのためには、保育者自身が清潔を保つこと、衛生知識の向上に努めることが必要である。

3 手指の衛生

感染症予防の基本は手洗い等による手指の清潔の保持である。そのため、保育施設では全職員が正しい手洗いの方法を確実に実施しなくてはならない。いつ、どのタイミングで手洗いを行うかを確認する必要もある。なお、タオルは感染症予防のために共用しないことが原則であり、可能であればペーパータオルを使用することが望ましい。手洗い場の石けんの完備も必要である。

さらに職員のみならず、子どもに対しても年齢に応じた手洗い指導を実施することは、子どもの衛生習慣の獲得と感染症予防のために欠かせない。

4. 薬の預かりと与薬に際しての注意点

保護者からの依頼があった場合に限り、医師が子どもに処方した薬を保育施設で与える。保育施設が薬を預かる場合は、医師名、薬の種類、内服方法等を記載した与薬依頼票を保護者に提出させること、薬は施錠できる場所に保管すること、与薬の際は、複数の保育者で、名前や回数、服用量等を確認すること等を徹底し、誤薬防止に努める必要がある。

まとめと課題

「子どもは大人のミニチュアではない」といわれるように、子どもは単に身体が小さいだけでなく、未成熟で個人差が大きいという特徴がある。よって保育者は、子どもの成長発達を促すとともに、異常の早期発見と予防に心がけなくてはならない。

（竹鼻ゆかり）

参考文献

環境省「暑さ指数（WBGT）について」(http://www.wbgt.env.go.jp/wbgt.php)
巷野悟郎監，日本保育園保健協議会編『最新 保育保健の基礎知識 第8版改訂』日本小児医事出版社，2013.
こども家庭庁「乳幼児突然死症候群（SIDS）について」(https://www.cfa.go.jp/policies/boshihoken/kenkou/sids/)
こども家庭庁「保育所における感染症対策ガイドライン（2018年改訂版）」2018.

5 小児保健Ⅱ 病気・感染症・事故防止等

キーワード

病気　感染症　事故防止

1. 子どもに多い症状とその対応

子どもに多い症状には、発熱、痙攣、腹痛、嘔吐、下痢、脱水等がある。

発熱は、感染症によることが多い。発熱時には、安静、水分補給、発汗による更衣が必要となる。痙攣は突然起こるため、保育者は慌てずに、発作の起きた時間を確認するとともに全身状態（全身性か局所性か、片側か両側か、眼球の様子、意識の有無、随伴症状、発熱の有無等）を観察する。痙攣が６、７分続くようであれば、救急車で医療機関へ搬送する。初発の場合は必ず子どもを受診させるよう保護者に伝え、保育施設ではその後の対応等について保護者から情報を得ておく必要がある。

子どもが「おなかが痛い」と訴えた場合、ほかの部位の痛みであったり、嫌なことがあったり、必ずしも本当に腹痛があるとは限らない。よって保育者は、子どもに痛みの部位を示させるとともに、全身状態の観察や発熱・嘔吐等の随伴症状の有無から状況を判断し、安静、受診、帰宅等の措置をとる。嘔吐の原因はさまざまであるため、保育者は状態をよく観察し、場合によって子どもを受診させる。子どもが嘔吐したときには、吐物による窒息を避けるため顔を横に向け側臥位にする。吐物処理の方法は施設で徹底しておくべきである。

下痢も感染症によることが多い。子どもが下痢をしたら、水分と電解質の補給を行い、消化のよい食事を与える。下痢で臀部がただれないよう清潔を保つことも大事になる。

子どもは、発熱や下痢、嘔吐、発汗、高温下での遊び等により脱水を起こしやすい。脱水は、尿量や回数の減少、目のくぼみ、肌の状態、機嫌等が目安となる。熱中症にも注意が必要である。熱中症は、高温多湿な環境に身体が適応できなくなることによって生じる多くの症状の総称である。症状としては、めまいや顔のほてり、筋肉痛や筋肉の痙攣、だるさ、吐き気、大量の汗をかく、もしくは全く汗が出ない、体温の上昇、皮膚のほてりや乾燥などがあり、重症の場合には意識の消失などがある。熱中症や脱水が疑われた場合は、子どもを涼しい場所へ移動させ、衣服をゆるめ安静にする。さらに保冷剤や水で腋下や鼠蹊部を冷やし、水分を少量ずつ与える。重症の場合は、救急車で医療機関へ搬送する。脱水や熱中症の予防のため、日常的に子どもの水分補給を怠らないように留意する必要がある。

2. 子どもに多い病気とその対応

1 病気への対応

保育中、子どもに体調不良やけがが発生した場合には、その子どもの状態等に応じて、保護者に連絡するとともに、必要に応じ嘱託医や子どものかかりつけ医、配置されている場合には看護師等と相談し、適切な処置を行う。慢性疾患を有する子どもがいる場合には、病気の特徴や治療の状況、薬など自己管理の内容と方法、日常生活や食事・運動・活動時、環境面での配慮事項、緊急時の対応などについて、保護者から情報を得て対応を検討する。病気の子どもが健やかに生活できるよう合理的配慮のもと理解と支援をしなくてはならない。

2 主な感染症とその予防

感染症の基本事項

感染とはウイルスや細菌等の病原体が宿主（人や動物）の体内に侵入し、発育または増殖することをいう。感染により症状が現れた状態が「感染症」であり、病原体が体内に侵入してから発症するまでの期間を「潜伏期間」という。感染症の要因には、感染源（病原体）、感染経路、宿主の三つがある。さらに子どもの場合、病態には年齢が大きく影響する。保育者は、感染症の予防と拡大防止のため、三大要因や潜伏期間、症状を理解すべきである。

流行性疾患（予防接種のあるもの）ならびに予防接種のない感染症

予防接種とは、感染症を予防するためにワクチンを接種して感染症への抵抗力（免疫）をつけることをいう。生後３か月を過ぎると子どもは免疫力が落ちるため、計画的に予防接種をする必要がある。予防接種は個人を感染症から防ぐためと、保育施設での集団感染を予防するために行う。

子どもに多い感染症のうち、予防接種のあるものには、麻しん（はしか）、風しん（３日はしか）、水痘（すいとう）（水ぼうそう）、流行性耳下腺炎（おたふくかぜ）、百日咳、新型コロナウイルス感染症等がある。保育施設では、子どもの予防接種の接種歴の有無を母子健康手帳や保護者の情報から調べておく必要がある。なお予防接種のない感染症には、咽頭結膜熱（プール熱）、流行性角結膜炎、溶連菌感染症、手足口病、伝染性紅斑（こうはん）（りんご病）等がある。

そのほか、保育施設で注意すべき感染症には、アタマジラミ症、疥癬（かいせん）、水いぼ、とびひ、B型肝炎がある。

登園（保育）許可

感染症に罹患（りかん）した子どもの体調の回復と感染拡大防止のため、保育施設では感染症罹患後の登園の目安を決めておく。出席停止期間や登園許可は、こども家庭庁「保育所における感染症対策ガイドライン（2018 年改訂版）」を参考にするとよい。

子どもの登園再開には、嘱託医等による意見書や保護者による登園届が必要な場合もある。保護者のなかには、子どもが感染症に罹患すると強い不安を抱く場合があったり、知識がなかったりする場合がある。そのため保護者への対応も欠かせない。

感染予防

子どもは、抵抗力が弱く身体の機能が未熟である。保育施設における感染症対策ではこの特性を踏まえ、正しい知識と情報のもと、嘱託医等との連携による適切な対応が必要となる。

感染症対策は、感染源、感染経路、宿主の３点から行われる。感染源対策として、保育者や子どもが感染した場合は、出勤や登園を控えなければならない。食材保管や飼育動物の管理等、日頃の衛生管理も重要である。感染経路には、飛沫、空気、接触、経口、血液や蚊の媒介がある。対策には、感染者のマスクの装着、咳エチケット、手洗いの実施、部屋の換気、ソーシャルディスタンスの確保等がある。宿主には、感受性対策として、予防接種が最も重要である。また、子どもに対して、手洗いやうがい、望ましい生活習慣等の健康教育も必要である。保護者への啓発も欠かせない。

保育施設の感染症対策は、保健計画等に基づき計画的・体系的に実施する必要がある。なお、保育者が感染源とならないよう、保育者自身の日頃の体調管理が大切であるとともに、保育者も予防接種を行うことが推奨されている。

3 アレルギー（アナフィラキシー、食物アレルギー、気管支喘息）について

アレルギーとは、免疫反応が特定の抗原に対して過剰に起こることをいう。子どもに多いアレルギー疾患には、アトピー性皮膚炎、食物アレルギー、アレルギー性鼻炎・結膜炎、気管支喘息（ぜんそく）などがある。食物アレルギー症状の約 10%は、アナフィラキシーショックを起こし生命に危険が及ぶ。保育施設にはアレルギー疾患の子どもが数多くいるため、全職員は医師の診断指示に基づき、保護者と連携しながら適切に対応する必要がある。地域の専門的な支援、関係機関との連携のもとで安全な環境整備や対応の充実を図る必要もある。また、職員はアレルギーの対応と事故防止のため、研修会に参加し、知識と技術を高めなくてはならない。特に、アナフィラキシー補助治療剤であるエピペン®の研修は必須である。

また、保護者や医師と保育施設がアレルギー疾患のある子どもの症状等を把握し、対応を適切に進めるための書類に「保育所におけるアレルギー疾患生活管理指導表」がある。この表は、保護者の依頼により医師（子どものかかりつけ医）が記入し、施設に提出される。保

育施設ではこの表をもとに、子どもの保育における配慮や管理事項、食事の具体的な対応、緊急時の対応等について、職員と保護者とが協議合意したうえで、実施計画書を作成し対応する。生活管理指導表は、子どもの安全・安心を確保するために重要である。

3. 事故防止と対応

子どもに多い事故には、転倒・転落、誤飲・誤嚥（ごえん）、やけど、溺水等がある。これらの事故の人的要因の対策としては、子どもに事故防止のための正しい知識と適切な判断力を養うための指導を行うこと、子どもに約束を守るよう指導すること、保育者の目が常に届く人的配置をすることが必要となる。環境要因の対策では、施設、設備、物品の定期的な安全点検ならびに天候や自然環境の確認、防災対策等を行う。

いざというときのために、保育者は救急処置の基礎基本を理解しておく必要がある。特に、異物除去法やAEDの使用方法、心肺蘇生法等の一次救命処置は必ず理解し、習得しておかねばならない。さらに保育施設では、救急処置マニュアルや安全対策マニュアル等を作成し、定期的に職員で確認するとともに、事故予防や対応、救急処置に関する研修を計画的に行うべきである。

また、子どもの病気やけが等に備え、保育施設では、保健室や救護室などを設置し環境を整えるとともに、救急処置セット、担架やベッド、AED等を整備し、全職員が救急処置を行えるようにしておく必要がある。

まとめと課題

病気への理解と対応のため、厚生労働省およびこども家庭庁の「保育所における感染症対策ガイドライン」「保育所におけるアレルギー対応ガイドライン」ならびに「感染症の予防及び感染症の患者に対する医療に関する法律」「予防接種法」を確認してほしい。

（竹鼻ゆかり）

参考文献

環境省熱中症予防情報サイト「暑さ指数（WBGT）について」（http://www.wbgt.env.go.jp/wbgt.php）
厚生労働省「保育所におけるアレルギー対応ガイドライン（2019年改訂版）」2019.
厚生労働省「保育所保育指針」（平成29年厚生労働省告示第117号）
こども家庭庁「保育所における感染症対策ガイドライン（2018年改訂版）」2018.

6 心肺蘇生法

キーワード

救命の連鎖　心肺蘇生法　AED　異物除去法

1. 救命の連鎖とは

「救命の連鎖」とは、救命に関する姿勢や考え方で、❶心停止の予防、❷早期認識と通報、❸一次救命処置（心肺蘇生と AED)、❹二次救命処置と心拍再開後の集中治療の四つの要素からなっている。これらがすべて迅速に途切れることなく行われることで、救命率が向上するといわれている。

このうち❹は、救急救命士や医師により行われる高度な救命医療を意味している。子どもを預かる際には、万が一のことを考え、その場に居合わせた人が❶～❸までの対応を迅速に実施し、❹の二次救命処置へとつなぐことができるように備えることが必要である。

❶　心停止の予防

子どもの心停止の主な原因にはけが（外傷)、溺水、窒息などがあるが、これらは予防することが可能である。子どもがこうした状況に陥ることを未然に防ぐことが重要である。

❷　早期認識と通報

子どもは大人に比べて、呼吸状態の悪化や呼吸が止まることにより心停止に至ることが多いため、子どもの心停止に直結する呼吸障害とショックに早期に気づいて、すみやかに対応する必要がある。子どもが突然倒れた、反応（意識）がないなどに気づいたら、まず心停止なのではないかと疑い、反応（意識）の確認をする。周りに大声で応援を呼び、119 番通報と AED の手配を依頼する。119 番通報を行うと、電話を通して心肺蘇生などの指導を受けることができるため、自分一人しかいない場合でも、まず 119 番通報をする。その際は、適切な指導を受けられるように傷病者の状態をできるだけ正確に伝える。電話はスピーカーフォンにして、周囲にも指示が聞こえる状態にする。救急車が到着して救命処置を救急隊員に引き継ぐまで、繋いだままにしておくとよい。

❸　一次救命処置（心肺蘇生と AED）

一次救命処置（心肺蘇生と AED）については、次の項目より詳しく説明する。

2. 心肺蘇生法

①呼吸の確認

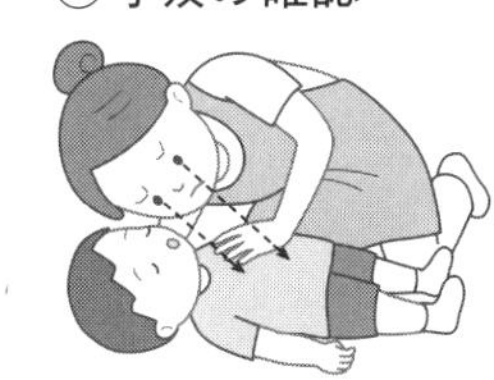

心肺蘇生は止まった心臓と呼吸を補助する行為で、血液を送り出すポンプとして機能しなくなった心臓の代わりに、脳や心臓に血液を送り続けることを目的とする。

心肺蘇生の手順は、「救命の連鎖」の❷の 119 番通報をした後、まず呼吸を確認する。呼吸の確認は平らなところに寝かせた状態で、胸や腹が上下しているか 10 秒以内に確認する（①）。しゃくりあげるような不規則な呼吸は、死戦期呼吸と呼ばれる心停止のサインのため、呼吸がないと判断する。迷ったらすぐに心肺蘇生を開始する。

心肺蘇生は、まず胸骨圧迫を行う。胸骨圧迫は胸骨の下半分（胸の真ん中辺り。乳児の場合は両乳首を結ぶ中央すぐ下の胸骨上を指 2 本で）を強く（胸の厚さの約 1／3 の深さ）、速く（1 分間当たり 100～120 回のテンポ）、戻すことを忘れず（圧を解除する）、絶え間なく（10 秒以上中断しない）圧迫する（②）。AED が到着したら、AED を使用しながら胸骨圧迫を行う。人工呼吸ができる場合は、胸骨圧迫を 30 回連続して行った後に人工呼吸を 2 回行い、胸骨圧迫に戻る、を繰り返す。救助者が複数いる場合は、疲労により胸骨圧迫の質が低下しないように、1～2 分ごとに胸骨圧迫の役割を交代する。その際はできるだけ素早く交代し、交代に要する時間をかけないようにする。そして救急隊員に引き継ぐまで胸骨圧迫を続けることが重要である。

②胸骨圧迫

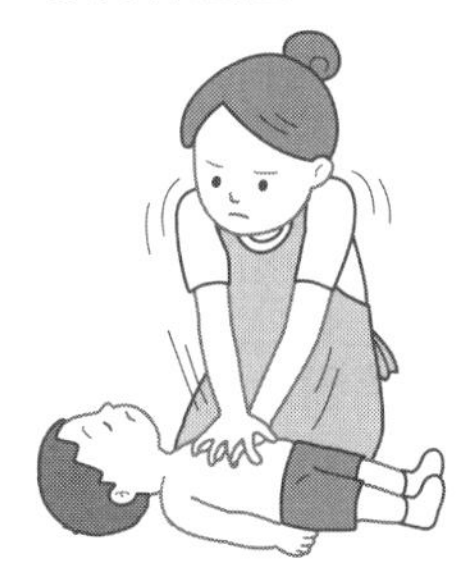

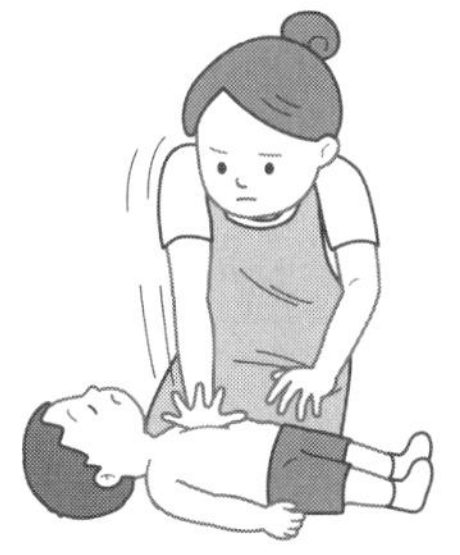

服を脱がし、両手または片手で行う

乳児には指 2 本で行う

人工呼吸の手順は、まず額に手を当て頭を反らし、顎の先端を反対の手の 2 本の指先で持ち上げる（③）。これにより、気道（空気の通り道）を確保する。次に額に当てた方の手で鼻をつまみ、自分の口を大きく開き傷病者の口を覆い、息を吹き込む（乳児の場合は口と鼻を同時に覆う）（④）。吹き込む息の量は、胸が上がるのが見てわかる程度の量で、約 1 秒程度の速さで吹き込む。

③気道確保

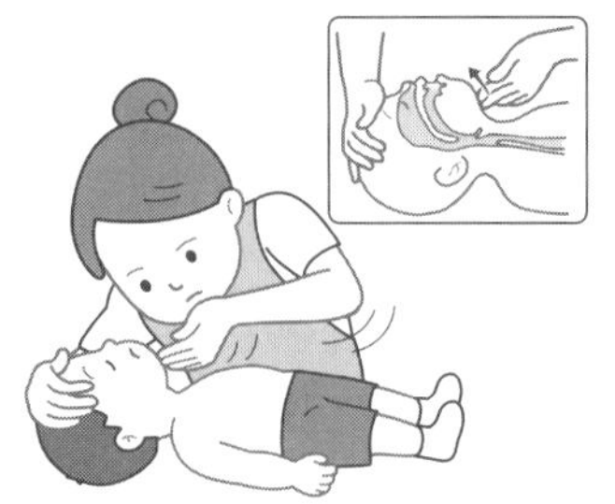

④人工呼吸

乳児の場合は口と鼻を同時に覆う

3. AED（自動体外式除細動器）

AEDは、止まった心臓の動きを戻すために電気ショックを与える機器である。特に心臓が小刻みに痙攣（けいれん）して全身に血液を送れなくなる「心室細動」と呼ばれるタイプの心停止に効果がある。しかし、このタイプの心停止でない場合も、AEDを使用すれば自動的に心電図が解析されて電気ショックが必要かどうかわかるので、意識がなく呼吸もない場合はためらわずに使用する。

AEDは、電源を入れると音声メッセージによる使用方法の指示があるので、その通りに操作する。電極パッドの貼り付け位置は電極パッドの表面や袋に書かれており（右鎖骨の下と胸の左下）、その指示されたところに貼り付ける。ちょうど２枚の電極パッドが心臓をはさむ位置にくるようにする。

１歳～未就学児の場合には、未就学児用モード／キーまたは未就学児用パッドを用いる（⑤）。未就学児用パッドがない場合は成人用パッドを用いるが、パッド同士が重なり合わないように注意し、パッドが接触してしまうような場合は、胸と背中に貼り付ける。

⑤ AED

4. 異物除去法

子どもの場合は、のどに何かをつまらせて窒息するといったように呼吸が原因で心停止が起こるケースが多いため、窒息だと判断した場合は直ちに119番通報を誰かに依頼するか自分で行い、腹部突き上げ法や背部叩打(こうだ)法によりつまらせたものを取り除く。なお、腹部突き上げ法は、すべての年齢層で上腹部の臓器が損傷する恐れがあるが、背部叩打法を試みて、効果がなければ腹部突き上げ法を試みることとされている（『JRC蘇生ガイドライン』）。乳児の場合は肋骨が大人よりも水平に位置しているなどの理由から、より臓器損傷の危険性が高いため、行わない。

腹部突き上げ法は、相手の後ろから前に抱えるように両手を回し、片手を握り拳にして、へそとみぞおちの間に親指を向けて当て、もう片方の手でそれを覆うようにして、素早く手前上方に向かって圧迫するように突き上げる（⑥）。背部叩打法は、相手の後ろから手のひらの根元の部分で、相手の背中（左右の肩甲骨の中間辺り）を連続して力強く叩く。乳児の場合は、片腕に乳児をうつぶせに乗せて、手のひらで乳児の顎をしっかり支え、頭が下がる状態で背中を叩く（⑦）。

異物が見えた場合は異物を取り除くが、異物が見えない場合は無理に取ろうとしない。異物を探すために胸骨圧迫を長く中断しないように気をつける。

⑥腹部突き上げ法

※乳児には行わない

⑦背部叩打法

乳児の場合

まとめと課題

「救急の連鎖」および「心肺蘇生法」を正しく理解し、万が一の際にはためらわず実施できるように、機会を見つけて訓練しておきたい。

（荒川雅子）

参考文献

一般社団法人日本蘇生協議会監「第３章 小児の蘇生（PLS：Pediatric Life Support）」『JRC 蘇生ガイドライン 2020』医学書院，2021.

郷木義子編集代表『職場・学校・家庭・地域での応急手当マニュアル――小さなケガから救急救命処置まで 改訂版』ふくろう出版，2014.

日本医師会「救急蘇生法」（https://www.med.or.jp/99/）

7 地域保育の環境整備

キーワード

環境整備　保育環境　衛生管理

1. 保育環境を整える前に

1 「家庭的保育事業等の設備及び運営に関する基準」等の規定について

この基準は、児童福祉法に基づき、その施設で預かる子どもたちが心身ともに健やかに育成されることを保障するために規定されている。施設責任者だけでなく、従事する職員に内容の理解を促し熟知させ、全職員で遵守しなければならない。

2 保育に必要な環境の構成要素

子どもが過ごす施設は、生活の場であり遊びの場でもある。生活の面では、清潔で子どもが使いやすいトイレ、手洗い場、午睡用具などが必要である。また遊びの面では、子どもに安らぎを与えるもの、全身や手先などの発育を促す運動的なもの、表現活動（絵画製作、音楽等）を促すもの、知的好奇心につながるもの、草花や小動物などの自然環境などが必要である。

3 保育環境に関する留意点

「児童福祉施設の設備及び運営に関する基準」には、物的・人的環境について次のような内容が記載されている。小規模の利点を活かし、子どもの発達や個性に配慮した保育環境を心がけたい。

❶ 明るく衛生的な施設（第２条）

❷ 基準の向上を常に目指している施設（第３条）

❸ 安全、安心な施設（第６条、第６条の 2、第６条の 3）

❹ 心身ともに健全で豊かな人間性と倫理観をもつ職員（第７条）

❺ 子どもへの不平等な扱いや虐待がなく、人権を十分に配慮する職員（第９条）

4 保育者の居宅で保育を行う場合

保育者の居宅での保育では、預かる子どもの発達に応じた遊具類や身体を十分に動かす場(庭や公園等)を確保し、静的な活動と動的な活動をバランスよく組み合わせ、メリハリのある生活にすることが大切である。また、保育者の場慣れからの事故を防ぐ意識も必要である。

2. 保育に必要な環境とは

1 安全、安心な生活

子どもの発達と事故

乳幼児は運動能力が未発達で、頭部が重く自己中心的で興味のままに突進することなどの発達的な特性のため、溺水も含めた転倒・転落・落下、誤飲・誤嚥(ごえん)などの事故が起きやすい。

事故を未然に防ぐための環境整備

乳幼児は好奇心旺盛で、調理室での火傷やベランダからの落下、浴槽や洗濯機での溺水が起こりやすいため、進入防止の柵や職員しか届かない高い部分へ施錠する。転倒事故防止には床を滑りにくい素材にしたり、裸足や室内履き使用にしたりする。ドア等での指挟み防止には、ドアの固定やストッパーやゴムなどの緩衝材をつける。戸棚の扉(特に薬品や洗剤類)は施錠し、幼児の取り出しや落下による事故対策をする。職員の日々の危機管理としても、乗り越え・落下防止のため浴室やベランダなどに踏み台となるものを置かない、誤飲防止のために下に物を落としたままにしないなど、さまざまな事故を想定した細やかな配慮や点検・確認が大切である。

居心地のよい環境づくり

換気、採光(照明)や衛生面での物的管理は当然必要である。ただし、保育者が汚れに過敏になると子どもの体験は減る。子どもには、汚れるまで遊ぶ楽しさと、きれいになった気持ちよさを体験させたい。子どもは幼いほど人的環境の影響は大きく、保育者に自分が守られている安心感をもつことで人への信頼感を得るということを、保育者は意識すべきである。

2 日常的なケア

乳幼児は感情機能が優位であり、感情は身体ともつながっている。健康面での不調、保護者との関係、施設でのストレスなどさまざまな要因が不調や事故につながる。朝の受け入れ時に保護者に子どもの健康状態を確認するとともに、保育者が温かなかかわりをすることが重要となる。

3 子どもの豊かな遊びを保障する

子どもは興味や関心から直接的・具体的な体験をし、人格形成の基礎となる心情・意欲・態度等を養う。遊具・用具は素材や色、量を配慮し、子どもがそれらに自分なりにふれ、試行錯誤できる時間を確保し、繰り返し楽しめるようにする。また、自然の美しさ、不思議さや、小動物のかわいさ、自分の思い通りにならないものの存在を知る体験も重要である。

4 効率的な空間の利用

時間や季節、年齢的に使用しないものは、固定された戸棚や棚の上に置く習慣を保育者がもち、子どもたちが床に近い場を自由に思い切り使えるようにする。

5 衛生管理等、保育環境を整える際に検討すべきこと

感染症を防ぐため、子どもの肌や口に触れるものは個人用とする。汚れた服などは個別のビニール袋や蓋付きバケツに入れ、触れた手でほかの場所を触らないよう徹底する。また調理職員は、食中毒防止に向け、調理法はもとより調理機材の衛生管理にも努める。

子どもは、本来の用途と違う扱いで用具類を使う。それは子どもの成長を促すが、危険もはらんでいる。危険を教える必要もあるが、禁止が多すぎる環境では子どもは伸び伸びと生活できなくなる。子ども一人ひとりを理解したうえでの見極めが大切である。

3. 環境のチェックのポイント

施設の環境が子どもの心身の健全な育成につながっているか、衛生面・安全面と遊びの場という視点からのチェックが必要である。危険の有無だけでなく、子どもが喜んで生活しているか、幼いなりに自分から行動しようとしているかがそのポイントとなる。地域の保育所と連携し、施設見学などを通して比較し確認することも有効である。

まとめと課題

保育が子どもたちの豊かな成長につながるよう、保育者は常に研修を心がけ、互いの保育上での気づきを共有すべきである。また、施設責任者は定期的に外部評価を受け、保育内容、評価結果を保護者や地域へ伝え説明責任を果たし、施設設備と保育の質の維持・向上に絶えず努めなくてはならない。

（桶田ゆかり）

8 安全の確保とリスクマネジメント

キーワード

子どもの事故　健康観察　避難訓練

1. 子どもの事故

厚生労働省の人口動態統計によると、子どもの死因は０歳児では病気によるものが多い。一方、１～９歳児までは、年により順位は前後するが、不慮の事故が常に上位で、その内容をみると、窒息・交通事故・不慮の溺水が多い。また、独立行政法人日本スポーツ振興センターによる「学校の管理下の災害［令和４年版］」によると、保育所や幼稚園のけがの部位としては「顔部（眼や歯）」、けがの種類では挫傷・打撲、挫創、骨折が上位を占め、「上肢部」「下肢部」が多い小学校以降と傾向が異なる。

乳幼児は運動能力が未発達であるためだけでなく、身体的に頭部が重いことが溺水も含めた転倒・転落・落下の事故につながりやすい。また子どもは感情機能が優位なため、目の前のことに夢中になって交通事故に遭ったり、自分が使いたいという思いが強いために他児と物を取り合ったりしてけがが起こる。また、イメージの世界で生きているため、自分の力を知らずにヒーローになりきって高い所から飛び降りることもある。保育者は子どもはけがをする可能性があるという意識を常にもちながらかかわっていくことが必要である。

2. 子どもの事故の予防――保育上の留意点

1 毎日の点検・定期的な点検

健康観察（視診）

一日を安全に過ごすために保育者は、朝、子どもを預かる際、保護者から健康状態を聞きながら、子どもの体調やけがなど身体の異常や心理状態を確認することが必要である。傷に関しては、保育者の保育中の責任問題にもなるので、家庭でのけがかどうかを保護者と共有しておくようにする。また、保育中に保育者が気づいた服の上から見えない身体のけがは、虐待の把握にもつながる。

保育室内での事故防止と対策・対応

子どもが一番長い時間生活する保育の場に、踏んだりぶつかったりするおそれのある物はないか、壊れたり汚れたりしている遊具がないかなどの点検は、子どもの登園前と帰宅後に毎日行う。また月に一度程度は施設全体の点検が必要である。子どもが生活していない場所であっても、ドアや窓、天井、ベランダや階段といった施設面や、蛍光灯、ガス、水道などの設備面も確認し、子どもの安全で快適な生活のために素早い改善をする。点検表があると見逃しがなくなる。また保育者は、毎月の点検日を待たずに気づいたらすぐに改善するという姿勢を身につけることが重要である。

戸外での事故防止と対策・対応

子どもがいつも遊ぶ公園や庭でも、遊ぶ前の点検は必要である。特に固定遊具類は見るだけでなく、実際に触ったり叩いたり引っ張ったりしながら、壊れていたり、指を挟んだり、トゲがささったりすることはないかを目と手と耳で保育者が確認する。「学校の管理下の災害［令和４年版］」によると、保育所や幼稚園の固定遊具のけがで一番多いのはすべり台で、鉄棒、総合遊具・アスレティック、雲ていなどが続く。それらのけがは、固定遊具の不備だけでなく、逆さ登りをする、手を離す、飛び降りるなど遊び方の問題もあるので、保育者は子どもの発達に合わせた遊び方の指導も必要である。

また、金属製の遊具が雨上がりで濡れていたり、冬の寒さで冷たくなったりして握っていられなくなったりすることも事故につながるので、保育者は気候なども考慮する必要がある。公園など公の場所の場合、保育者は異変に気づいたら市町村などの管轄部署に連絡し、早急の修理を依頼する。これは地域の子どもたちを守ることにもなる。

2 避難訓練の計画・実施・反省・改善

日本は地震大国といわれているが、地震に限らず自分の住む地域で自然災害を経験していないと、防災の意識は薄れてしまう。ここ十数年でも、東日本大震災における大地震とその後の津波や火災、熊本地震、令和６年能登半島地震、広島市の土砂災害、鬼怒川の堤防決壊、西日本豪雨、東日本台風などの大災害が起きている。地震、竜巻や落雷、集中豪雨など災害は各地で発生しており、いつどこで大きな災害が発生してもおかしくない状況にある。

2018（平成30）年４月より施行された「保育所保育指針」においても、そのような災害に対する危機感から、「第３章　健康及び安全」のなかに「4　災害への備え」と見出しが立てられ、施設・設備等の安全確保、災害発生時の対応及び避難への備え、地域の関係機関等との連携が記載された。幼い子どもを預かる施設であるからこそ、日頃からの備えが必要である。その備えの一つに、マニュアル作成がある。役割分担（通報・避難経路確保・子どもの誘導・個人情報等の持ち出し等）は、小規模で、時間によりさまざまな人が勤務する施設であることを考慮し、決められた役割を果たすことだけを考えるのではなく、すべての役割の内容を理解しておくことが必要である。自分の担当以外にも、今日のメンバーで誰が何をするか、その場で分担を確認し合い、子どもを守る体制をつくるためである。物的な備えとともに、保育者がいかに子どもを守るかという頭（知識）と身体（訓練・実践）と心（子どもや同僚との信頼関係）の人的環境の備え（資質向上）も欠かすことはできない。

また、備えという意味では、情報収集や地域との関係づくりも重要である。事前に施設のある地域の自然災害に関する状況を知り、万一のときの警報等の入手の方法を確認しておく。病院関係だけでなく、警察・消防・自治会などに施設の存在を知らせ、顔見知りになり、情報とともに協力を得られる関係づくりに努めたい。

避難訓練の意義

避難訓練は、保育者が災害に臨機応変に対応できるようになるための訓練であり、月1回の実施は「児童福祉施設の設備及び運営に関する基準」にも規定されている。火災の火元、地震の規模や地震後の災害、不審者侵入などのさまざまな場合を想定して訓練を実施する。特に、その地域で起こりやすい災害（地震、土砂崩れ、津波、洪水、竜巻、火山噴火など）、その施設の弱い面（耐震構造でない、高層階にあるなど）を知り、被害を想定した訓練が必要である。小規模な施設では子どもを守るための人員は少ない。応援を求めるための警察や消防への通報訓練、地域への声出し訓練も、いざというとき保育者が慌てないために大切である。

また、避難の際、恐怖のあまり子どもが動けなくなったり、パニックになったりすることもある。日頃から保育者は子どもとの信頼関係を築き、「この人がいれば大丈夫」と思えるようにしておくことが何よりも大切である。

訓練後は、関係者間でのふりかえりが重要である。訓練が短時間で上手にできたかどうかではなく、計画のようにいかなかった理由や、もっとした方がよいことは何かという反省・改善が次回に活き、保育者の危機管理意識が向上し、子どもを守ることができる。

保育中の地震

地震発生時の物の落下・転倒防止策を講じるなど、被害を最小限にするための備えをする。壁や階段の踊り場の額縁・置物や水槽、洗剤・薬品が落下して避難経路を塞ぐことのないように、事前の点検・確認が必要である。

地震では、子どもの頭を守ることが第一である。地震が発生したら、保育者は子どもにテーブルなどの下にもぐりこみ、テーブルの脚を握って揺れがおさまるのを待つよう指示する。テーブルがなければ、布団などで代用する。保育者が負傷してしまえば避難できなくなるので、保育者自身も子どもとともに頭を守る訓練を繰り返す。戸外避難を考えて、防災頭巾やヘルメットがあると心強い。バギーなどの移動手段は、いざというときに保育者がすぐ取りに行ける場に常に置いておくことも必要である。

保育中の火災

事前対策として、消火器の設置や、廊下や避難口の不要物の撤去を行う。避難経路と避難口を二か所以上確保しておくことが望ましい。避難訓練の火元の想定は、建物内だけでなく、風向きを考えた近隣火災も考えておく。地震対策同様、実際に戸外への避難訓練も行いたい。また、建物の周囲に可燃性の物がないか見回り、地域の防火を心がけることも大切である。

散歩中の交通事故

乳幼児は好奇心が旺盛で、興味や関心をもって環境にかかわることでさまざまな物・事・人を知り成長する。その反面、夢中になり周囲が見えなくなるため、飛び出しの危険性も高い。散歩の際、保育者は先頭の子どもと手をつなぎ、側面や最後尾をほかの保育者が守る形で散歩をする。また、散歩をしながら信号の見方、道の渡り方などの交通ルールが子どもに身につくよう、保育者は意識的に言動で示していくことが大切である。

施設内や散歩における不審者対応

施設への不審者侵入を防ぐために、建物の周囲に踏み台になるような物を置かない。見通しの悪さは不審者を招きやすいので、樹木の剪定(せんてい)なども行う。子どもや女性が多いことが外部からわからないよう、薄手のカーテンで室内が見えにくくする配慮も必要である。散歩の際は、人通りのある道、見通しのよい公園を選び、周囲の目でも守ってもらえるようにする。

不審者対応は、不審者を施設内に入れないことが一番である。子どもと保育者が室内に避難した際、保育者が子どもを抱えたままでも瞬時に室内からドアを施錠できるようにしておく。または、不審者らしき者を発見したらためらわずに110番通報をする。窓ガラス等を割られそうなときには、保育者は身近にあるものでバリケードをつくり、侵入までの時間をかせぎ、警察の到着を待つ。散歩中は、万が一のときに周囲の助けを呼べるよう、保育者は防犯ブザーや笛を携帯することが大切である。

事故後の報告

事件や災害などが起きた場合は、被害の有無にかかわらず、また病院にかかるような事故が起きた場合は必ず、施設の責任者が自治体の担当部署に報告し、施設面・人的な面の指導を受けることも重要である。

3. 保護者対応

子どもの病気やけがだけでなく、災害などの際は保護者に一斉に子どもたちを迎えに来てもらわなければならない。小規模の施設では、保護者を巻き込んでの通報連絡訓練、引き渡し訓練等はなかなか難しい。どのようなときにどのような方法で連絡するか、引き取りに来てもらうかなど、子どもの命を守るための取り決めを施設から保護者に文書等で伝え、十分に理解してもらうことが重要である。

1 子どもの受け渡し

保育者は、子どもを保護者に確実に渡すため、預かりを始める前に、毎日の送迎者を確認しておく。いつもと違う人が送迎をする場合は、施設に事前に連絡をもらい、身分証などの提示を求める。誘拐防止のためにも、またさまざまな家庭環境を考慮し、誰にでも簡単に子どもを引き渡さないためにも重要である。

2 緊急時の対策・対応

子どもの発熱・けがなどは、施設から保護者に連絡し、引き渡す場合がある。特に首から上のけがや高熱は、命にかかわることになりかねない。頭部の打撲や骨折の恐れがある場合はためらわずに子どもを受診させる。日頃から施設として外科・歯科・内科のかかりつけ医をつくり、診察時間や休診日を室内に掲示する。救急（119 番）や警察（110 番）の対応で保育者が焦らないように、施設の住所や電話番号も併せて掲示する。預かる子どもにアレルギーや持病がないかを把握したり、主治医を確認したりしておくことも必要である。

また、災害発生時に保護者が子どもを施設に引き取りに来られない場合に備え、代理人の連絡先と写真など身分を証明するものを記載・添付した引き取りカードを作成し、施設から確実に子どもを引き渡せるようにする。いざというときのために、施設では保護者自身の電話番号だけでなくメールアドレスや勤務先の電話番号も聞いておく。電話が使用不可になることも想定し、保護者や施設職員のメールアドレスなどによる連絡網を作成し、緊急連絡の一斉配信等を行えるようにしておく。ただし個人情報なので、他人が閲覧しないよう、厳重に保管することが必要である。

4. リスクマネジメントの意義

1 リスクとハザード

ハザードとは、危険性または有害性のあるもののことで、子どもが予測し対処することができないものである。施設設備や遊具の破損などがこれに当たる。しかし、ハザードがあるだけでは何も起こらない。そこに人がかかわることで災害や事故・事件が起きる。一方、リスクとは、危険性または有害性によって重度の負傷や疾病、ときには命にかかわることが発生する可能性の度合いである。

2 リスクマネジメントとは

リスクマネジメントとは、災害や事故・事件の発生を極力未然に防ぐことである。また、万が一、災害や事件・事故が起きてしまった場合に、素早く適切な対応をし、被害を最小限に抑え、さらに再発防止と通常保育の再開に向けた対策を講じることをクライシスマネジメントという。ただし、乳幼児は心身の発達が未熟なため、施設設備の不備によるハザードでなくても、けがや病気は起こる。月齢や今までの経験、性格なども影響するので、物的な安全管理はもとより、子ども理解も重要である。危険なものをすべて排除してしまえば安全性は高まる。しかし、子どものけがを怖れるあまり、遊びや生活を通して自分の身を守ろうとする力を養う機会を奪うことになる。この子にはどのような経験をさせたいか、どこまでなら挑戦させても大丈夫なのかという見極め・見守りが大切である。

3 保育中の事故と法的責任

保育中のけがは、小さなけがでも保護者に報告することが大切である。保育者もしくは責任者は、なぜけがが起こったのかを説明し、特に保育者側の施設設備や見守りの不備の場合は、真摯に誠実に詫びる。子ども自身や子どもたち同士のトラブルであっても、子どもを預かっている以上、誠実な対応が大切である。

また、「児童福祉施設の設備及び運営に関する基準」にある施設設備や職員の規定を遵守するよう職員に周知徹底するとともに、子どもや施設職員が保険に加入し、万が一の賠償責任に対応できるように備えておくことも必要である。

まとめと課題

リスクマネジメントでは「最悪の事態を想像する」ことが重要である。想定外といっていては子どもの命は守ることができない。想定外だったことが「想定内」になるよう、子どもの発達の理解、個々の特徴の理解、保護者や地域を知ることが重要である。地域保育は小規模のため、周囲に知られずに災害時などに孤立する可能性もある。地域のなかで見守られながら子育てができるよう、日頃から近隣との関係づくりも心がけていきたい。

（桶田ゆかり）

参考文献

日本スポーツ振興センター『学校管理下の災害［令和４年版］』2023.

9 保育者の職業倫理と配慮事項

キーワード

職業倫理　自己管理　関係づくり　チームアプローチ

1. 保育者の職業倫理

1 倫理とは何か

保育者として、子どもや子育てを支援するときに、求められる「倫理」というものがある。「倫理」ということばだけをみると、何かとても堅い感じがしないでもないが、言い換えれば「社会のなかで求められる論理」という意味である。この点からすると、倫理はルールや約束事のように自分の外からやってくるというわけではなく、求めに応じて、自分の内側から大切にするものであるということになる。

保育者は、保護者として子どもを育てるというのではなく、子どもと保護者の子育てを支援することが、社会のなかで求められている「役割」である。そうした「役割」を果たすことで報酬を得ることもあるわけであるから、自分の内側から「保育者」としての「役割」に応じて、社会のなかで求められる論理を行動の判断の基準として自らが大切にすることが重要であるということになる。

2 全国保育士会倫理綱領

保育に携わるものとしての倫理は、全国保育士会による「全国保育士会倫理綱領」が示している。ここには前文と８項目からなる保育士としての職業倫理が明確に記されている。

■図表Ⅱ-3　全国保育士会倫理綱領

　すべての子どもは、豊かな愛情のなかで心身ともに健やかに育てられ、自ら伸びていく無限の可能性を持っています。

　私たちは、子どもが現在（いま）を幸せに生活し、未来（あす）を生きる力を育てる保育の仕事に誇りと責任をもって、自らの人間性と専門性の向上に努め、一人ひとりの子どもを心から尊重し、次のことを行います。

　　私たちは、子どもの育ちを支えます。

　　私たちは、保護者の子育てを支えます。

　　私たちは、子どもと子育てにやさしい社会をつくります。

（子どもの最善の利益の尊重）

1　私たちは、一人ひとりの子どもの最善の利益を第一に考え、保育を通してその福祉を積極的に増進するよう努めます。

（子どもの発達保障）

2　私たちは、養護と教育が一体となった保育を通して、一人ひとりの子どもが心身ともに健康、安全で情緒の安定した生活ができる環境を用意し、生きる喜びと力を育むことを基本として、その健やかな育ちを支えます。

（保護者との協力）

3　私たちは、子どもと保護者のおかれた状況や意向を受けとめ、保護者とより良い協力関係を築きながら、子どもの育ちや子育てを支えます。

（プライバシーの保護）

4　私たちは、一人ひとりのプライバシーを保護するため、保育を通して知り得た個人の情報や秘密を守ります。

（チームワークと自己評価）

5　私たちは、職場におけるチームワークや、関係する他の専門機関との連携を大切にします。

　また、自らの行う保育について、常に子どもの視点に立って自己評価を行い、保育の質の向上を図ります。

（利用者の代弁）

6　私たちは、日々の保育や子育て支援の活動を通して子どものニーズを受けとめ、子どもの立場に立ってそれを代弁します。

　また、子育てをしているすべての保護者のニーズを受けとめ、それを代弁していくことも重要な役割と考え、行動します。

（地域の子育て支援）

7　私たちは、地域の人々や関係機関とともに子育てを支援し、そのネットワークにより、地域で子どもを育てる環境づくりに努めます。

（専門職としての責務）

8　私たちは、研修や自己研鑽（けんさん）を通して、常に自らの人間性と専門性の向上に努め、専門職としての責務を果たします。

出典：社会福祉法人全国社会福祉協議会・全国保育協議会・全国保育士会「全国保育士会倫理綱領」

2. 保育者の自己管理

保育活動は、「子ども」「保育者」「保育環境（モノ・場・活動内容等）」の三つから成り立つ。このうち「保育者」自身のあり方は、保育活動に大きな影響を与えるものである。例えば、子どもの主体性を大切にする受容的な態度などが、ときに保育者自身の心理状態や健康状態の影響を受けてしまうことは誰もが経験することであろう。また、保育者の保育に関する知識や技能のみならず、豊かな人間性や広い意味での資質や能力が豊かであることは、保育活動の質を考えた場合に、やはり重要な事柄であろう。

このように考えたときに、保育者には、単に保育活動における適切な対応が求められるだけでなく、実際の保育活動を離れた時間においても、心理・健康面、保育に関する力量形成に関する面で、配慮すべき事柄があることがわかる。保育活動は、保育場面だけにあるのではない。保育活動の質は、実は保育場面以外での保育者の備えに委ねられているのである。適切な自己管理に努めるとともに、現場での先輩や他職種の方々からの助言をもらったり、話し合ったり、組織的な研修に参加したり、自己研鑽に努めたりするなど、「学ぶ」機会を積極的に得て、自身を高めていくことが求められる。また、このような自己管理や自己研鑽を個人の努力に任せるのではなく、管理者や組織全体が組織の倫理として支えていくことはさらに重要である。

3. 地域等との関係

例えば、保育活動のなかで子どもと近くの公園を散歩したときに、地域の方々が子どもたちに声をかけてくれたり、安全を守ることに配慮してくれたりすると、保育活動はより豊かなものとなりやすい。逆に、地域の方々の協力を得られなければ、いくら子どもたちのことを最優先に考えてあげたくても、保育者だけでは行えない活動もたくさん出てくることになろう。また、子育ての支援の際にも、自分ではわからないこと、手の届かないことが出てきたときに、それを自分一人の心のなかに抱えることが、最もよくないことだとされる場合が多い。専門職を含む多くの人たちと「チーム」を組んでこそ、望まれる子育て支援が現実のものとなっていくのである。

子どもを育てたり、子育てを支援したりするということは、このような意味で、「一人」で行えるものではない。また、もっと直接的には、例えば家庭的保育の場にあっても、保護者との連携や協力がなければ、子どもの豊かな育ちをもたらすことは難しい。つまり、保育活動には家庭や地域の人たちとの連携や協力が必要不可欠であり、保育活動を行うということは、子どもをいわば「蝶番（ちょうつがい）」のようにして、多くの大人と関係を築き、そして地域や社会全体で子どもを支えることに参加することなのである。

家庭や地域の方々との関係づくりには、まず相手の話を「聴く」ことから始まる場合が多い。「聴く」ことから始める豊かなコミュニケーションに基づいて、保育にかかわる家庭や地域との豊かな関係づくりを心がけたいものである。

4. 保育所やさまざまな保育関係者、ならびに行政との関係

地域型保育では、保育内容の支援や3歳以降の子どもの受け皿となる連携施設（保育所、幼稚園、認定こども園）が設定されているが、先にふれた関係づくりという点からは、こうした連携施設との日常的な連携や協力も大変重要なことである。保育活動においては、さまざまな課題や、保育者自身が「悩み」を抱えることが多い。このようなときに、大規模な集団のなかでの保育活動ならば「同僚性（同じ活動をともに行う仲間のもつ機能）」が悩みやわからないことに対しての相談を支えてくれるときもある。しかし、時にはそのような環境が周りにないという場合も生じる。その際に、地域のほかの保育関係者とも日頃から交流し、ネットワークをつくっておくことはとても大切なことである。なぜなら、ほかの保育関係者とのネットワークのなかで、さまざまな情報を得たり、相談したりする機会を得ることが少なくないからである。保育者は、常に閉じた人的・物理的環境のなかで活動しないよう心がけることが重要である。

一方で、保育に関する行政関係者との関係づくりも同様に配慮するべき事柄である。行政と協力関係を築くなかで、地域の子ども、子育て支援はさらに大きな輪を結び、保育者の相互援助の関係も含めて、すべての子どもたちの最善の利益が保障されることにつながっていく。ここでもまた、「関係づくり」の大切さについて、重ねて強調しておきたい。

5. 地域型保育の保育者の役割の検討

これまで述べてきたように、保育者はさまざまな人と関係をつくって保育に携わる「チームアプローチ」の取組みが大変重要である。このことからすると、地域における子ども・子育て支援の全体の取組みにおいて地域型保育にかかわる保育者がどのような役割を担っているのか、あるいは担うべきであるのかといった問題については、地域の特性や事情から個別に検討したり、内容を地域で共有したりすることが大切である。

このような検討を進める際には、「ワークショップ」と呼ばれる、参加者が主体的に作業に加わり、体験的に問題解決や学びを深めていく方法が有効である。「KJ 法」や「ワールドカフェ」など、ワークショップの形態にはさまざまなものがある。お互いに意見を交換し合い、その過程で生じる関係づくりの側面にも留意しながら、定期的にこのような場を地域に

おいても自主的に設定することが望まれるところである。

コラム1

KJ法方式のワークショップ

「KJ法」とは、文化人類学者の川喜田二郎が生み出したデータをまとめる方法である。例えば、次のような進め方がある。

❶ 参加者が6～7人の小グループに分かれ、それぞれのグループで子育て支援員として「今やってみたいこと」を付箋に1人5枚程度書く。

❷ 書かれたものをグループ全員に共有し、話し合いながら内容の似たもの同士を類型化してまとめる。模造紙に貼ってタイトルを付け、図として表す工夫をする。

❸ 模造紙をグループごとにテーブルに展示し、ほかの人がそのグループではどのような話し合いが行われたのかがわかるようにする（説明役を決めておく）。

❹ 参加者全員が、好きなように模造紙を見て回り、各グループの説明役の人から話し合われた内容について説明を聞いたり、そこで一緒になった人と意見を交換し合ったりする。

コラム2

ワールドカフェ方式のワークショップ

「ワールドカフェ」とは、近年、自由な発想やアイデアをより引き出したり、みんなで共有したりするために企業などで利用されている方法である。例えば、次のような進め方がある。

❶ 移動可能な状態でテーブルをいくつか設置し、模造紙を置く。4～6人ずつグループに分かれる。

❷ 1ラウンドおおよそ20分で、テーブルごとのテーマにそって自由に会話する。そのときに出たアイデアや言葉を模造紙にそれぞれで書く。

❸ 1ラウンドが終わったら、テーブルに残る人（ホスト）を決め、それ以外の参加者は別のテーブルへバラバラに移動する。

❹ ホストがそれまでの話を新たに集まったメンバーに説明し、話し合いをそのまま続ける。

❺ これを3ラウンド程度繰り返す。

まとめと課題

保育を実施する者には、社会的に求められる職業倫理がある。この職業倫理を尊重し、また自己研鑽(けんさん)に励むことによって、地域における保育者としての「信頼」が確保されると、保護者にとどまらず、地域やその他の保育関係者との関係づくりも促進される。保育活動において、それほど研修や自己研鑽にかけることのできる時間がいつも保証されているわけではないであろうが、積極的にさまざまな機会を利用して、自らそのような時間をつくり出すことが、実践的には大きな課題であろう。また、近年、教育においても盛んに使われるようになってきた「チームアプローチ」にも配慮と注意が必要である。保育活動は、いろいろな人々との「チーム」での取組みである。チームメンバーとしての職業倫理という面も、今後より意識される必要があると思われるところである。

(松田恵示)

10 特別な配慮を要する子どもへの対応（0～2歳）

キーワード

気になる行動　特別な配慮　発達課題　環境要因

1. 気になる行動

地域型保育を利用する子どもの年齢は、基本的には0歳から2歳までである。この間は子どもたちが身体面でも精神面でも大きく変化・成長する時期であり、だからこそ表出する子どもの行動も多様である。

子どもたちは、それぞれ能力や性格的な特性に違いがあり、またその成長や発達過程にも個人差がある。そうした意味で、子どもの健やかな成長のための支援には、どの子にも「配慮」が必要である。しかし、なかには特別な配慮を必要とする子どももいる。例えば目が見えない、耳が聞こえないといった障害のある子のためには、その子の特性に適した専門的な支援を行う学校や施設が設置されてきた。また小・中学校においては、注意欠如・多動性障害（ADHD：Attention-Deficit / Hyperactivity Disorder）や自閉症スペクトラム障害（ASD：Autism Spectrum Disorder）などの発達障害、知的障害や肢体不自由など、障害種別に応じた「特別支援学級」が設けられており、それぞれの特性に適した教育や支援（授業）が行われている。

しかし、乳幼児期の発達に偏りのある子どもに対して、こうした気になる行動を的確に把握して対応することは難しい。なぜなら、日常の行動のなかでの「気になる行動」から子どもの発達の偏りを見つけなければならないからである。

2. 気になる行動をする子どもの行動特徴

1 行動特徴

「大人にしがみついて離れない」とか「ほかの子どもにかみつく」「頭を床や柱にぶつけるような自傷行為を行う」など、日常の子どもの姿のなかで、「気になる行動」をする子どもがいる。また「言葉に遅れがある」「表情が乏しい」「視線を合わせようとしない」など、子どもの発達という観点から気になる子どもの姿もある。

こうした子どもたちの行動や表現の特徴をまとめると、周りの大人への信頼がもてない、自己表現が適切に行えない、コミュニケーションがうまくできない、そして常に不安やおびえなどを内包している、といったことに集約される。

2 子どもの心の訴え方

こうした子どもたちの「気になる行動」は、子どもの心の内面の現れであり、それを表現しているといえる。子どもは泣いたりぐずったりするが、大人はそれらの行動に対して、その子が求めていることを読み取り、それに応えることが大切である。適切な対応によって子どもたちは安心感を得て、大人への信頼感も増していく。しかし、大人がこうした子どもたちの行動に対して、適切に対応できなかったり、無視などを繰り返したりすると、次第に行動をエスカレートさせていく。こうした子どもたちの心の訴えは、大きく分けると❶サインを出す、❷サインを強く出す、❸攻撃する、❹あきらめる、の４段階と考えられる。

このように行動がエスカレートしていくと、大人が子どもたちの気持ちを受け入れて対応することが難しくなっていく。そして、子どもが訴えることをあきらめてしまうと、対応はさらに難しくなる。

3. 気になる行動への対応の考え方

保育所などでは専門家による巡回相談など、親や保育者が相談できるシステムが整ってきているが、保育所に通っていない子ども、あるいは小規模の保育のなかではこうした機会は少ないと思われる。子どもの行動や表現のなかで「何か変だな」と感じた場合、よく観察することは大切だが、安易に判断することは避けなければならない。できるだけ客観的にとらえ、ほかの保育者や職員との情報を共有したり連携したりすることが必要である。しかし現実に目の前にいる子どもの「気になる行動」には対応していかなければならない。ただ、気になる行動はさまざまであるので、それらをひとくくりにして考えるのではなく、それぞれの子どもに応じて考え、対応していくことが重要である。

また、こうした気になる行動がどのような環境で起こるのかを確かめる必要がある。特定の場所や人によって起こる場合、あるいは保育者自身の対応によって起こる場合も考えられる。併せて、気になる行動がどのような環境であれば落ち着くのか観察しておくことも必要である。

保育や子育てのなかで、子どもの不適切な行動自体がなくなっていくことはもちろん重要であるが、その前提として、子どもたち自身の心が安定することが何より重要である。そこに保育者の日常の対応が果たす役割が大きいことを忘れてはならない。

4. 気になる行動の原因とその対応

1 原因

気になる行動の原因にはどのようなものがあるのだろうか。親との愛着関係ができていない、発達障害傾向がある、虐待を受けたなど、さまざまな原因が考えられる。また、病気が原因となっている場合や家庭環境などが原因で気になる行動に至っているケースなどもある。

保育所などでは、子ども同士の関係や保育者との関係、さらには兄弟関係が原因となって気になる行動をとっている場合もある。それぞれ対応を変えながら子どもの適切な発達を保障していかなければならない。

2 障害とその対応

障害には、肢体不自由、視覚障害、聴覚障害など障害があることが外から見てわかるものと、発達障害、知的障害などのように、障害をもつ人とそうでない人との境界線が曖昧(あいまい)なものがある。また、法律上の定義は設けられていないが、愛着障害と呼ばれるものもある。

肢体不自由、視覚障害、聴覚障害については専門的な療育や支援が必要であり、専門機関との連携を進めることが重要である。

発達障害については、コミュニケーション能力に問題がある場合が多く、それを視野に入れながら適切なコミュニケーション方法を用いてかかわることが大切である。また、子どもの積極面をていねいに評価していくことを通じて、子どもが自分に自信をもてるようにすることが求められる。

知的障害がある場合、言葉の獲得が遅れるとともに、記憶力や集中力が低い傾向があるため、一つひとつの言葉の獲得が難しいといえる。体験や実物をもとに達成感を基礎にした指導やケアが必要である。

愛着障害とは、大人（多くの場合は親）との強い結びつきを形成すべき時期に、何らかの理由でそれが形成されず、大人との関係がうまく築けない、あるいは甘えられないといった問題が表出することである。こうした子どもに対しては、新たな愛着関係を保育者などともてるようにていねいな指導が求められる。

なお、子育て支援員として現場で働いていると、子どもの気になる行動や様子にいち早く気がつく場合も考えられる。その際は、まずは保育士などの職員に伝えることが重要である。そのうえで、十分な配慮をもって慎重に親とそのことを共有し、専門家や専門機関につないでいくことになる。

❸ 環境要因とその対応

環境要因とは、一人の子どもが生まれてから保育者と出会うまで、どのような環境で過ごしてきたのかを示すものである。どのような体験を積んだのか、どのような人に出会ったのかなどがそのなかに含まれる。

当然のことながら、環境要因のなかでは家庭環境とそれを支える親の存在が最も大きい。また、住んでいた地域にどのようなコミュニケーション関係が成立していたのかなども、環境要因として考えなければならない。

5. 保育者の役割

❶ 発達課題達成のための援助者

乳児は、欲求を満たされる経験を積み重ねて自立への歩みを進める。さらに幼児期では集団のなかで自らをコントロールしていく自律心を育て、親をはじめとした大人に認められるなかで自らの世界を広げていく。

こうした時期に子どもと出会う保育者は、まず子どもたち一人ひとりが発達の課題を達成するための「援助者」となっていかなければならない。子どもたちの発達段階は一人ひとり違っているので、それぞれに対応した「援助」が求められる。

❷ 行動モデルとしての保育者

保育者は、行動モデルとして子どもたちに映ることを理解しなければならない。子どもたちにとって保育者は、自らの行動を決めていく見本になっているのである。保育者を目指す人のなかには、自分が保育所や幼稚園時代に優しく対応してくれた保育者を理想としてあげることが多いということからもそのことがうかがえる。

❸ 楽しさを共有する保育者

子どもたちにとって保育者は援助者であり行動モデルであるが、さらに日々の生活のなかで楽しく一緒に遊んでくれる存在でもある。子どもたちにとって遊びは生活のすべてであり、その遊びを楽しく共有する保育者も大きな存在である。保育者は遊びを提示しながら子どもたちと一緒に楽しみ、子どもたちの発達を促す役目をもっている。

6. 遊びを通して子どもの発達を促す方法

『子どもの「遊び」は魔法の授業』では、「遊びは学習の宝庫」とされ、遊びの重要性が語られている[1)]。そのなかで遊びの基本として、❶遊びは面白いものでなければならない、❷

遊びはそれ自体を目的とするべきで、ほかの目的に仕えてはならない、❸遊びは自発的なものであり、遊ぶ人の自由な選択に任される、❹遊ぶ人が積極的にかかわるという気持ちをもっていなければ、遊びは成立しない、❺遊びはある種の演技を含んでいる、の五つをあげている。

乳幼児期の子どもにとって遊びはすべてであり、遊びを抜きにして発達はあり得ない。したがって、保育者は年齢、あるいは月齢に合わせた遊びの引き出しをたくさん用意し、その場に応じた遊びを提示することが望まれる。乳児期であれば「あやし唄」や「わらべ唄」等を使っての手遊びなどで一緒に遊び、幼児期は集団で行える「遊び」や身体や五感を使う「遊び」を提示する。

まとめと課題

発達初期の子どもの成長を支援する際には、どの子にも配慮が必要である。しかし、特別支援学校が設置されているように、その成長過程において特別な支援が必要な子どももいる。また、明らかな障害などはなくても、環境要因に起因して気になる行動をとっており、そのために特別に配慮が必要な子もいる。まずは、そのような子たちがいることを知り、よく理解しておく必要がある。また、その支援においては、まず相手（子ども）と直接かかわる機会をもつこと、そこで遊びなどを活用したさまざまな方法で子どもと「関係」を結び、その心を開かせ、相手の心を知ろうとすることが重要であろう。

（深谷和子・瀧口優）

引用・参考文献

1）キャシー・ハーシュ＝パセック，ロバータ・ミシュニック・ゴリンコフ，ダイアン・アイヤー，菅靖彦訳『子どもの「遊び」は魔法の授業』アスペクト，p337，2006.
相澤仁編集代表，柏女霊峰・澁谷昌史編『やさしくわかる社会的養護 子どもの養育・支援の原理――社会的養護総論』明石書店，2012.
家庭的保育研究会編『家庭的保育基礎研修テキスト 家庭的保育の基本と実践 第２版』福村出版，2015.
『新保育士養成講座』編纂委員会編『改訂２版 新保育士養成講座第５巻 社会的養護』全国社会福祉協議会，2018.

11 グループ討議

キーワード

グループ討議　相互作用　マナー

1. 科目の目的

グループ討議はさまざまな場面で活用され、特にまとめを行う際にはどれだけ理解が深められたのかを確認する方法として有効である。討議のなかでは以下の項目について配慮する必要がある。

❶ 研修初参加者が討議のテーマに沿って話し合うための方法やマナーについて理解する。

❷ テーマについて、自分の意見を述べたり、他の参加者の意見を聞く相互作用を通して、考えをまとめ、問題点を整理し、解決方法を検討する。

❸ 今後学びたい内容あるいは助言者に質問したいことなどを、グループ内で話し合う。

❹ 研修で学んだこと等についてグループ討議を行い、理解を深める。

2. 科目の内容

❶ 討議の目的

グループ討議により、地域型保育コースで行う保育への理解を深め、不安や問題点について話し合い、その解決策を見出すというグループ討議の目的を理解する。

❷ 討議の原則

グループ討議を行う際には、マナーを守って行う必要があることについて理解する。

❸ 討議の効果

グループ討議により問題整理や情報収集・提供等の効果があることについて理解する。

❹ 討議の進め方

グループ討議の進め方（流れ）とマナーについて理解する。

① 自己紹介

＊進め方をグループに任せるとリーダーになる人が自然に決まりやすい。

② 司会係と記録係、全体討議での発表係を選ぶ

＊上記の自己紹介の前に司会だけは決めておくということも考えられる。

③ 個人の考えの明確化（KJ 法などの活用）

④ 個人カードの発表

⑤ 問題点のグルーピング

⑥ 討議課題の決定

⑦ 解決策の討議

⑧ 記録

⑨ まとめ

⑩ 全体討議での発表

❺ グループ討議（演習）

実際にグループ討議を行い、グループ討議の進め方、効果について講義で学んだ内容についての理解を深める。

研修にあたっての考え方

グループ討議の方法を学び、実際にグループ討議を行うことにより、講義や演習で学んだ内容について、より理解を深める機会とする。

（瀧口優）

12 実施自治体の制度について（任意）

キーワード

実施自治体　地域子ども・子育て支援事業　関係機関

1. 科目の目的

本科目は、地域保育について実施する自治体の保育関係施策や関係機関について理解することが第一のねらいである。さらに、一時預かり事業を含めた地域子ども・子育て支援事業について理解することを目的とする。

2. 科目の内容

❶ 関係機関

自治体によってそれぞれの特徴があるが、共通に関係する機関として以下の四つを視野に入れて理解する必要がある。

① 各市町村の保育課、子ども課、子育て支援課等（自治体によって名称は異なる）

② 民生・児童委員（とりわけ主任児童委員）

③ 各市町村内の私立保育園等の連絡会議等

④ 各市町村の社会福祉協議会等

❷ 地域資源

また、共通に関係する機関のほかに、それぞれの地域にある子育てに関する組織・団体などの存在を視野に入れて考えることが必要である。例をあげると、以下の通りである。

① 地域センターなどの子育て広場等

② 各自治体で任命する保育関係の支援員

③ NPO 等の子育て支援に取り組んでいる団体

研修にあたっては、研修が実施される地域にある関係機関や保育資源について説明し、研修終了後の従事先についてイメージしながら研修を受講できるようにする。また、一時預かり事業を含めた地域資源についても情報提供する。

なお、本書では、地域資源と社会資源は同義のものとして扱っている。

研修にあたっての考え方

❶ 地域の保育資源を学び、この研修を受講することにより、どのような保育現場に従事できるかを理解できるようにする。

❷ また、一時預かり事業については、地域型保育の分類の研修を受講することによって従事可能となるが、実際に一時預かり事業に従事する際には、一時預かり事業の分類の研修を受講することが適当であることを理解する。

＊この科目を行うときは、基本的には自治体の方が講師となる。

（瀧口優）

地域保育コース

地域型保育

1 地域型保育の概要

キーワード

地域型保育事業　子ども・子育て支援新制度　リスク回避

1. 地域型保育の概要

1 地域型保育の始まり

子ども・子育て支援新制度が始まる前までは、それぞれの自治体は保育所等の認可施設において、保育に欠ける子どもたちを保護者から預かって保育を行っていた。働く保護者が多くなってきたことに伴い、保育所に入所できない子どもたちが多くなり待機児童が増えてきた。その打開策などから、子ども・子育て支援新制度において地域型保育が始まった。

2 事業類型

図表Ⅲ-1 は、内閣府・文部科学省・厚生労働省が地域型保育を事業類型ごとに区分したものである。３類型の小規模保育事業、家庭的保育事業、事業所内保育事業、居宅訪問型保育事業がある。それぞれ、その定員、職員配置基準、職員資格、保育室等、給食について示している。多くの事業が新たに加わっていることが理解できよう。下段には参考として、現行の保育所についても示している。

自分の勤務する事業について、その特徴などについての理解を深めておくことが重要である。

2. 地域型保育の特徴

1 地域型保育の定義と理念、およびその特徴

図表Ⅲ-1 に示しているように、地域型保育の事業類型は多岐にわたる。どの場所において子どもを保育するかは別としても、そこでの保育内容とその責務内容については認可施設の保育所とほとんど差異はない。子どもを保育するという理念においても、保育所保育と変わることはない。つまり、かけがえのない命ある子どもを温かく見守り、育み、子どもたち

■図表Ⅲ-1　地域型保育事業の認可基準

事業類型		職員数	職員資格	保育室等	給食
小規模保育事業	A型	保育所の配置基準＋1名	保育士*1	0・1歳児：1人当たり3.3㎡ 2歳児：1人当たり1.98㎡	●自園調理 （連携施設等からの搬入可） ●調理設備 ●調理員*3
	B型	保育所の配置基準＋1名	1/2以上が保育士*1 ※保育士以外には研修を実施します。		
	C型	0～2歳児　3：1 （補助者を置く場合、5:2）	家庭的保育者*2	0～2歳児：1人当たり3.3㎡	
家庭的保育事業		0～2歳児　3：1 （家庭的保育補助者を置く場合、5：2）	家庭的保育者*2 （＋家庭的保育補助者）	0～2歳児：1人当たり3.3㎡	
事業所内保育事業		定員20名以上…保育所の基準と同様 定員19名以下…小規模保育事業A型、B型の基準と同様			
居宅訪問型保育事業		0～2歳児　1：1	必要な研修を修了し、保育士、保育士と同等以上の知識及び経験を有すると市町村長が認める者	—	—

・小規模保育事業については、小規模かつ0～2歳児までの事業であることから、保育内容の支援及び卒園後の受け皿の役割を担う連携施設の設定を求めています。
・連携施設や保育従事者の確保等が困難な離島・へき地に関しては、連携施設等について、特例措置を設けています。
・給食、連携施設の確保に関しては、移行に当たっての経過措置を設けています。

〈参考〉

保育所	0歳児　3：1 1・2歳児　6：1	保育士*1	0・1歳児 乳児室： 1人当たり1.65㎡ ほふく室： 1人当たり3.3㎡ 2歳児以上 保育室等： 1人当たり1.98㎡	●自園調理 ※公立は外部搬入可（特区） ●調理室 ●調理員

＊1　保健師、看護師又は准看護師の特例を設けています（平成27年4月1日からは准看護師も対象）。
＊2　市町村長が行う研修を修了した保育士、保育士と同等以上の知識及び経験を有すると市町村長が認める者とします。
＊3　家庭的保育事業の調理員については、3名以下の場合、家庭的保育補助者を置き、調理を担当することも認めます。
出典：内閣府・文部科学省・厚生労働省「子ども・子育て支援新制度ハンドブック 施設・事業者向け 平成27年7月改訂版」

が生き生きと生きていけるような基盤の形成と支援をしていく場であるということである。そこに保護者との関係もつくっていくことになる。保育の運営・実践については、保育所と同様に「保育所保育指針」(平成29年厚生労働省告示第117号)に準じて行う。

一方で、それぞれの事業によって対象の年齢層、人数などが異なるため、保護者はその事業の特徴などに鑑み、自分の子どもの保育として託す場所はどこがよいのかという選択をすることになる。小規模であると、年齢によるクラス分けということではなく、異年齢集団の保育が行われることが多い。定員と職員との比率をみてみると、個別的な対応が主になるところと、個別およびそこで生活する子どもたちを集団としてみていくという区分もあることになる。地域型保育の特徴をとらえたうえで、それによって、年間を通じての保育内容等の違いがでてくることを理解しておく必要がある。また、それぞれの施設の特徴による運営の内容について理解し、認可施設の保育所保育との相違点なども把握しておくことが重要である。

2 連携施設の役割

認可保育所は従来からの保育実践経験を有している。それらの保育所と地域型保育事業は連携をすることになる。したがって、地域型保育事業所と連携をする保育所側は、保育所保育における子どもたちの保育内容、実践から得られたことをはじめとして、❶集団保育の経験からの支援、❷さまざまな情報の提供と相談支援、❸代替保育、❹満3歳以上の保育の受け入れなどを行う。とりわけ、❷の情報は欠かせない。情報が届かないということがないように配慮をする。

3 地域型保育の意義について

地域型保育を行うにあたってその意義を確認しておく必要がある。以下、項目のみを提示する。

❶ 家庭的な環境での保育を行う。

❷ 小集団を対象とするきめ細やかな保育を行う。

❸ 同じ子どもには同じ保育者が対応する。

❹ 子どもの生活リズムを尊重した保育を行う。

❺ 家庭生活から集団保育に移行する間の、きょうだい関係を育成するような体験をする。

❻ 保護者への緊密な子育て支援を行う。

❼ 地域の子育て支援に貢献する。

3. 地域型保育の運営と課題

地域型保育の意義については、前述したような良さがある。一方、小規模な運営ゆえに密室性が高いことから、リスクも多いと考えられる。そこで、運営上のリスク回避のための工夫を以下にいくつか挙げておく。質の高い保育を目指していくうえでの課題になると思われる。日々の実践を積み重ねていきながら、自己研鑽（けんさん）を重ねていくことで保育の質の向上を図るようにする。

1 さまざまな情報開示による、開かれた保育運営

安全点検をしてもなお、子どもたちの保育の現場では感染症や、事故等が起こりうる。それらが起こった場合には、その情報と対策を開示し、保護者に見えるようにしておく。また、記録を残しておき、同じような事故等を起こさないようにする資料とする。職員同士でその内容の理解を深めて、回避策を講じられるようにする。

2 職員間の連携

保育者や子育て支援員、栄養士、調理師などがともにチームで保育実践を行う。声を掛け合うこと、ノートや連絡ボードの利用をするのも一つの策になる。相互の人間関係の連絡等を密にすることで、活気のある現場になる。それぞれの職種の違いを越えて共有できる現場になるように工夫をする。

3 地域資源の活用

地域資源については身近な地域のみならず、より広域な情報も保育のネットワークを通じて得ておくことが重要である。それにより、人とモノの活用がみえてくる。自分たちに不足している地域資源は何かということから考えていくとよい。

まとめと課題

地域型保育の各事業を学び保育所保育との違いを理解することがねらいである。小規模ゆえにリスク回避が重要になる。チーム保育の重要性を含めて保育の実際についてふりかえってまとめてみよう。

（佐々加代子）

2 地域型保育の保育内容

キーワード

異年齢保育　一日の流れ　保育の体制

1. 地域型保育における保育内容

1 地域型保育の基本方針とその特徴

地域型保育は、どの事業の類型でも子どもの人数が少ない小集団であるという特徴があるが、どの地域型保育の場でも、実際の保育内容については、認可施設の保育所保育で「保育所保育指針」に基づいて進めていくものと同様に求められる。個別的な子どもの成長における養護と教育である。そのなかでも、とりわけ３歳未満児保育については、一人ひとりの成長の段階を丁寧に見極めながら、健康的な生活・成長を保持していくためにも、「保育所における感染症対策ガイドライン（2018 年改訂版）」の最新版の内容をこまめに確認し、熟読したうえで、養護の内容（食事・排泄（はいせつ）・睡眠・着脱・清潔関係の対応）を進めていくことが重要になる。子ども自身の生きる基盤にかかわるということを十分理解しなくてはならない。保育者が媒介することで、子どもが上記のさまざまなお世話を受けながら、安心・安定して過ごしていけるようにする。子どもを常に見守り、一人ひとりに即して丁寧に、細やかに対応するということである。

2 地域型保育の一日の流れ――迎え入れから帰宅までの流れ

一日の保育には次のような流れがある。それぞれの時間帯に、個別的な対応を丁寧に行う。子どもたちの一日の保育が安全・安心であれば、保護者は嬉しいものである。

❶ 迎え入れまでの準備

❷ 登園・受け入れ

❸ 自由遊び

❹ おやつ・水分補給

❺ 散歩・外遊び

❻ 手洗い・うがい

❼ 昼食
❽ 歯磨き
❾ 午睡
❿ 目覚め・検温
⓫ おやつ
⓬ 自由遊び
⓭ 帰宅の準備
⓮ 引渡し
⓯ 保育終了後のまとめ

❷、⓮は保護者への対応である。❷については、本日の健康状態の確認などを怠らない。⓮については、本日の保育で見受けられた子どもの様子の一言を付け加えて引き渡していく。

日々の保育のふりかえりは、次の日の保育にもつながっていく。改善点があれば、保育者同士で共有しながら進めていく。

3 異年齢保育

地域型保育は、その規模から、異年齢集団での運営になることが多い。0歳児から5歳児までの場合、1歳児から3歳未満児の場合など、さまざまな年齢による組み合わせがある。認可保育所の多くが年齢別の保育になっていることが多いが、地域型保育では日々のなかのさまざまな場面で異年齢保育の場がある。

さまざまな年齢層の子どもたちの保育では、個別の子どもたちの年齢の発達・成長の援助に加えて、異年齢集団のよさが活かせるようにする。

日々の日課の流れのなかでは、その年齢による食事、排泄、睡眠、着脱、清潔というような保育者の個別的な対応があり、保育者は子どもたちを同じ部屋の中で観察することができる。そのような場で子どもが感じとることを、保育者が媒介して声かけをするなどして子どもに伝えることもできるであろう。遊びや散歩の時間などでは、年齢の異なる行動などがある。きょうだいがいない子どもたちにとって、その場にいる子どもたちは、きょうだいにもなるし、仲間でもある。ともに生活するなかで、感じとれる人間関係や遊びのさま、行動などがある。

保育にあたって、保育者は、それぞれの子どもたちの示すさまざまな言葉や行動、遊びの姿をみながら、子どもたち同士のあいだから育まれる人間関係を見守りながら保育を進めていくことができる。自分より小さな子どもたちへの配慮や思いやりを体験のなかで学ぶこともできる。年長の子どもとして何ができるのか、保育者の対応をみながら、みずから真似て動こうとすることもあろう。異年齢集団は小規模であるからこそのよさがでてこよう。

4月の初めての受け入れの段階から、月を経るにつれて、それぞれの子どもの育ちの過程が見出せる。保育者は子どもの変化を言語化しながら、異年齢の子ども同士が同じ場のなかで気づき合えるように対応することによって、子どもはその場の自由な異年齢の組み合わせが楽しいということにも気づいていくかもしれない。どの年齢でも楽しめるような手遊びや遊具の工夫をしていくと、異年齢集団のなかでの醍醐味(だいごみ)が見出せよう。保育者が、子どもを受け入れた初期段階の保育実践のなかで見出せた情報から、さまざまな工夫を凝らしていくことで、次の工夫につながっていくものと思われる。

4 新しく子どもを受け入れる際の留意点

新しく子どもを受け入れる場合、すでに保育生活の経験がある子どもと、これから新たに保育生活が始まる子どもには違いがある。それは子ども自身が感じる不安である。環境はもとより、かかわる保育者とも初めての出会いであること、すでにほかの子どもたちは日々の保育生活についての一定のリズムがつくられていることもある。集団における子ども自身の不安をくみとり、できるだけ軽減できるようにする、ということが保育者に課せられてくる。保育者との関係に安心できるように配慮して、子ども自身が穏やかな状態になれるように模索していくことになる。子どもが安心できるようになれば、保護者も安心できる。以下について見守り、進めていくことになる。

❶ 発達段階に応じたならし保育
❷ 0歳児の時期による配慮事項（離乳食など）
❸ 1・2歳児の配慮事項（歩行、移動、さまざまなものや人に対する関心の示し方など）
❹ ならし保育中の在園児の保育（日々の生活の流れが保てるようにするなど）

5 地域の社会資源の利用

地域には社会資源が多々ある。地図を広げてみよう。公共の場はどこにあるのか、活用できるところはどこかという視点で、施設からの距離も鑑み、散歩コースのいくつかを見出し、絵本や紙芝居の貸し出しができるところについても考えられよう。保育実践のさまざまな知恵をいただく支援場所として、連携施設としての保育所の利用が考えられる。公園、子ども広場、児童館の利用、図書館の絵本や紙芝居等の貸し出しなどは、利用可能な時間や方法について問い合わせなどをしておく。また地域資源としての人については、自治体等に登録している人とその内容などの情報を整理しておくとよい。どのようなときにその方々の協力を得ることが考えられるのか、1年の計画のなかでの組み入れなどが検討できる。遊び提供者などを含めて、地域にある資源の活用法を考えていくとよい。提供者に保育を進めていただく間に、保育者は子どもたちの見守りができる。そのような体験も子どもたちにとっては得がたい経験になる。またそのときの子どもたちの反応などは、新たな発見にもつながってくることになる。それらも成長の段階に組み入れていくことで、保育の幅がでてこよう。

6 保育の計画と記録

保育所における保育は、年間、期、月、週、日案などの計画がある。それぞれの計画は、子どもたちの成長段階を見据えてねらいを立てて、実践計画を練ったものである。行事についても工夫がなされている。季節を感じられる保育など、年間を通じて考えて保育士が立てた計画を実践してみる。

保育実践は記録が重要になる。健康観察記録、保育日誌、保護者との連絡帳、職員間連絡帳、年間の行事の記録などがある。それぞれに記載のポイントがある。例示なども見ながら、それぞれの保育園の記録のとり方について学び、個別のもの、異年齢集団、集団のものというようにまとめてみる。日々の保育実践の記録として保存し、成長の段階をあらためて見直していくものにする。

7 保育の体制――職員間関係の役割分掌と連携のあり方

保育実践は複数の保育者で行うことになるために、それぞれの日々の役割、年間を通じての役割の分担などを相互に検討し合い、保育を進めていくうえで求められる役割分掌をして年間のなかで動いていく。日々の保育実践とその役割分掌について共有しながら、保育における「チーム保育」を点検・評価して、修正すべき内容が見出せた場合には修正をする。相互に学び合いながら進めていくことが重要である。

まとめと課題

地域型保育で行う保育内容の特徴を理解するため、一日の保育の流れ、異年齢児で行う保育の特徴、新しく子どもを受け入れる場合の配慮事項、計画や記録の重要性等について学ぶことがねらいである。子どもたち一人ひとりと丁寧にかかわることと、小集団保育の特徴が活きてくる保育実践が求められている。子どもたちやその保護者とともに成長していく保育者としてのありようについてまとめてみよう。

（佐々加代子）

参考文献

こども家庭庁「保育所における感染症対策ガイドライン（2018 年改訂版）」2018.

3 地域型保育の運営

キーワード

運営に関する基準　情報提供　個人情報の配慮

1. 地域型保育についての設備及び運営の基準の遵守

地域型保育についての設備及び運営の基準としては、「家庭的保育事業等の設備及び運営に関する基準」（平成26年厚生労働省令第61号）や「特定教育・保育施設及び特定地域型保育事業並びに特定子ども・子育て支援施設等の運営に関する基準」（平成26年内閣府令第39号）に規定されている。また、これらを受けて、その地域の自治体での対応が条例などで示されている。支援者はそれらの内容を読んで理解する（内容はインターネットでの検索により入手可能である）。

2. 情報提供と配慮事項

利用者が事業類型を適切に選択することができるように、事業運営者は情報提供をすることと、地域住民の理解と協力を得ていくことが事業運営においては欠かせない。内容として以下のものがある。

❶ 行政による情報提供（国、都道府県、市区町村などの情報）
　ホームページからも閲覧可能。何を提供するとよいのかの選別も必要。

❷ 関係団体等による情報提供
　子育て支援関係を含めた地域の活動などもある。

❸ 事業者による情報提供
　自分たちの保育理念、保育実践、行事等への誘いなど。

❹ 個人情報の取扱い
　事業者が個人情報を得た場合には細心の配慮をする。個人情報保護条例などについても学んでおく。守秘義務が生じてくることをしっかりと把握して遵守する。

3. 受託までの流れ

事業者が子どもを受け入れるにあたって、その流れと留意事項を理解しておく。

1 保護者の問い合わせについての対応

保護者のなかには、どのような場なのかということについて理解不足のまま、とりあえず問い合わせをしたという方もいる。どのようなことについての問い合わせかということを十分に伺ってようやく理解できるということもある。一人ひとりの問い合わせ事項について、丁寧に応答する。またそのときの保護者の態度で、この人はこのような人だと決めつけないようにする。わからないからこそ問い合わせをしてこられた、という受け止め方をする。問い合わせされたことはメモを残しておく。同じような問い合わせがあった場合に、そこでのやりとりの内容が活きてくることもある。チームでもその内容を開示し、共有する。今後の対応の資料にもする。

2 見学の受け入れ

見学希望者には見学を受け入れる。事前予約のときに、おおよその時間についても伝えておいたほうがよい。保護者の希望時間では不都合な場合もあり得るが、できるだけ保護者の希望に合わせられるようにする。保護者は、どのような場なのか、どのような人が保育に携わるのか、チームは…、とさまざまな思いを抱えながら見学に来られる。見学は日常の保育実践をしながらである場合もあるが、どの場面を見ていただくのか、ということを定めて見ていただくということも一つの工夫であろう。子どもが過ごす場所については、できるかぎりしっかりと見せていく。給食をつくる場所、トイレ、食事をする場所、散歩のコース（そこまでどの程度の時間がかかるのか、どのように連れていくのか等）など、あるがままの状態での見学を受け入れ、質問には丁寧に答えていく。保育方針、この場の特徴、大事にしていること、一日の流れなどについても情報として提供しておくと理解が深まる。

3 保護者との面接

保護者は、子どもの現在の状態と育ちの過程について丁寧に伺う。保護者に母子健康手帳等を持参してもらうのもよい（ただし、事前に依頼しておくこと）。保護者は、この事業所における保育の実際について丁寧に説明する。保護者の役割についても理解してもらい、保育への協力をお願いする。

4 保育を始めるにあたって

保育の受け入れを始めるにあたっては、保護者がよく理解できるようにすることと、個別の受け入れでの配慮事項などをチームで確認しておくことが重要である。対応する人・保育者によって内容に相違がないようにする。また、保護者の理解力もさまざまであることを理解しておく。保護者が繰り返しの問い合わせをしたり、保育者の説明が理解できなかったりすることもあり得る。その場合には、保護者にあらためて丁寧に話を伺う。今後、ともに保育を進めていく保護者であることから、人間関係が円滑に進められるように配慮を怠らないようにする。

4. 地域型保育の運営上必要な記録と報告

1 保育実践における記録

保育実践における記録については、日々の保育記録、子どもの個別の健康観察などがある。それぞれにわかりやすく見やすい記録にする。保育はチームでも進めていくことから、その記録をチームの保育者たちも共有できるようにしておき、相互に個別の子どもの理解を記録からも深めておく。

2 運営上の記録

運営において必要となる、安全対策、危険防止策、保健衛生関係などの記録も怠らない。今日の保育においては安全、危険防止、保健衛生面について問題がなかったとしても、明日の準備は怠らない。安全面ほか、運営上に必要な事項については、簡易なものを作成して日々チェックを怠らない。詳細なものを作成することがまだできないという場合には、日常の安全対策については自治体のホームページなどにあるものを運用し、さまざまな情報をためていくことから始め、後に自分たちのマニュアルを作成できるようにする。新たな感染症関係など危険につながる情報を得た場合には、チームでその情報を共有する。作成したマニュアル、あるいは情報を入手したものは、わかりやすいところにファイルしておく。常に保育を行ううえで安全点検、危険防止、保健衛生関係などに不備や見落しがないかどうかの確認作業は怠らない。運営をするうえでの参考文献を紹介する。これらはチームでも行っていく。

まとめと課題

地域型保育の運営に必要な内容について理解するため、設備及び運営の基準において遵守すべき事項、情報提供の必要性とその方法、子どもの受け入れまでの流れ、運営上の必要な記録や報告について学ぶ。

（佐々加代子）

■図表Ⅲ-2　運営基準の分類と主な事項

●市町村の確認を受ける施設・事業者が遵守すべき運営基準に規定する内容は、主に以下の事項です。

分類	主な事項
利用開始に伴う基準	●内容・手続きの説明、同意、契約 ●応諾義務（正当な理由のない提供拒否の禁止） ●定員を上回る利用の申込みがあった場合の選考 ●支給認定証の確認、支給認定申請の援助
教育・保育の提供に伴う基準	●幼稚園教育要領、保育所保育指針等に則った教育・保育の提供 ●子どもの心身の状況の把握 ●子どもの適切な処遇（虐待の禁止等を含む） ●連携施設との連携（地域型保育事業のみ） ●利用者負担の徴収（上乗せ徴収や実費徴収に係る保護者の同意等） ●利用者に関する市町村への通知（不正受給の防止） ●特別利用保育・特別利用教育の提供（定員外利用の取扱い）
管理運営に関する基準	●施設の目的・運営方針、職員の職種、員数等の重要事項を定めた運営規程の策定、掲示 ●秘密保持、個人情報保護 ●非常災害対策、衛生管理 ●事故防止及び事故発生時の対応 ●評価（自己評価、学校関係者評価、第三者評価） ●苦情処理 ●会計処理（会計処理基準、区分経理、使途制限等） ●記録の整備
撤退時の基準	●確認の辞退・定員減少における対応（利用者の継続利用のための便宜提供等）

出典：内閣府・文部科学省・厚生労働省「子ども・子育て支援新制度ハンドブック 施設・事業者向け 平成27年7月改訂版」

参考文献

木口チヨ・小林八代枝編『イラスト小児の生活援助——病院・家庭におけるケアの徹底図解　子どもにかかわるすべての人に』文光堂，2001.
田中哲郎『保育園における事故防止と安全管理』日本小児医事出版社，2011.

4 地域型保育における保護者への対応

キーワード

ソーシャルワーク的機能　地域交流　共感的理解

1. 保護者とのかかわりと対応

保育を担う保育者には、子どもたちの保護者への対応が求められる。日々の保育を円滑に行ううえにおいても重要な人間関係になる。昨今の保護者はどの年齢層の子どもの保育においても、育児不安を抱えていることが多い。保護者は、不安なときに自らSNSやママ友から情報を得て対応しようとしても、あまりにも多くの情報があふれていて、かえって混乱することもある。とりわけ3歳未満児の子どもたちについては、わからないことが多いという声をよく耳にする。

地域型保育は少人数で行われる。保育を担う保育者として丁寧に対応していくことで、一人ひとりの保護者との人間関係は、子どもを媒介しながら「信頼を得られるように」対応することが求められる。そして保護者とともに保育を進めていくようにする。

保護者支援が求められるのは虐待防止のためでもある。保護者支援にあたっては、以下の内容を理解することを始まりとしてとらえていく。

❶ 保育者に求められる役割

① 保護者への子育て支援の必要性を理解し、保育者として保護者に対応する。

② ソーシャルワーク的機能を果たす。

❷ 地域型保育における保護者への対応

① 保護者の理解と協力を得る

日々の保育実践は、保護者の協力があってよりよいものになる。そのことは子どもの成長に連動するものである。保護者は、なぜそのことを求められるのか、意味の理解が進まないことがある。その意味について、丁寧に応答しながら、理解していただき、協力を得られるようにする。

② 保護者への個別支援と対応

保護者にも一人ひとり違いがある。個別に丁寧に対応する。困っていることはないか、不安を抱えていないかなどについて、保護者を孤独にさせないことへの一助となるよう対応する。

③　保護者相互の協力・連携

保護者同士がともに集う機会はそれほど多くないと想定されるが、相互に協力・連携し合うことで、保育を支える場と人間関係がよりよくなっていく。そのあり方を保護者とともに探りながら進めていくことが、保育者側に求められる。

④　地域資源との連携・地域交流の活用

地域型保育については、限られた保育者で運営をすることになる。それらの内容を補充・補完していくには、地域資源の活用が欠かせない。そこで出会った方々と交流をすること、資源の活用をすることで、地域に根差した子育て支援の保育現場としての広がりと充実が図られ、さらに、保育の質の向上につながる。この地域にはどのような人的・物的な地域資源があるのかを探して活用していくようにする。

2. 保護者への対応の基本

「保育所保育指針」は、2017（平成29）年３月に改定され、2018（平成30）年４月１日から適用されている。「第４章　子育て支援」では、保育所における保護者対応について三つの事項にまとめられている。また、改定前の「保育所保育指針」（平成20年厚生労働省告示第141号）の「第６章　保護者に対する支援」に掲げられている「1　保育所における保護者に対する支援の基本」の七つの事項について理解しておくこともすすめたい。地域型保育でも保護者に対する対応のあり方についてはここに示されているものと同様のことを基本とする。保育実践における基盤になるので、この章のみではなく「保育所保育指針」全文を理解しておくことが求められる。

3. 子育て支援における保護者への相談・助言の原則を学び対応する

保育を含む保育関係の仕事に従事する場合にも、保護者やその福祉事業等の利用者たちとの人間関係の間柄をよりよいものにしていくために、どのような態度、対応を基盤としていくことが求められるのかについてである。保育を託していく保護者との関係における重要な態度等になる。

❶　傾聴・受容・共感的理解

保護者が話す内容をしっかりと聞き取り、受け止めていく。その思いについては共感的理解を自らに課していく。

❷　利用者・相談者のありのままの感情表出の促進

保護者がありのままの感情表出をできるように配慮する。保護者のなかには感情表出が上手な方とそうではない方がいることを理解しておき、それぞれの保護者が感情表出できるように配慮をする。

❸　自らの感情のコントロール

保護者への対応では、ともすれば保育者自らの感情が出てしまうことがあり得る。保育者は、保護者の思いを受け止められてこそ、多様な対応が考えられるものである。そのために保育者自らの感情をコントロールすることを課していく。

❹　一人ひとりの個別性の尊重

人にはそれぞれ個人差があり、個別性がある。保護者の数だけ個人差・個別性があるということを理解し、とらえていく。一人ひとりについてその差異がみえてくることで、この人にはどのように対応すればよいのかということが見出せる、ということになる。尊重するということが基盤である。

❺　非審判的態度

ソーシャルワークの援助者の態度としてあげられている内容であるが、保育者にも同様に求められる態度である。保護者の言動や行動について、保育者側の価値観で保護者を評価的に判断して、善し悪しについて決めてしまうことをしてはならない。保護者のあるがままの態度等を受け入れていくように努めること、また保護者の価値観等についても一方的に非難するということをしてはならないということをまとめたものがこの用語である。

❻　利用者の自己決定の尊重

保育における利用者は保護者になる。保護者が保育を託するときに、保護者自身が自己決定できるように配慮する。情報は届いているのか、また理解されているのか、利用する保護者がさまざまな事項を判断できるようにすることが重要である。また保育における子どもは自らの意思表明ができないことも多く、保護者側が代諾者になることになるため、その代諾者である保護者自身がしっかりと判断できるようにする。主人公は子どもであり、その代諾者になるのが保護者であるということを了解して対応する。

❼　保護者のエンパワメント

エンパワメントとは、人々のもつ長所、力、強さに着目して援助することをいう。保護者自身にもその人のもつ力がある。それらをできるだけ引き出せるように保育者が対応していくことを意味する。どのようにしていけばその力をより引き出せるだろうか。個別性・個人差があるだけに幅広い対応になるが、一人ひとりの力が出されたとき、保育実践はより活性化されたものになる。「保護者とともにつくる保育」が見出せるようになる。それらを期待しながら、保育者側がそれを引き出せるようにしていくことが重要である。

❽　秘密保持

保育を引き受ける場合においても、保護者等のプライバシーにかかわる情報を預かることになる。それらについてはしっかりと秘密を保持しなければならない。保育者がプライバシーを守れなければ、保護者は信頼を寄せるようにはならない。守秘義務という用語で述べられることがあることも理解しておく。

4. 保護者への対応——事例を通して考える

具体的な事例に基づき、演習を行う。保護者への対応の方法について検討し、仲間とも話し合い、どのようにすることで保護者への理解を深められるのかについて学ぶ。筆者は、保育者等の仲間たちと実践を加えながら『保育臨床相談・支援 改訂版』にまとめている。一般に事例は一つの対応が示されることが多いが、そこでは、二、三の対応などを示しているので、参考にされたい。保育における相談支援として位置づけている。

まとめと課題

地域型保育における保護者への対応について理解するため、保育者に求められる保護者支援の役割、保護者への対応の基本姿勢、保護者へ相談・助言をする場合の留意事項について学ぶ。また、具体的な事例に基づき、保育者がとるべき保護者への対応方法を検討し、保護者対応への理解を深めていくことと、その対応の方策について学ぶことがねらいである。支援は保護者も含んでいる。保護者とのよりよい関係づくり、関係のあり方について学んだことをまとめてみよう。

（佐々加代子）

参考文献

佐々加代子編著『保育臨床相談・支援 改訂版』萌文書林，2014.

5 見学実習オリエンテーション

キーワード

見学実習　配慮事項　子どもたちへの配慮

1. 見学実習の目的

これまでの講義で学んだ環境整備や保育内容、安全点検・安全確保に関する事項などについて、実際に保育現場を見学することで、具体的に行われる保育のイメージをもち、理解を深めるとともに、今後実践する保育において具体的に参考にすることが見学実習の目的である。

2. 見学実習のポイントと配慮事項

現場の保育実践の理解を深めるために、見学先の事業者と子どもたちに対する配慮事項、見学する際に確認すべき具体的なポイントについて前もって理解し、その内容を点検したうえで、現場での観察に臨む。

また見学実習にあたっては、健康管理をして自らが感染源を持ち込まないことが何よりも重要になる。保育所の実習や演習に参加する学生たちへ、事前の心構えとして必要なことを次に示すので参考にされたい。

❶ 当日の朝、体温を計測し、37℃以上ある場合には欠席の連絡を入れる（感染症が疑われるため）。

❷ 化粧は薄く、香料のある化粧品や香水はつけない。

❸ ピアスなどのアクセサリーは一切つけない。

❹ 爪は短く切っておき、マニキュア等はしない。

❺ 髪はできるだけすっきりとさせておく。長い場合には、その場で束ねられるような用具（ゴム等）を持参する。キラキラ輝くものは用いない。

❻ 手荷物はできるだけ少なくする。

❼ 携帯電話の電源を切っておく。

❽ 動きやすい服装で臨む。

また、見学先の子どもたちや保育者に関する個人情報等の取扱いに留意することも理解しておく。さらに、見学実習のポイントと配慮事項については、主に以下の９点について理解しておく。

❶ 見学先は日々の保育実践がなされている場である。その場の子どもたちと保育者たちへの配慮をしながら、どのように自らが行動すれば現場実践の観察が可能になるのか、理解が深まるのかについて考えて行動する。進められている保育に支障をきたさないよう配慮する。場のなかで邪魔にならない動き方をすることが必要になる。

❷ 環境づくりについて学ぶ。子どもたちが安全に守られ、安心してさまざまな活動ができる環境づくりとはどのようなものなのか。安全で安心できる環境の場づくりは幅広く、細やかな気遣いのなかでなされていることが多い。遊びの部屋、午睡の部屋、玩具の配置、洗面所、トイレ、食事をつくる場所、受け入れ場所、壁面装飾、献立を含む掲示物など、玄関から個別のクラスの部屋、給食室などすべての場においてなされていることについて、観察し、その工夫、配慮事項などについてまとめてみる。記録をとると自らの場づくりの参考資料になる。

❸ 一日の生活の流れと保育者・子どもの様子を詳細に観察する。その場でなされている活動を見ることに加え、一日の流れ（時間の流れにそって活動が組まれている）に即した動き等について観察しながら理解する。視点のおき方によって、見えてくることと、見えないことがある。場面のなかで、その活動をさえぎらないように配慮しながら、できるだけ多く学び、見てとるにはどうすればよいのかを考え、時間帯による子どもたちの様子が把握できるよう観察する。そのクラスにおける保育者同士のチームワークなども観察し、見てとれるようにする。メモをとることが許されている場合には、10分程度おきにそこで何がなされているのかということについて、時間、現在の活動、子どもの動き、保育者の動き、物の配置等について記録してみるのもよい。メモをとることが許可されていない場合には、それらの観点で記憶にとどめられるようにする。見学観察終了後、自宅で得たこと等について自らのメモとしてまとめておくようにする。

❹ 異年齢・小集団を活かす遊びが行われている場合には、その種類、内容、工夫等を含めてよく見る。

❺ 地域資源の利用について理解する。これは見学の時期、時間帯だけでは見えてこないことがある。年間行事等のなかで活用している施設などがあるかどうか、紙芝居、絵本を図書館から借り出して利用しているか、絵本の読み聞かせ、おもちゃ遊びなどで地域の方々に定期的に依頼して活動していただいているものがあるかどうかなどについて伺う。

❻ 保護者とのかかわりについては、見学のなかで理解するには限界がある。保護者との連絡帳のやりとりはどのように行われているのか、回覧や掲示はどのようなものか（この項目については当日の見学のなかでも観察が可能）、懇談会のもち方、頻度、行事への参加

要請の方法、およびそれらの個別と集団への対応法などについて学ぶ。

❼ 複数での保育者体制において、保育者間の役割分担、引き継ぎ等はどのように行われているのか学ぶ。見学はその日のみであるが、保育は年間を通じて行われる。一日のなかでの引き継ぎ、週や月、行事においての連絡・連携、会合のもち方などを具体的に学ぶ。そこから年間、あるいは日々の運営における役割分担について学ぶ。

❽ 保育者の保育観や保育方針を学ぶ。保育所は保育理念を基盤に日々の保育実践に臨んでいる。その理念の基盤となる保育観はどこで見出せるのだろうか。個別の保育者たちの保育・方針についてはどのようなことから理解が可能になるのだろうか。保育者間、そのほかの職員間などの相互の理解はどのように深めているのかなどについても意識する。

❾ 見学の記録を個別にまとめておく。それらを持ち寄り、見学者が相互に発表し合う。自らの観察では得られなかったことなども学び合う。

まとめと課題

見学実習において留意すべき事項についてあらかじめ理解するため、見学実習の目的、見学の際に確認するポイントについて学ぶ。ポイントの整理ができていないと実際の見学実習が活きてこない。環境づくり、安全点検について日々の保育の流れを意識することや、場のなかでの配慮事項などは、見学の場所の想定からみえてくる。学んだことを整理し、見学時に最大限活かせるように、自らが作成したチェックポイント（点検箇所、質問事項など）を整理してまとめてみよう。

（佐々加代子）

6 見学実習

キーワード

観察　保育内容　家庭的保育　子ども理解

1. 見学実習の目的

実際に子育て支援員として配置されるにあたっては、その現場を見て、必要に応じて参加することが何よりも重要である。以下、地域型保育の見学実習を行うにあたっての基本を提示する。

❶ 地域型保育の現場に出向き、講義で学んだ環境整備や保育内容、安全確保などを、実際に見学・観察を通して理解する。

❷ 保育に取り組むに際して、具体的に参考になることについて理解する機会とする。家庭的保育は、家庭的保育者個人の自宅であり、異なる地域の環境のなかでそれぞれ独自の工夫をして、保育を展開していることに留意する。

❸ 見学実習を講義・演習に代える場合は、子どものおむつ交換、食事の介助など、子どもの生活援助について演習を通して理解する。ミルクや哺乳瓶などの実物を知る。

2. 見学実習の内容

実際の２日間を基本とする見学実習においては、以下のような原則を踏まえて行われることが必要である。

❶ 実習１日目：保育の一日の流れを見る。実践する保育について、受け入れから帰宅まで一日の流れを実際に観察し、理解する。子ども理解、保育者理解、園理解の観点から整理する。

❷ 実習２日目：保育の記録・計画、受付等の書類や環境構成、保護者対応の実際等について学ぶ。実際の記録や計画と書類を見て、どのような記録をするのかを理解する。記録に気をとられて子どもとのコミュニケーションが取れない、というようなことは排除する。

＊　従事を予定している事業所を見学先とすることが望ましいが、難しい場合には認可保育所での０～２歳児の保育に関する見学実習も可能とする。重要なことは、子どもたちがどのような動きをするのかをしっかりと見ておくことである。

＊　可能な限り見学実習を実施することが望ましいが、地域の実情などに応じ、DVDの視聴等と講義・演習等による実施も可能である。この場合には、子どものおむつ交換や食事の介助等を学び、ミルクや哺乳瓶等の実物を知る機会を設けることが必要である。

＊　見学実習を行う際には、研修実施機関が見学実習先との連絡調整などを行う。実習先にとってはとりわけ小さい子どもを預かっているところであり、子どもの対応に気を遣うことが大切である。

まとめと課題

保育者として実践する保育の具体的なイメージを理解するため、実際の保育の場面を見学し、一日の流れ、記録や計画などの書類、保護者対応の実際などについて学ぶことがねらいである。自分なりにふりかえってまとめてみよう。

（瀧口優）

Ⅳ

地域保育コース
一時預かり事業

1 一時預かり事業の概要

キーワード

一時預かり事業　子育て支援　子育てへの第三者の関与

1. 一時預かり事業とは

一時預かり事業は「家庭において保育を受けることが一時的に困難となった乳児又は幼児」に加えて、2024（令和 6）年度より「子育てに係る保護者の負担を軽減するため、保育所等において一時的に預かることが望ましいと認められる乳児又は幼児」を対象に、「内閣府令で定めるところにより、主として昼間において、保育所、認定こども園その他の場所において、一時的に預かり、必要な保護を行う事業」であると児童福祉法第 6 条の 3 第 7 項に規定されている。保育は保護者が働いている場合だけではなく、保護者が在宅で子育てをしている場合も、日常生活上の突発的な事情や社会参加等の理由で、家庭での保育が一時的に困難になる場合にも必要となる。子ども・子育て支援新制度においては、地域子ども・子育て支援事業に位置づけられており、保育所や地域子育て支援拠点等で行われる「一般型」、幼稚園または認定こども園の預かり保育である「幼稚園型Ⅰ」、満 3 歳未満の保育の必要性のある子どもを対象とする「幼稚園型Ⅱ」、さまざまな保育施設の年度当初の定員の空きを活用して行われる「余裕活用型」、子どもの居宅を訪問して行われる「居宅訪問型」、地域子育て支援拠点や駅周辺などの利便性の高い場所等で行われる「地域密着Ⅱ型」等の類型が推進されている。

一時預かり事業は 2021（令和 3）年度、全国で 1269 地方自治体で実施されている [1)] が、一時預かりの枠が常に満杯のところ、空きが十分あるところ、と全国的にばらつきが大きいことに加え、利用の希望が待機児童のように目に見える数値として示されないことなどを理由として、この事業を量的に増やしていこうとする自治体は多くないという実態がある。令和 4 年度に行われた調査によると、一時預かり事業（一般型）が実施される場所としては、保育所、認定こども園が多く、定期的利用では就労、就学・職業訓練等での利用が多いことが明らかになっている [2)]。在宅で子育てする家庭が必要に応じて利用できるところまでは、量的にも質的にも整備されていない状況にあるといえる。

一方、幼稚園型Ⅰは在園児を主たる対象とし、公私立幼稚園の約９割で実施されている[3)]。長時間の預かりや長期休業中の預かりを充実させることにより、就労家庭の利用も増えている。

2. 一時預かり事業の意義――子育て支援ネットワークへの入口として

子育て支援には、子育て家庭が単独では果たすことのできない子育て機能を補完する役割があるといえるが、それだけに終わるものではない。一時預かり事業を例にすると、保護者が一時的に子どもの世話をすることができないときに、保護者に代わって子どもを保育するという物理的支援でありながら、これを利用することによる情緒的支援の機能も果たしている。単なる託児としてのサポートではない、子育て支援としての一時預かりの意義はその目標設定にあるといえる。

子育て支援の目標の一つは、保護者の親としての育ちを支え、保護者が社会資源を活用しながら、自己決定し、問題解決していく力を引き出すことにある。そのためには多様なニーズをもち、そして個々人の性格特性や経験値、社会的な理解や条件などが異なる子育て家庭にとって、多様な選択肢が用意されること、本人が利用しやすいと感じるどの選択肢を選んでも、そこを入口として子育て支援ネットワークにつながる道が開けることが必要だ。

3. 一時預かり事業の特徴とその効果

一時預かり事業の特徴として、❶日ごと・時間ごとに、利用する子どもの数や年齢構成が異なる、❷０歳を含む就学前の異年齢の子どもがともに過ごす、❸利用する子どもは平日は３歳未満児が多いが、夏休み等の長期休暇には幼稚園児などが多くなる場合もある、❹単発的な短時間利用の子どもが多い、❺複数回利用や定期的利用の子どものなかに初めて一時的な保育を受ける子どもがいるなどがあげられる。

一時預かり事業の活用を通して、保護者や子どもにもたらされる効果として**図表Ⅳ-1**のプロセスがあげられる。これらを整理すると、一時預かり事業の効果として、❶子どもの健やかな成長・発達への効果、❷保護者支援の効果、❸親子関係調整の効果、❹地域の子育て支援ネットワークへのつなぎの効果があると考えられる。一時預かり事業に携わる者は、この効果がもたらされるように事業を実施していくことが求められる。

■図表Ⅳ-1　一時預かりの活用による効果のプロセス

(1) 保護者支援の視点
❶ 子どもを預けて、必要な所用をすませることができる
❷ 地域の中に頼れるところができた安心感を得る
❸ 子どもと離れる時間を持つことで得られる精神的安定
❹ 親子関係の変化
❺ 子どもの育ちの発見
❻ 保護者と保育者の関係
❼ 保護者が自分以外の子どもを知る
❽ 保護者自身の仲間の広がり
(2) 子どもの発達支援の視点
❶ 両親以外の他者との関わり
❷ 子ども同士の関係

出典：『一時預かり事業のあり方に関する調査研究：平成19年度総括研究報告書（主任研究者　尾木まり）』平成19年度厚生労働科学研究費補助金政策科学総合研究事業，2008.

4. 一時預かり事業従事者の基本姿勢

すべての子育て家庭を対象としているが、とりわけ一時預かりのような支援の場合、利用の必要性は当事者以外の人の価値観で判断されがちである。思うようにならない子育てにストレスをため、思い詰めている保護者がいれば、その利用は推奨されるが、一方で元気で明るく楽しく子育てをしている保護者が繰り返し使用する場合などに、「このようなサービスがあることが保護者の育児放棄につながる」など、事業の実施に行き詰まりを感じる支援者も出てくる。そのような意識化されない否定的感情が利用者に利用しづらさを感じさせることもある。そういったことを避けるためにも、子育て支援の大きな目標を改めて認識し、この事業にかかわる者がそれを見失わずに事業を推進していくことが肝要である。

まとめと課題

第三者が子育てに関与することは、「社会がともに子育てをする」ことを具現化するものであり、保護者が子育てに専念し、保護者だけで子どもを育てることが最善ではなく、さまざまな人とのかかわりのなかで子どもが育ち、保護者が親として育つ。かつては地域社会にあった仕組みを、一時預かり事業等の子育て支援の仕組みのなかに再生していくことが必要である。

（尾木まり）

引用・参考文献

1）こども家庭庁成育局保育政策課「こども誰でも通園制度（仮称）の本格実施を見据えた試行的事業実施の在り方について」2023.
2）三菱 UFJ リサーチ＆コンサルティング「一時預かり事業の実施状況に関する調査研究報告書」令和４年度子ども・子育て支援推進調査研究事業，2023.
3）文部科学省初等中等教育局幼児教育課「令和３年度幼児教育実態調査」2022.
『一時預かり事業のあり方に関する調査研究：平成 19 年度総括研究報告書（主任研究者　尾木まり）』平成 19 年度厚生労働科学研究費補助金政策科学総合研究事業，2008.
『一時預かり事業のあり方に関する調査研究：平成 20 年度総括研究報告書：平成 19～20 年度総合研究報告書（主任研究者　尾木まり）』平成 20 年度厚生労働科学研究費補助金政策科学総合研究事業，2009.

2 一時預かり事業の保育内容

キーワード

一時預かり保育　分離不安　子どもとの関係づくり　安心感のある環境

1. 初めて会う子どもとの関係づくり

一時預かり事業の保育には難しい要素が多い。保育者が初めて会う子どもが多く、毎日ではなく限られた日・時間だけ預かり、次いつ来るかわからない一期一会の関係である。そのなかで、保育者は子どもと関係を築き、楽しく過ごせるように工夫する。子どもが少しずつ慣れていくことや、「楽しかった。また来たい」と言うことは、保護者にも保育者にも嬉しいことである。

1 子どもと関係をつくる

一時預かり保育に来る子どもは、普段親子で静かな生活をしているため、集団でいることや親と離れることに慣れていない場合が多い。保育者はまず初めて会うそのような子どもとの信頼関係をつくることが求められる。第一印象を決める笑顔とともに、どのようなことばをかければよいのだろうか。まずは子どもの目線に立って、いつも呼ばれている名前を呼んで挨拶してみよう。好きなキャラクターの名前を言うことも親しくなるよい方法である。

2 不安を安心に変える心遣い

子どもは保護者と離れることや知らない場所や人に不安を抱いて、緊張したり泣いたりすることも多い。そのような不安を軽くするために、保育者はどのような工夫をすればよいだろうか。遊びたくなるような環境を用意し、子どもの興味のある遊びを提供すると、多くの子どもは笑顔になるだろう。保護者とのよい関係を子どもにみせて安心させることも有効である。もし、泣いてしまうときには 1 対 1 で対応し、泣いても大丈夫と温かく受け入れるようにすると安心感につながることも多い。大事なのは、子どもに寄り添うことである。

3 子どもに対して行いがちな不適切な対応（人権の侵害）と配慮事項

保育者として守秘義務を守ること、体罰をしないこと、ミルクや食事を与えなかったり、おむつ替えを怠ったりしないことはもちろんであるが、本人や保護者に対して差別的な発言や否定的な発言をしないように気をつけなければならない。泣き止まない子どもを叱ったり、排泄（はいせつ）に対して「汚い」「臭い」と言ったりしないことである。

2. 一人ひとりの発達に応じた生活・遊びの援助

1 一時預かり事業における子どもの特徴と配慮事項

預かる子どもの年齢もさまざまであるが、一人ひとり発達には個人差がある。また家庭によって育児方針も異なるため、生活習慣の身につけ方も違う。大人が何もかも手伝っている場合もある。また保護者との分離を経験していなかったり、集団が初めての子どもも多い。

そこでまず、一人ひとりの発達を知るために、受け入れ時に家庭での様子を聞き、健康状態についても確認する必要がある。家庭とは異なる様子をみせることが多いので、一人ひとりの状態や特徴を把握しておこう。全員で情報を共有するが、できれば子どもの受け入れをした保育者が引き渡しまでかかわるようにすると安心できる。家庭との連続性を大切にし、生活リズムも各家庭により異なるため柔軟に対応し、徐々に集団生活に慣らしていくようにするのがよい。家庭的な雰囲気を大切に、ゆったりとしたかかわりをし、慣れるまではしつけなど教育的な色彩を強く出さないようにするなどの配慮が必要である。

保護者との分離時に泣く子どもに対しては、基本的に 1 対 1 で対応し、抱いてほかのことに気をそらせながら遊びに誘うのがよい。しかし、抱かれるのが嫌な子どもや納得しないと泣き止まない子どもなど、個性があるので臨機応変に対応する必要がある。

2 年齢別の保育のポイント

一人ひとりの発達段階に応じた生活や遊びの援助をする。そのためには一日の流れや、食事や排泄、睡眠や清潔などの基本的生活習慣等、年齢別の保育のポイントについて確認しておこう。0 歳児等の低年齢児や、外国にルーツのある家庭の子ども、特別な配慮を要する子ども等を預かる場合には、特に保護者との連携が重要である。

3. 子どもが安心して過ごせる環境づくり

1 家庭的で安心感のある環境

まずは、どの子どもも親と離れる不安を抱いているので、保育者は子どもを温かく受け入れて安心して過ごせるようにすることが大切である。子どもの気持ちが落ちつくまで抱いて散歩するとか、外の景色やおもちゃなどで気をそらせるなどがよい。そのためには、楽しい空間づくりや家庭的な雰囲気づくりが必要である。

安全で衛生的な空間をつくるだけでなく、部屋に入ってすぐ目につくところに屋内用すべり台など大きな遊具を置いたり、コーナーごとに遊びたくなるようなカラフルなおもちゃを置いたりするとよい。おもちゃは出し入れしやすいように棚に仕分けすると、子どもが片付けやすい。子ども用にロッカーや靴入れを用意し、シールを貼っておくと喜ばれる。

また、情緒が安定するような、安心感のある家庭的な雰囲気づくりも大切である。子どもにははじめから集団での生活を強要せず、落ち着いたらみんなと遊べるようにすればよい。食べるのが遅い子や昼寝をしない子など、生活リズムが違う子どもには、その子どもに合ったペースで過ごさせよう。静かなところを好む子どもには落ち着くまで別の空間で少し遊ばせるのもよい。

2 遊びが楽しめる環境

遊びの空間は、いくつかのコーナーに分けて好きな遊びが選べるようになっているのがよい。気に入ったおもちゃや遊びがあると、覚えていて次につながりやすい。

音の出るおもちゃ、車やボールがスロープをコロコロ転がるおもちゃなどは子どもが泣きやむことが多いので、遊び場に 1 つは置いておきたい。ままごとは性別にかかわらず大好きな遊びであり、電車や車は男児に人気がある。絵本は短く楽しくリズミカルなものがよい（かがくいひろし『だるまさん』シリーズ（ブロンズ新社）、キヨノサチコ『ノンタン』シリーズ（偕成社）等）。クレヨンや粘土などは未経験の場合もあるが、真似をするようなら楽しめるのでやってみよう。

手遊びは、いないいないばあ、一本橋、げんこつ山、あんぱんまん、グーチョキパーなど、いくつか覚えておくといつでもどこでもできるので役に立つ。エプロンシアター、紙芝居、ペープサート、パネルシアターなど視覚的に訴えるお楽しみは複数の子どもが楽しめるだろう。また、季節ごとに行事や製作、歌なども企画しておくとよい。

身体全体を使った動きの大きな遊びは、子どもたちの大好きな遊びである。外遊びができなくても、ボール、滑り台、トンネル、ダンスや体操、段ボールのおうち、新聞紙遊び、パラバルーンなどもよい。

異年齢保育は、安全に配慮して、みんなで一緒に遊んだり、グループで遊んだりするとよい。異年齢保育のなかできょうだいのような体験ができると喜ばれるだろう。年齢の高い子どもが小さい子どもの世話をすることは、年齢の低い子どもにも貴重な経験になる。

3 安全な環境

毎回子どものメンバーが違うため落ち着かなかったり、また初めてで流れがわからず不安になって騒いでしまったりと、トラブルが起きやすくなってしまうことが考えられる。

そこで、落ち着いて遊べる環境をつくることが重要である。乳幼児は人や物から影響を受けやすい。はじめに受け入れをした保育者や慣れた人がいると安心する。肯定的・共感的なことばをかけてあげるようにしたい。また、聴覚や視覚への刺激が多いと落ちつかなくなるので、子どもが大きな声を出すときには小さな声で応じるとか、おもちゃを出しっ放しにしないで片づけることなども心がけたい。また遊びの空間を動的空間と静的空間に分けることも安全な環境をつくるうえで有効である。

まとめと課題

幅広い対応能力と柔軟性が求められる一時預かり保育事業の保育者は、保育マインドと技術を磨き、子どもたちが安心して過ごせるような保育をめざそう。

（小泉左江子）

参考文献

三菱 UFJ リサーチ＆コンサルティング「一時預かり事業の実施状況に関する調査研究報告書」令和 4 年度子ども・子育て支援推進調査研究事業，2023.
『一時預かり事業のあり方に関する調査研究：平成 19 年度総括研究報告書（主任研究者　尾木まり）』平成 19 年度厚生労働科学研究費補助金政策科学総合研究事業，2008.
『一時預かり事業のあり方に関する調査研究：平成 20 年度総括研究報告書：平成 19～20 年度総合研究報告書（主任研究者　尾木まり）』平成 20 年度厚生労働科学研究費補助金政策科学総合研究事業，2009.

3 一時預かり事業の運営

キーワード

一時預かり事業　利用の抵抗感　利用しやすさ　事前のアドバイス

1. 一時預かり事業の業務の流れ

業務の流れは、❶利用者ニーズの把握、❷情報提供、❸利用手続き、❹利用当日の対応となる。

1 利用への希望と現実

1 歳半健診に来た保護者に対して、「お子さんを誰かに預かってほしいと思いますか」と尋ねたところ、程度の差はあるが、約 85%の保護者は思うことがあると回答した(**図表Ⅳ-2**)。そのうち実際に一時預かり事業などを利用したことがある人は 3 割に満たない現実がある。

■図表Ⅳ-2　一時預かり利用への意向

お子さんを誰かに預かってほしいと思うことがありますか？

	よく思う	時々思う	あまり思わない	無回答
1	19.6%	63.4%	14.0%	

一時預かりの保育サービスを利用したことがありますか？

	ある	ない	無回答
1	28.2%	70.7%	

保健センター 1 歳半健診での調査（N＝358 名）　一時預かりパイロット事業を実施する都市での調査

出典：「第 5 章 一時預かり事業への意識と利用の効果」『一時預かり事業のあり方に関する調査研究：平成 20 年度総括研究報告書：平成 19～20 年度総合研究報告書（主任研究者　尾木まり）』平成 20 年度厚生労働科学研究費補助金政策科学総合研究事業，2009.

利用に至らない要因として、サービスについての情報がないことや、利用条件が合わないことのほかに、子どもを預けることへの不安・心配、また保護者に「子どもを預ける」ことへの抵抗感があることが明らかとなっている。この抵抗感は、誰かに反対されたり、非難されたりした経験があるというよりも、本人の保護者としての責任意識との葛藤が大きい。一時預かり事業では、利用の理由は問わないにもかかわらず、誰もが納得するような正当な理由がない限り、利用に踏み切れない保護者が多くいることがうかがわれる。

このような保護者が多くいることに鑑み、利用しやすい一時預かり事業の運営を心がけることが必要となる。

2 利用しやすさにつながる諸条件

保護者の利用しやすさとして、**図表Ⅳ-3**の内容があげられた。子どもを預けることについて、保護者は決して安い料金で長い時間預けたいとばかり考えているわけではないということにも留意が必要である。保護者は自身や子どもにとってなじみのある場所での実施を希望しており、何よりも保育の質を重視している。

■図表Ⅳ-3　利用しやすさにつながる諸条件

○　利用の確実性
　利用したい時に必ず利用できる
○　利便性の良さ
　利用する場所（行きやすさ、わかりやすさ、所用の遂行のしやすさ）
　利用の仕組み（時間、料金、手続き）
○　なじみのある場所や人のいるところでの実施
＊　保育内容の質を重視
　（清潔・安全、子どもが楽しく過ごせる、保育者の対応、報告等）

2. 情報提供、登録、受付

保護者への情報提供の際には、利用についての一連の流れ（事前登録、予約・申込、利用開始・終了）を事前によく説明することが必要である。保護者は手続きの簡素化を希望するが、子どもを預かるためには、子どもの健康状態の把握等が重要であることなどについてもあらかじめ説明が必要である。

初めて一時預かりを利用する保護者は、子どもが自分と離れても大丈夫かということを心配する。保護者が不安を抱えたまま子どもをおいていくことは、子どもの不安にも影響する。保護者の不安ができるだけ軽減されるように、子どもの日頃の生活や遊びの様子をよく把握し、保育室での過ごし方についても説明をしておくことが必要になる。

特に、こっそり保護者が姿を消すのではなく、用事があって出かけるが、必ず戻ってくることを子どもに伝えて出ていくこと、また、戻ってきたときは「ごめんね」と子どもに謝るのではなく、保護者が用を足している間に遊んで待っていてくれたことに対して、「ありがとう」と伝えるとよいことなどを事前に保護者にアドバイスしておく。

3. 記録、保護者への報告

保育中の様子は、子どもがどのように過ごしていたか、保育者は、保護者に子どもが楽しく過ごしていた様子や成長が感じられた場面などを具体的に伝えるが、こうした報告が子どもの順調な発育を第三者の目でも確認することや、保護者の子育てを支持することにもつながることを心に留めておこう。

また、初めて一時預かりを利用した子どもに起こりやすい行動として、後追いや夜泣き、赤ちゃん返りなどがみられるかもしれないことも保護者に伝えておくと、保護者が心配しなくてすむだろう。このようなアドバイスを行うことにより、保護者が一時預かりの利用を失敗体験ととらえないようにすることが可能となる。

4. 職場倫理・チームワーク、職員間の共通理解

複数のスタッフが働く職場では、誰が対応しても同じ対応をすることが必要である。そのためには適切な引き継ぎや、情報の共有が欠かせない。口頭での引き継ぎには限界があることから、書面での確認ができる体制が求められる。

まとめと課題

利用申込から当日の受け入れ、子どもの引き渡し、報告等を通じて、一時預かり事業に従事する職員全員が子どもと保護者を温かく迎え入れ、丁寧に接することを通して、保護者との信頼関係を築くように努める。

（尾木まり）

参考文献

『一時預かり事業のあり方に関する調査研究：平成 19 年度総括研究報告書（主任研究者　尾木まり）』平成 19 年度厚生労働科学研究費補助金政策科学総合研究事業，2008.

『一時預かり事業のあり方に関する調査研究：平成 20 年度総括研究報告書：平成 19 ～ 20 年度総合研究報告書（主任研究者　尾木まり）』平成 20 年度厚生労働科学研究費補助金政策科学総合研究事業，2009

4 一時預かり事業における保護者への対応

キーワード

一時預かり事業　保護者への対応　信頼関係　子育て支援

1. 一時預かり事業を利用する保護者への理解

少子高齢化のなかで、核家族化の進展や地域のつながりが希薄になっている。身近に頼れる人がおらず、育児に不安や負担、悩みを抱える保護者は多い。また、発達について特別な配慮を必要とする子どもも増えている。このような社会的状況で、保護者支援の一つとして、一時預かり事業の保育のニーズが高まっている。一時的に子どもと離れることでリフレッシュでき、子育てを頑張ろうと思えることは保護者にとって嬉しいことである。また、不安や悩みを聴いてもらったり相談したりできることは、不安の軽減につながる。さらに、保育者の話から子どもの成長に気付いたり、新たな一面を発見することもあるだろう。

2. 保護者への対応の基本――子育て支援における相談・助言の原則

「保育所保育指針」（平成 29 年厚生労働省告示第 117 号）に記載されている保護者に対する子育て支援の基本は、一時預かり事業の場合にも当てはまる。つまり、「保護者の気持ちを受け止め」「保護者が子どもの成長に気付き子育ての喜びを感じられるように努める」などである。また、そのなかで最も重要なのが「信頼関係の形成」であることも同様である。信頼関係があってこそ保育者の助言は保護者に受け入れられるが、信頼関係がないと、よかれと思って助言しても拒否されてしまう場合も多い。大事な子どもを預けるにあたっては、保育者との信頼関係は大変重要である。

信頼関係を築くにはどのようなことが必要であろうか。まず第一印象が大事である。保護者に笑顔で明るく挨拶し、柔軟に対応することは信頼感を高めるであろう。さらに信頼関係を維持するには、報告・連絡・相談を怠らず、小さなことでもおろそかにしない心がけが必要である。コミュニケーションでの言葉遣いにも気をつけたい。また、話を聞く態度や相手の気持ちを受け止め共感する姿勢が安心感や信頼感につながり、保護者から相談されることもある。保育の専門性を活かした、助言や行動見本などによる保護者支援は保育者の重要な役割である。

3. 一時預かり事業を利用する保護者への対応

1 一時預かり事業を利用する保護者支援の特性と留意点

一時預かり事業は、一部待機児童対策のための就労家庭の定期的利用もあるが、基本的に地域の子育て家庭の保護者が用事や病気、リフレッシュなどの目的で利用する事業である。習い事やショッピング、美容院などリフレッシュや自己実現のために利用する保護者もいる一方、近年の傾向として、保護者が疲れている（42.2%）、身近に子育ての相談相手がいない（34.7%）、育児不安を抱えている（34.2%）等、育児に伴う心身の負担の解消を目的に利用する家庭も多い[1)]。

このように利用ニーズが多様化するなか、事前面談や送迎時での保護者とのやり取りを通じて、支援の必要性を見極めたり、必要に応じて他の関係機関と連携を図ったりして支援につなげる場合も見られる。

一時預かり事業を利用する保護者に対しては、次のような点に留意する必要がある。

❶ 事前の個別面談や当日の保護者とのやり取りにおいて、家庭や子育ての状況を聴き取る。
❷ 子どもとの分離不安や子どもに関する悩み・心配などをよく聴いて、温かく受け止める。
❸ 家庭での生活との連続性に配慮し、子どもに関する情報は保育者全員で共有する。
❹ 保育中の様子は、お迎え時に連絡帳と口頭で肯定的に伝える。
❺ 保護者からの相談には助言や支援を行う。その際、秘密保持に留意する。
❻ 子どもや保護者について気になる点は、緊急の時以外は記録に残して見守る。

2 一時預かり事業を利用する保護者支援の展開場面と手段

一時預かり事業を利用する保護者に対しての支援を、具体的な場面でみてみよう。

まず受け入れ時には、子どもについての情報と保育にあたっての留意点を保護者に確認する。特にアレルギーの有無、脱臼経験等には注意する。また当日の健康状態を視診により確認する。そして、保護者の不安に対してはしっかり話を聞いて安心感を与えるようにする。「～して様子をみますね」などと具体的に話すと保護者は安心する。

お迎え時の対応は、受け入れ時と同じ保育者が望ましい。子どもの様子を心配して迎えに来た保護者には、保育中の様子をエピソードなどで伝えると喜ばれる。もしけんかやけがなどトラブルがあったときには、状況説明と子どもの様子、保育者の対応等について丁寧に話すことが大切である。

初めて子どもを預ける保護者には、受付時にわかりやすく説明し不安を軽くする。また受け入れ時にも、保護者の不安に対して柔軟に対応する。子どもが泣くのは心配することではないこと、泣いたときには1対1で対応するので大丈夫ですよ、安心してお任せくださいと話し、保護者にはできるだけスムーズに離れてもらうようにする。迎えに来たときには、そっと陰から子どもが遊んでいる様子を見られるようにしたり、泣き止んだ後の様子を伝えたりするなど次につなげるようにしたいものである。

一時預かり事業の保育を利用することで子どもが変わると、保護者の気持ちも明るくなることが多い。子育てに関する相談ができたり、自分の時間ができることで生き生きし、子育てにも積極的になるなどの変化がみられる。

4. 保護者への対応――事例を通して考える

次のような事例の場合、子どもに対してまた保護者に対してどのように対応するのがよいか、話し合ってみよう。

事例① Aくん（2歳・男児）は、母親から離れると大泣きするので、幼稚園に行く前に他の子どもと遊ばせたいと思って来た。分離時には大泣きで、友だちが近づくとたたくこともある。

事例② 規則正しい生活にこだわるBちゃんの母親は、一時預かり保育の時も同じようにしてほしいと言う。保護者の希望に沿うことには限界がある。どのように対応すればよいか。

事例③ Cちゃん（1歳・女児）の母親からの相談。食事を一生懸命作っても食べてくれないので、作る気がなくなる。仕方がないので、後を追いかけて食べさせている。ここでは全部食べているようなのだが、どのようにしているのか知りたい。

事例④ いつもおしゃぶりをして来るもうすぐ2歳の男児Dくん（2歳・男児）。言葉が少し遅れているようだが、子どもと保護者に対してどのように対応すればよいか。

事例⑤ Eくんの母親は、定期的に自分の趣味とリフレッシュのために一時預かり事業の保育を利用している。預かる立場として抵抗がないかどうか話し合ってみよう。

まとめと課題

一時預かり事業に携わる保育者は、初対面でも短時間で一定の情報を把握し、保護者との信頼関係を築くことが求められる。たとえ、対応が難しい保護者であっても、非難したり指導したりするのではなく、保護者の思いを受け止め理解しようと努めることが信頼関係の形成につながる。一時預かり事業の保育は、地域の子育て家庭を支援する力強い味方である。

（小泉左江子）

引用・参考文献

1）三菱 UFJ リサーチ＆コンサルティング「一時預かり事業の実施状況に関する調査研究報告書」令和４年度子ども・子育て支援推進調査研究事業，p.106，2023.

学研ラポム編集室編『一時保育ハンドブック――子育て支援 一時保育 特定保育 運営ヒント集』学研，2006.

『一時預かり事業のあり方に関する調査研究：平成 19 年度総括研究報告書（主任研究者　尾木まり）』平成 19 年度厚生労働科学研究費補助金政策科学総合研究事業，2008.

『一時預かり事業のあり方に関する調査研究：平成 20 年度総括研究報告書：平成 19～20 年度総合研究報告書（主任研究者　尾木まり）』平成 20 年度厚生労働科学研究費補助金政策科学総合研究事業，2009.

5 見学実習オリエンテーション

キーワード

一時預かり事業　実習　配慮事項

1. 見学実習の目的

見学実習は、講義で学んだことを実際の保育の現場で確認し、理解を深めるために行うものである。実習内容は特に定められていないし、現場に指導者がいるわけでもない。講義での学びをふりかえり、自分はどういうことを知りたいのか、学びたいのか等、あらかじめ準備していくことが望ましい。そうでなければ、保育の様子をただ観察するだけになる。簡単なメモ書きでもよいので、知りたいこと、学びたいことをまとめておこう。実際にその場面に出会うことはないかもしれないが、職員に話を聞くことができるかもしれない。

2. 見学実習のポイントと配慮事項

1 見学先と子どもたちへの配慮

まず、実習先で過ごす子どもたちの生活や遊びに過度に関与しないように留意したい。子どもや保育者がいつも通りに過ごせるように配慮し、子どもを刺激せず、子どもを緊張させないようにしよう。見慣れない人の存在を気にかけて、いつも通りに活動できない子どももいるので、子どもが慣れない間は子どもを直視しないようにし、さりげなくその場の雰囲気に溶け込むように配慮したいものである。

見学をすることにより、保育を受けている子どもや家族の情報、受入れ施設の内部情報を知ることになるかもしれないが、実習者にも守秘義務があることを忘れないようにしよう。

また、見学実習を受け入れてくれる施設への感謝を忘れないようにしたい。

2 見学のポイント

見学実習では、一時預かり事業の特性に応じた対応に着目する。つまり、一時預かり事業はその保育施設や保育者に慣れた子どもが日々通ってくる保育所等とは異なり、日ごとに異なる子どもが通ってくる場所であり、その利用時間も全員が朝から揃っているわけではなく、時間ごとに利用する子どもの数や年齢が異なる。また、利用に慣れた子どももいれば、初めて利用する子どももいる。

このように、日々さまざまな子どもたちが利用する保育施設で、下記の点において保育者がどのような準備や工夫、配慮をしているか、あるいは、保育者間でどのように役割分担し、連携しているか等について見学・観察すると同時に、保育者の保護者や子どもへのかかわり方についても見学する。

❶ 環境整備の配慮

当日配置するおもちゃの選択、置き場所等

❷ 安全対策

子どもの事故を防ぐための対策や対応

❸ 一日の業務の流れと保育者の役割分担・子どもの様子

❹ 保護者とのかかわり

預かりの際の聴き取りや引き渡し時の報告、保護者が安心して子どもを預けることができるような配慮

❺ 記録、利用者に配付する資料、各種マニュアル類

内容の確認だけではなく、どのような時間帯に記録しているか、保育者の使いやすさ、見やすさ等の工夫

まとめと課題

見学実習は、実際に保育に入るよりも客観的にさまざまなことを観察することができる。その利点を活かし、保育者がどのように連携を図り、役割を分担しているかをみておくと、保育者として従事するうえで参考になるだろう。

（尾木まり）

参考文献

榀川須美「見学実習オリエンテーション」家庭的保育研究会編『地域型保育の基本と実践 第２版』福村出版, 2023.

6 見学実習

キーワード

観察　保育内容　家庭的保育　子ども理解

1. 見学実習の目的

一時預かり事業に関する見学実習を行うにあたっては、以下のような点を目的とし、実習を終えた段階ではその目的がどの程度実現されたのかを確認しておく必要がある。

❶ 一時預かり事業の現場に出向き、講義で学んだ環境整備や保育内容、安全確保など、実際に見学・観察を通して理解する。

❷ 保育に取り組むに際して、具体的に参考になることについて理解する機会とする。

❸ 見学実習を講義・演習に代える場合は、子どものおむつ交換、食事の介助など、子どもの生活援助について演習を通して理解する。ミルクや哺乳瓶などの実物を知る。

2. 見学実習の内容

実際の２日間の見学実習では、保育者たちの動向を理解しながら、以下の点について十分な配慮をする必要がある。

❶ 実習１日目

保育の一日の流れを見る。実践する保育について、受入れから帰宅まで一日の流れを実際に観察し、理解する。子ども理解、保育者理解、園理解の観点から整理する。

❷ 実習２日目

保育の記録・計画、受付等の書類や環境構成、保護者対応の実際等について学ぶ。実際の記録や計画と書類を見て、どのような記録をするのかを理解する。記録に気をとられて子どもとのコミュニケーションが取れないようなことは排除する。

従事を予定している事業所を見学先とすることが望ましいが、難しい場合には、認可保育所での０～２歳児の保育に関する見学実習も可能とする。重要なことは、子どもたちがどのような動きをするのかをしっかりと見ておくことである。

さらに、可能な限り見学実習を実施することが望ましいが、地域の実情などに応じ、DVDの視聴等と講義・演習等による実施も可能である。この場合に、子どものおむつ交換や食事の介助等を学び、ミルクや哺乳瓶等の実物を知る機会を設けることが必要である。

また、見学実習を行う際には、研修実施機関が見学実習先との連絡調整などを行う。実習先においては、とりわけ小さい子どもを預かっているところでは、子どもの対応に気を遣うことが大切である。

まとめと課題

保育者として実践する保育の具体的なイメージを理解するため、実際の保育の場面を見学し、一日の流れ、記録や計画などの書類、保護者対応の実際などについて学ぶ。

（瀧口優）

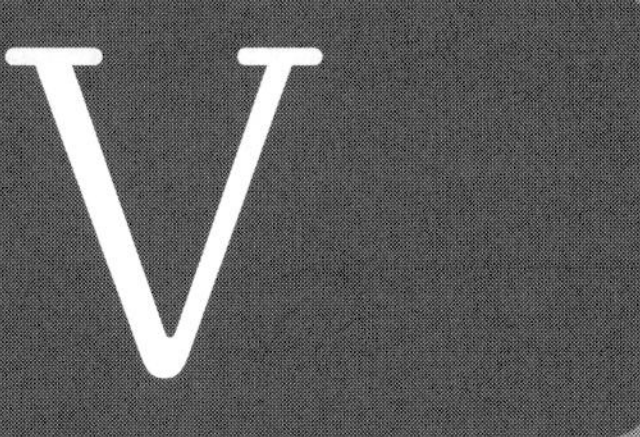

地域保育コース
ファミリー・サポート・センター

1 ファミリー・サポート・センター事業の概要

キーワード

地域子ども・子育て支援事業　　相互援助活動

1. ファミリー・サポート・センター事業とは

1 ファミリー・サポート・センター事業の仕組み

ファミリー・サポート・センターとは、地域で子どもの預かりの援助を行いたい者（提供会員）と援助を受けたい者（依頼会員）からなる会員組織のことである。会員数は 20 人以上とし、市町村が事業を直接実施するか、市町村が認めた者へ委託等して実施する。

ファミリー・サポート・センター事業（子育て援助活動支援事業）の基本事業の内容は以下の通りである。

❶ 会員の募集、登録その他の会員組織業務

❷ 相互援助活動の調整・把握等（事業において事故が発生した場合に、円滑な解決に向け、会員間の連絡等を行うことを含む。）

❸ 会員に対して相互援助活動に必要な知識を付与する講習会の開催

❹ 会員の交流を深め、情報交換の場を提供するための交流会の開催

❺ 子育て支援関連施設・事業（乳児院、保育所、児童館、子育て短期支援事業、地域子育

■図表Ⅴ-1　相互援助活動の実際

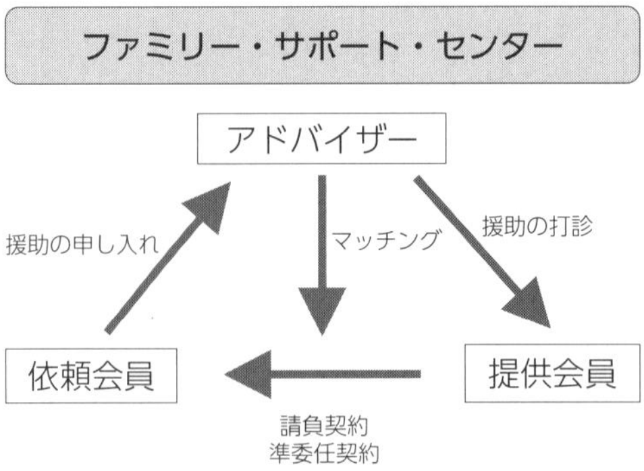

出典：内閣府資料

て支援拠点事業、病児保育事業、等）との連絡調整

2 ファミリー・サポート・センター事業の活動の理念

「子育て援助活動支援事業（ファミリー・サポート・センター事業）実施要綱」（平成26年5月29日雇児発0529第17号）によれば、ファミリー・サポート・センター事業は「乳幼児や小学生等の児童を有する子育て中の労働者や主婦等を会員として、児童の預かりの援助を受けたい者と当該援助を行いたい者との相互援助活動に関する連絡、調整を行うことにより、地域における育児の相互援助活動を推進するとともに、病児・病後児の預かり、早朝・夜間等の緊急時の預かりや、ひとり親家庭等の支援など多様なニーズへの対応を図る」ことを事業の目的としている。

本事業が創設されたのは1994（平成6）年だが、この頃は急速に少子高齢化が進むなか、労働者が仕事と家庭を両立させることができる生活環境を整えることが喫緊の課題となっていた。さらに、かつては血縁・地縁のなかで行われていた、施設保育では応じきれない変則的な子どもの預かり等の相互援助の仕組みが核家族化・都市化により機能しづらくなっていた。こうした背景のもと、かつての地縁機能を代替する相互援助活動を組織化した「仕事と育児両立支援特別援助事業（ファミリー・サポート・センター事業）」が始められた。

当初は仕事と育児を両立できる環境を整備し、地域における子育て支援を行い、労働者の福祉の増進を図ることを目的とした事業であったが、平成17年度から「次世代育成支援対策交付金」、平成23年度から「子育て支援交付金」の対象事業となり、さらに平成27年度からは「子ども・子育て支援新制度」において「地域子ども・子育て支援事業」の一つとして実施されるようになり、両立支援にとどまらず、多様化する子育て支援のニーズを満たす事業として活用されている。

3 提供会員と依頼会員との関係

相互援助活動は、**図表V-1**が示すように、子育て支援を依頼したい依頼会員と、子育て支援を提供したい提供会員の結びつきによって成立する。その両者のつなぎ役を果たしているのがセンターである。「保育施設までの送迎を行ってほしい」「保育施設の開始前や終了後に子どもを預かってほしい」等の依頼会員の要望に対して、センターに配置されたアドバイザーが条件に合う提供会員を探し、両者を橋渡しするように引き合わせ、事前の打ち合わせが行われる。その後、依頼会員からの正式依頼をもって提供会員による援助（有償）が提供される。

まとめと課題

ファミリー・サポート・センター事業は、さまざまな課題を抱えながらも各地域で地道に実践を積み上げ、着実に成果をあげてきた。本事業は家庭の育児負担を軽減し、子育て支援を地域全体の課題としてとらえさせる協働の力を育んできた。核家族が増え、家族のあり方が多様化するなかで、センターは会員制度に基づく地域ぐるみの子育て支援システムをつくり上げてきた。支援の担い手になる提供会員は、援助活動を通じて役割をもち、やりがいを感じ、地域社会に積極的に参画している。また、「地域における育児の相互援助活動を推進するとともに、病児・病後児の預かり、早朝・夜間等の緊急時の預かりや、ひとり親家庭等の支援など多様なニーズへの対応を図ること」(「子育て援助活動支援事業(ファミリー・サポート・センター事業)実施要綱」)と記されたように、センターは新たな課題に対する対応を模索している。今後は、より活発に各地で展開されていくことになるが、その他にも障害のある子どもを抱える家庭の支援等、多様なニーズに対応するサポート体制づくりが課題となっている。

こうした課題に対応するためには、専門的な知識や技術等を備えた提供会員の確保ならびに養成が重要になる。また、センターと地域の医療、保健、教育、福祉、行政などのさまざまな社会資源との連携が綿密につくり上げられていく必要がある。この点において、センターに期待される役割は今後ますます大きくなっていくであろう。

ファミリー・サポート・センター事業の推進は、子育て支援を通じて相互に支え合う共生社会にふさわしい地域社会の創出につながるものである。多くの市民が参加することにより、それぞれの地域の実情にふさわしい子育て支援の活動がますます充実し、発展していくことが期待される。

(中山哲志)

2 ファミリー・サポート・センター事業の援助内容

キーワード

相互援助活動の内容　相互援助活動を行う際の配慮事項

1. 相互援助活動の内容および基本姿勢

1 提供会員として行う援助活動の範囲

相互援助活動の内容は、以下に掲げる❶～❻等の子どもの預かりの活動とする。

❶ 保育施設の保育開始前や保育終了後の子どもの預かり

❷ 保育施設等までの送迎

❸ 放課後児童クラブ終了後の子どもの預かり

❹ 学校の放課後の子どもの預かり

❺ 冠婚葬祭や他の子どもの学校行事の際の子どもの預かり

❻ 買い物等外出の際の子どもの預かり

また、預かる子の対象年齢や、場所、時間などについては、センターごとに会則等で決められており、その範囲を超えて援助活動を行うことはできない。

2 提供会員としての心構え

提供会員は、事業の目的やその果たす意義をよく理解し、地域の子育てを支える一員として真摯に活動にかかわる姿勢をもつことが肝要である。依頼会員の依頼（願い）をよく聞き、正式に要請があった際に、預かった子どもや保護者に安心感を与えられる援助を提供する心構えをしっかりともつことが大切になる。

2. 援助活動の流れ

1 登録から援助活動までの流れ

援助活動を始めるには、援助をお願いしたい人と援助を提供したい人のそれぞれが、依頼会員または提供会員（あるいは両方を行う両方会員）としてファミリー・サポート・センターに会員登録を行う必要がある。会員になるためには、センターがある市町村に居住していること等の条件がある場合が多い。特に提供会員は、心身が健康で事業に理解と熱意のある人が求められており、センターが実施する講習会を受講し修了する必要がある。

2 援助活動の流れ

相互援助活動は依頼する会員と提供する会員の合意に基づいて進められる。調整役はセンターに配置されたアドバイザーが担当し、例えば、依頼会員から「保育園への送迎をしてほしい」との希望が出されれば、住んでいる場所や時間帯などの条件に応じて提供会員を探す。依頼会員と提供会員は子どもを交えて顔合わせを行い、依頼内容に関する確認を行う。そのうえで正式な依頼会員による申請の後、活動が開始される。

3 依頼会員への報告

援助活動が終了したら、会員間で報酬（会則等で目安が定められている）のやりとりを行い、提供会員は預かっている間の子どもの様子について依頼会員に報告する。会員同士で話し合うことによって、子育てに役立つ情報が得られるだけでなく、会員同士の相互信頼をいっそう深めることができる。

3. 援助活動を行ううえでの配慮事項

援助活動を行ううえで最も配慮しなければならないのは、子どもの「安心・安全」を守ることである。2017（平成 29）年度からは、援助を行う会員への講習について、「緊急救命講習及び事故防止に関する講習について、援助を行う会員全員に対して必ず実施すること」とされている。安心・安全が担保される援助活動を行うことで、会員同士の信頼関係がより強固なものになり、次の援助依頼につながるのである。そのためにも、提供会員は、子どもの事故防止、健康面への配慮（食べ物とアレルギー）、病気や障害などに対して十分に配慮することが必要であり、依頼会員から事前に関連する情報をしっかり聞いて理解しておく必要がある。また、その際得られる情報はプライバシーにかかわる内容であり、その扱いに留意することも提供会員にとって重要な配慮事項である。

4. 発達に応じた援助活動の内容

相互援助活動の内容は、保育園への送迎であったり、提供会員宅での預かりであったりとその時々で異なるが、提供会員は援助活動を行う際に子どもの年齢や発達段階に留意する必要がある。健康面や生活リズムへの配慮、言語理解、知識、遊びなど、年齢や発達段階に応じた子どもの生活行動に関して十分に理解を深め、適切なかかわりがもてるように努めたい。また、預かりの際の環境にも配慮が必要である。例えば、部屋を清潔で片付いた状態にしておくことで、子どもが安心して昼寝をしたり、安全に遊んだりすることができる。

さらに、年齢や発達段階に応じた配慮として、遊びにも目を向けたい。感覚遊びから象徴遊び、ルールのある遊びなど、預かりの時間が子どもにとって楽しく過ごせるものとなるよう、年齢相応の遊びの内容について理解を深めておきたい。

まとめと課題

援助活動は、「お手伝いします」「お願いします」の相互の合意のもとに始められる子育て支援である。報酬が支払われるとはいえ、提供会員のボランティア精神に支えられている部分が大きい。預かる子どもの年齢や発達に応じて、配慮すべき内容は多岐にわたる。提供会員には継続的な学びとそのための努力が求められるが、多くの提供会員はそのことをいとわず、援助活動にやりがいをもって臨んでいる。こうした協働の精神を尊重し維持するためには、会員同士が経験を分かち合い共有する機会をもつことも大切である。その他にも、提供会員を支える研修活動や相談支援をよりいっそう充実させることも課題となっている。

（中山哲志）

3 ファミリー・サポート・センター事業における依頼会員への対応

キーワード

信頼関係（安心・安全）の構築　　多様化する子育て観

1. 依頼会員とのかかわりと対応

1 提供会員の果たしている役割

ファミリー・サポート・センター事業は、地域子ども・子育て支援事業の一つであり、地域全体で子育てをする家族を応援し、必要な子育て支援を行うものである。提供される援助活動の多くが、「保育施設までの送迎を行う」「保育施設の開始前や終了後又は学校の放課後、子どもを預かる」などの既存の保育サービスでは対応できないニーズに応えるものであり、援助活動によって、保護者の育児や日常生活はずいぶんと助けられることになる。初めての育児にとまどう親に対する精神的な支えになったり、時間に追い立てられストレスをためがちな養育環境の改善に結びついたりと、援助活動を通して提供会員の果たす役割は大きく、依頼会員の子育てに貢献し、子どもの育ちを支えている。

2 提供会員と依頼会員との信頼関係の構築

こうした相互援助活動は一連の手続きを経て相互の合意のもとに進められるとはいえ、初めて出会った会員同士の間で行われるものであるから、見ず知らずの人に子どもを「預ける」あるいは「預かる」には、両者の間に相当の信頼関係がなければ成り立たない。提供会員を信頼できなければ、依頼会員は子どもを「預けない」であろう。活動前に依頼会員と提供会員との信頼関係がしっかりと築かれる必要がある。また、これを預けられる子どもの立場から考えることも忘れてはならない。提供会員に慣れるまでの不安や緊張も相当のものである。提供会員は、「預けられる」子どもや依頼会員に対し、何よりも安心感を与えられるかかわりができるように留意する必要がある。

2. 依頼会員への対応の基本

では、提供会員が依頼会員に安心感を与え、信頼されるためには、具体的にどのようなことに留意する必要があるのだろうか。自宅で子どもを預かる場合を例に考えてみよう。

❶ 事前の打ち合わせで決まった援助活動の内容を守る

どのような援助を求めているのかについて十分に話し合っておく。健康面の問題や食べ物アレルギーがあるとか、気になることがあれば伝えてもらう。

❷ 子どもが安心・安全な環境で健康に過ごせるようにする

預かる場所が提供会員の自宅の場合、子どもの年齢や発達面から行動を考え、危険な場所や物がないか確認しておく。屋外に出るときも同様に安全面をチェックする。

❸ 楽しく充実した時間を過ごせるようにするために、安心、安全に配慮した居場所を提供と年齢や発達段階に応じたかかわりに留意する。

年齢や発達段階によって援助活動に求められる内容も異なる。各発達段階の特徴を踏まえた時間を過ごせるよう配慮する。好きなことや苦手なことなどの情報も得ておく。

❹ 約束した時間を守る。突発的に変更せざるを得ないときは速やかに連絡する

❺ 提供会員自身の健康面への配慮を怠らない

❻ 事業に関係のない政治、宗教、営利目的での利用などはしない

❼ 援助活動で知り得たプライバシーを守る

3. 依頼会員への対応

安全面の対応事例――チェックリストの作成

提供会員のAさんは依頼を受けて、週2日（1回2時間)、2歳6か月（男児）を預かることになった。事前の打ち合わせで、依頼会員から「とにかく子どもを安全に過ごさせてほしい」との要望があった。時間、送り迎え、健康面、好きなこと、着替え、おやつなどについて確認した後、当日までにAさんは、とりわけ預かりの部屋となる和室の安全面や衛生面に問題がないかを確認することにした。Aさんは以下のチェックリストを作成して入念に準備し、受入れ環境を整えた。

❶ 過ごす部屋は衛生面や安全面から考えてどうか。

→ 掃除を丁寧にし、清潔な空間となるように努めた。

❷ 危険な物や場所がないかどうか。

→ はさみなどの刃物類、化粧品、たばこ、硬貨などは、子どもが興味をもって触ったり飲み込んだりしないように手の届かない場所に片付けた。また、テーブルクロスなどの

端を引っ張ることで物が落ちてくることがないか確認した。

→ 子どもが移動することも考え、和室だけでなく、入り口から和室までの動線上に危険な物がないかチェックし、戸や段差などの安全も確かめた。

Aさんは、援助活動の1日目から今日まで何も問題なく過ごしている。懸念した安全面についても心配ないようだ。Aさんにお聞きすると、今でも受入れ日の前日には、必ず上記のチェックリストに基づいて安全の確認をしているとのことだった。

まとめと課題

依頼会員が援助活動を申し込むのにはさまざまな事情や動機がある。「日々の子育てが大変で、親戚を頼りたくても近くに誰もいない」「仕事との両立を図りたい。朝夕の保育園への送り迎えを手伝ってもらえれば何とかなるのだが」「初めての育児で心にゆとりがなくなっている自分に気がついている。わずかな時間でもいいので、子どもを安心して預けられないか」など、多くの依頼会員がこのような考えや事情のなかでファミリー・サポート・センターを利用している。提供会員は、依頼会員の置かれている育児環境や育児への思いをよく理解することで、よりよい援助を提供することができる。

1994（平成6）年から始まったファミリー・サポート・センター事業は、その中核となるセンターを全国に982か所設置するまでになり（2022（令和4）年時点）、地域住民による子育て支援事業として発展してきた。その背景には、提供会員が「安心・安全」を第一に考え、依頼会員の思いや願いにきめ細かく応えてきた営みが蓄積されている。その結果、両者に信頼関係が生まれ、新たな住民同士のつながりが地域に醸成されてきた。ファミリー・サポート・センターは、援助活動を通じて、地域社会の人々を「信頼」で結びつけ、相互扶助の精神を育む中核機関としての役割を果たしている。

（中山哲志）

4 援助活動の実際

キーワード

援助活動の範囲　ヒヤリ・ハット　安全確保

1. 提供会員として行う援助活動の内容と範囲

ファミリー・サポート・センター事業は、地域のなかで子どもを預けたり、預かったりする地域ぐるみの子育て支援事業である。センターに会員登録した依頼会員と提供会員の両者の信頼関係のもとに行われる事業であり、相互援助活動の内容はセンターの会則で定められた範囲で行われる。すべての活動が信頼に基づいて行われ、安心と安全が担保される必要があるが、なかには提供会員が依頼会員からの信頼を失うケースも生じている。どのような場合か、例をもとにして考えてみよう。

❶ 朝夕の時間は貴重で、子どもの保育園への送迎を助けていただいていたが、提供会員が時間にルーズで幾度となく遅刻をし、連絡もないために依頼することを断った。

❷ いたずら盛りの３歳の子どもを預けたとき、提供会員が厳しく接するため、「ささいなことで子どもを叱らないようにして欲しい」と伝えたが、反対に提供会員の価値観を押しつけられた。子育て観の相違にたじろぎ、預けられないと思った。

❸ センターでの打ち合わせで、提供会員の自宅で保育してくださると承知していたが、実際は自宅からゲームセンターなどへ移動して遊ばせていることが多く、約束が違うと感じた。

2. 依頼会員への望ましい対応

ファミリー・サポート・センター事業は、多くの保護者に支持され継続されてきた。センターには多くの依頼会員から感謝の声が届けられている。「この制度があるおかげで、子育てと仕事を両立することができた」「少し育児ノイローゼかなと悩んだとき、出会った提供会員の方から励まされ支えてもらって、気持ちが明るくなり、育児に自信がもてるようになった」「いつも子どもを叱ってしまうが、提供会員の方から子どものよいところを教えてもらってから子どもに対する見方が変わり、うまくかかわれるようになった」「下の子が生まれ、上の子にかかわる時間がどうしても少なくなってきた。下の子を見てもらい、上の子と外でいっぱい遊ぶことができ、親子ともにリフレッシュできた」など、提供会員が依頼会員の心理的な支えとなっていることがわかる。このように提供会員による子育ての応援や、育児経験を活かした助言やかかわりは、依頼会員の子育てを手助けし、子どもの育ちを豊かにしている。

3. 子どもの安全確保のための対応

預かっている間に子どもの具合が急に悪くなり依頼会員へ連絡した、病院に連れて行った、といった記録報告や、事故およびヒヤリ・ハット事例の報告が示すように、援助活動を行っていると予期せぬことが起こる可能性がある。報告された事故の主な要因（**図表Ⅴ-2**）にある「転倒」「転落」「接触」については、子どもの動きから予想される危険箇所があれば、そこに近づかないように注意し、「戸・引出し」「誤飲・誤嚥（ごえん）」については、戸が簡単に開かないようにすることや誤飲しそうな物を置かないようにすることが、事故防止・安全確保の点から必要な対応として考えられる。援助活動は何よりも安心・安全を大事にした会員相互の信頼関係のうえに成り立つものであるから、提供会員は過去に起こった体調の急変、病気対応、事故、ヒヤリ・ハット事例などを参考にして、安全確保への心構えをしっかり持ち続けることを忘れないようにしたい。

また、そのような配慮を行い十分に安全を確保しても、病気や事故は起こりうるという心構えをしておいた方がよい。「急に顔色が悪くなり嘔吐（おうと）した」とか、「バランスを崩して転倒し、頭をいすにぶつけて額を切ってしまった」などの突発的な出来事が起こったときの対処

■図表Ⅴ-2　事故の主な要因（複数回答）

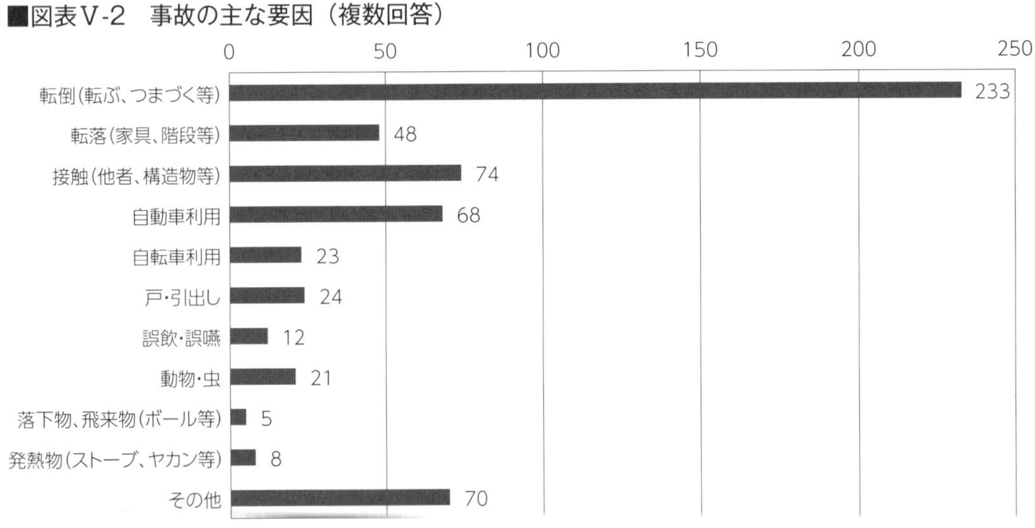

出典：女性労働協会「令和２年度全国ファミリー・サポート・センター活動実態調査結果」p.88, 2023.

方法をあらかじめ把握しておき、慌てず冷静に対処できるようにしたい。緊急連絡先、医療機関に関する情報も、病気や事故発生時への基本的な備えとして確認しておく必要がある。

まとめと課題

提供会員が援助活動を行ううえで守らなければならないことは、大事なお子さんを預ける依頼会員の信頼を裏切らないことである。援助活動をよりよいものにしようと努力し、試行錯誤することは非常に大切だが、同時に、事前の打ち合わせで決めた援助内容や、センターが定めている援助の範囲を守らなかったり、勝手な解釈で援助活動を行ったりしないように気をつけたい。とりわけ子どもを取り巻く環境が多様化するなかで、依頼会員の子育てに対する考え方も多様化しており、子育て経験が豊富で自信があったとしても、依頼会員やアドバイザーとの相談や連絡を適宜取り、お互いの考えを共有しつつ、援助活動に取り組むようにしたい。また、難しい支援ケースを経験した提供会員には、類似のケースについて、ほかの提供会員がどのように対応したか、またどのように対応すべきと考えるかを共有し、学ぶ場が必要である。今後、センターがこうした研修活動をどのように充実させていくかが課題となっている。

コラム

ファミリー・サポート・センター事業と障害のある子どもたち

「令和２年度全国ファミリー・サポート・センター活動実態調査結果」（女性労働協会）によれば、全国の事業所の60％以上が障害のある子どもに対して「学校や保育施設、社会福祉施設等への送り」、約50％が「放課後児童クラブや自宅への送迎」、約30％が「学校の放課後の子どもの預かり」を行っている。依頼会員にとっては大変助かる援助活動であるが、提供会員からは「活発と聞いていたが、実際に預かってみたら手に負えないほど大変だった」「思い通りにならないとパニックになり、怖かった」というように対応に苦慮した感想が寄せられている。障害のある子どもはコミュニケーションがうまくとれなかったり、突然走りだして危ない場面に遭遇したり、ルールのある遊び場面で仲間関係がうまく築けなかったりする。

これらの事態に適切に対処するためには、提供会員に対する事前の講習を通じて障害特性についてよく理解しておく必要がある。また、個別の対応が必要であることも踏まえると、一般的な障害特性を理解するとともに、預ける子どもに関する個別情報を会員間で十分に共有する必要があるが、上記の通り、必ずしも適切に行われているとはいえない。

特別支援教育の開始や、放課後デイサービス事業の開始、障害者差別解消法の制定など、特別な教育的ニーズのある子どもたちへの支援制度は着実に改善され、人々が障害のある子どもたちと出会い理解する機会も増えてきた。地域社会でともに生きる障害者の存在について、適切に認識されるようになってきているが、いまだに、障害に対する誤解や偏見は根強く、依頼会員から「提供会員に障害について話しても理解されない」「障害について話したら提供会員になることを断られる」などの報告がある。障害者基本法は「全ての国民が障害の有無にかかわらず、等しく基本的人権を享有するかけがえのない個人として尊重される」との理念を掲げている。この理念を具現化するため、ファミリー・サポート・センター事業においても、障害のある子どもを含む、子どもの最善の利益が実現される子育て支援が行われることが期待される。

■図表Ⅴ-3　預かる子どもの障がいの内容（複数回答）

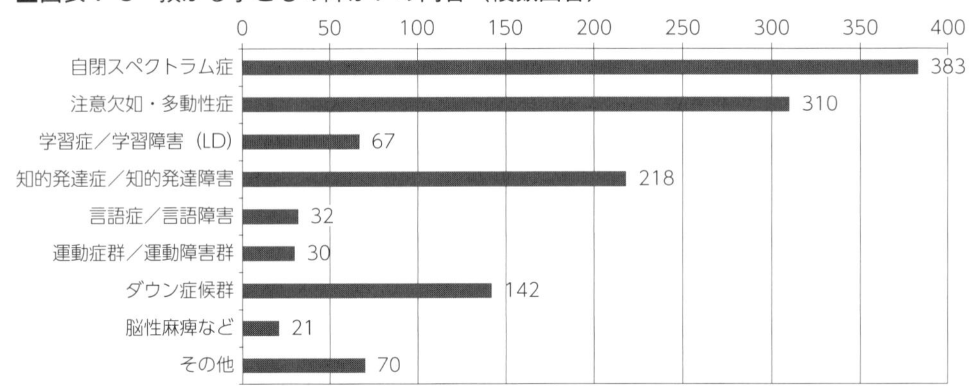

出典：女性労働協会「令和２年度全国ファミリー・サポート・センター活動実態調査結果」p.101, 2023.

（中山哲志）

Ⅵ

地域子育て支援コース

利用者支援事業（基本型）

1 地域資源の把握

キーワード

地域資源（地域における社会資源）　フォーマルな地域資源　インフォーマルな地域資源

1. 地域資源の把握

利用者支援専門員は、その職務上、専門員自身が従事する地域や市町村の地域資源（地域における社会資源）について調べ、どのような支援が可能かを把握しなければならない。地域資源は多岐にわたるが、地域資源の種類や概要については「**Ⅵ-3 地域資源の概要**」（184頁）などを参照すること。

2. 地域資源の情報収集と整理の実施

地域資源の把握にあたっては、収集した情報を、**図表Ⅵ-1** などを用いて分類整理することが求められる。その際、フォーマル・インフォーマルな地域資源の両方を対象とし、どのようなサービスが提供されているのか、そのサービスの類型や提供能力などについても調査する（184 頁）。必要に応じてさまざまな研修に参加したり、現場に出向いて見学したりするなど、自分の目で情報を確認するとともに、関係を構築することも求められる。

また、必要な地域資源が自分の担当する地域や市町村内にない場合もある。その際には、自分の担当地域に隣接する地域や市町村にも目を向け、把握しなければならない。

■図表Ⅵ-1　地域資源（地域における社会資源）把握シート

	種類	名　称	概要（どのようなサービスが提供されているか等）	担当地域内にある	隣接地域にある
フォーマル	保育・教育施設	（例）×××保育園	通常保育のほかに、一時預かり、延長保育、休日保育を実施している。	○	
	地域型保育事業				
	地域子ども・子育て支援事業				
	行政機関				
	保健・医療関連機関および施設				
	社会福祉関連機関および施設				
インフォーマル	ボランティア、NPO、当事者団体				
	地縁組織				
その他					

まとめと課題

ここでのねらいは、自分の周囲にある地域資源の情報を把握し、意識することである。そこで、図表Ⅵ-1の地域資源（地域における社会資源）把握シートを利用して、自分の担当地域内および隣接する地域にある地域資源を把握してみよう。その際、フォーマルな地域資源、インフォーマルな地域資源も意識することが必要である。

（鶴宏史）

2 利用者支援事業の概要

キーワード

事業の成立と目的　地域の予防型支援　利用者支援と地域連携
類型と機能

1. 事業成立の背景と目的

利用者支援事業は、子ども・子育て支援法第59条第1号に定められた、地域子ども・子育て支援事業の一つである。条文においては、子どもや保護者が身近な場所で、教育・保育施設や地域の子育て支援事業等を円滑に利用できるよう、子どもや保護者の相談に応じ、必要な情報の提供および助言を行い、関係機関等との連絡調整を行う事業と定められている。

つまり、利用者支援事業とは、子どもや保護者の身近な場所に「利用者支援専門員」を配置して、子どもや子育て家庭が地域の社会資源を自らの選択に基づいて活用できるよう支援を行い、併せて関係機関等との連携を進め、地域に子どもや子育て家庭のサポート体制をつくる事業である。

1 事業成立の背景

2015（平成27）年施行の子ども・子育て支援法により新たに創設された利用者支援事業は、制度の変革期にあって、支援の受け手である利用者が保育や教育等のサービスの選択に戸惑わないよう、国会審議による3党合意に基づく修正で法定化された経緯がある。一方、子育て家庭の交流の場において日常的に総合的な相談援助を行ってきた地域子育て支援拠点では、その機能を強化する形で利用者支援機能をもつ「地域機能強化型」が2013（平成25）年に創設されたばかりであった。

このような背景をもとに、利用者支援事業は三つの類型（**図表Ⅵ-2**）をもつ。地域子育て支援拠点「地域機能強化型」から分離した利用者支援事業は「基本型」、保育等の特定の事業の選択に対し、利用者に寄り添いながらガイド役を果たすものは「特定型」と位置づけられている。さらに、妊娠期からの支援を保健師・助産師等の専門職が行う「母子保健型」を加えてスタートした。

2 事業目的

利用者支援事業は、「一人一人の子どもが健やかに成長することができる地域社会の実現に寄与するため、子ども及びその保護者等、または妊娠している方がその選択に基づき、教育・保育・保健その他の子育て支援を円滑に利用できるよう、必要な支援を行うことを目的とする」[1]事業である。

市町村子ども・子育て支援事業計画との関係

そもそも子ども・子育て支援法では、市町村の責務の一つに、子育て家庭がその選択に基づき、多様な施設や事業者から良質かつ適切な事業やサービス等を総合的かつ効率的に提供されるよう、提供体制を確保することを掲げている。これを受けて市町村子ども・子育て支援事業計画が定められているが、供給体制に加えて保護者の選択を支援する仕組みが必要であることから、本事業の重要性が指摘されている。したがって、市町村がその責務を果たすうえで、市町村子ども・子育て支援事業計画の策定と利用者支援事業は「車の両輪」となる重要な事業に位置づけられている。

地域の予防型支援の実現

妊娠期から学童期までの子育て家庭を対象とした地域資源のコーディネートは、児童相談所や要保護児童対策地域協議会等が行う要保護家庭の支援に活用されてきた。多くの一般的な子育て家庭は幼稚園や保育所入所までは家庭養育を前提としてきたが、地域の子育て家庭を対象とする地域子育て支援拠点等において支援が必要な家庭が把握されるようになってきたことから、リスクが小さいうちに家庭の困りごとを丁寧に把握し、本人の選択に基づき、そのうえでインフォーマルな資源も含めコーディネートしていくことが求められる状況となってきた。要保護家庭とのコーディネートの違いを橋本は以下のように述べている[2]。

❶ 要支援や「心配」という段階でかかわるため家庭側に資源とつながる力があり、取り組む体制をつくりやすいこと

❷ 支えられる側が支える側になる支え合いが生じる可能性が高いこと

❸ 状況が整理されることで自分が何を必要としているかを理解し、自ら社会資源にはたらきかけるようになる可能性があること

このように、利用者支援事業は、予防的なコーディネート機能をもつことが特徴である。

2. 事業の内容

利用者支援事業の具体的な内容として、「教育・保育・保健その他の子育て支援の情報提供及び必要に応じた相談・助言等を行う」という「利用者支援」と、「関係機関との連絡調

整等を実施する」という「地域連携」の二つが示されている。

また、実施方法としては、子育て家庭に身近で日常的に利用でき、かつ相談機能を有する施設において、担当の職員として「利用者支援専門員」を1事業所に1名以上配置することと定められている。

1 事業の対象者

「利用者支援事業ガイドライン」(平成26年10月6日雇児発1006第1号)に示される対象範囲を広くとらえれば、妊娠期から学童期までが対象となる。家族のライフサイクルと家庭の状況に応じて、後述の本事業の類型別の対象範囲を整理したのが**図表Ⅵ-2**である。

2 利用者支援

事業内容における「利用者支援」とは、❶教育・保育・保健その他の子育て支援の情報提供、❷必要に応じた相談・助言等のいわば個別支援である。情報提供を行うためには、事前に地域の子育てに関する社会資源の情報を収集し、その特徴を理解しながら担当者との関係をつくっておくことが大切である。また、フォーマルな資源だけではなく、インフォーマルな資源、また子育てに関連する近隣領域の情報、家族にかかわる包括的な情報等を幅広くとらえておくことが、地域のなかで子育て家庭を支える取組みづくりにつながる。

情報提供のみで自ら動き出せる子育て家庭も多いが、その一方、情報提供だけでは動き出せない家庭に対しては家庭がおかれている状況把握を踏まえた相談・助言が必要となる。利用者支援事業は、利用者支援専門員が相談を受けて悩みを直接的に解決する事業ではなく、

■図表Ⅵ-2　利用者支援事業の対象

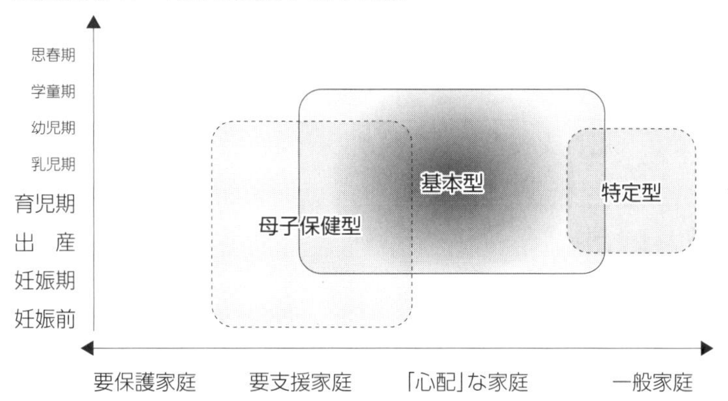

注：各類型の対象範囲を示す枠組みは、主たる対象であり、市町村の状況によってはより広範になることもありうる。
出典：橋本真紀「利用者支援事業の概要」柏女霊峰監・著, 橋本真紀編著『子ども・子育て支援新制度――利用者支援事業の手引き』第一法規, p.26, 2015. を筆者（奥山）が一部改変

子育て家庭を主体に、多様な社会資源の利用につなぎ、その家庭が地域との関係性のなかで子育てができるよう、保護者とともに体制をつくり上げていくものである。

コラム

利用支援と利用者支援の違い

利用支援：主に施設・事業の利用を支援（案内・つなぎ）すること。

利用者支援：相談、情報提供、利用支援を含む利用者を支援すること全般を示す概念。

3 地域連携

地域連携とは、専門員がつなぎ先である地域の社会資源側にはたらきかけ、子育て家庭が地域の社会資源とつながりやすくなるように、その環境を整えておくことである。そのため、専門員は、子育て家庭のニーズと地域の社会資源による支援がうまくかみ合うよう社会資源側にはたらきかけて対象範囲を広げてもらったり、子育て家庭のニーズを伝えたりするなど、日頃から連絡を取り合う関係構築が求められる。

また、利用者支援を行うなかで地域内に共通の課題を発見することがあれば、関係機関や行政、子育て支援にかかわる人々に伝え、政策や支援体制づくりに役立ててもらうことも重要な役割となる。場合によっては新たな社会資源の開発や育成にかかわり、子育てを支える地域の機運を高め、子育てしやすい地域づくりにつながるようはたらきかける。社会資源の開発とは、新たな事業を立ち上げるというよりは、例えば、各地に広がったパパ同士のサークルや活動、プレイパークなど、地域の課題ととらえた人々が社会資源としてつくってきたものを側面支援するイメージである。そこでは、支援の対象者だった側が逆に支える側になるという循環を生み出している。このように地域に支援の輪を広げ、子育てしやすい循環をつくっていくことが、利用者支援の重要な役割の一つとなっている。

3. 三類型と機能

利用者支援事業には「基本型」「特定型」「母子保健型」の三類型があり、市町村の状況により、すべて実施しても、一つまたは二つの類型の組み合わせで実施してもよいとされている。

三類型の特徴を以下に整理してみる（**図表Ⅵ-3**）。

■図表Ⅵ-3　利用者支援事業の類型

		基本型	特定型	母子保健型
目的		子ども及びその保護者等が教育・保育施設や地域の子育て支援事業等を円滑に利用できるよう、当事者目線の寄り添い型の支援を実施する。	待機児童の解消等を図るため、主として保育に関する施設や事業を円滑に利用できるよう支援を実施する。	妊娠期から子育て期にわたるまでの母子保健や育児に関する様々な悩み等に円滑に対応するため、専門的な見地から相談支援等を実施し、切れ目ない支援体制を構築する。
業務内容	利用者支援	○	○	○
	地域連携	○	― （行政が機能を果たす）	○
実施場所		子育て家庭に身近な場所	行政窓口	保健所・保健センター
職員の要件		・子育て支援員研修の修了者（免除規定あり） ・実務経験	・子育て支援員研修の修了者（免除規定あり）	保健師・助産師・看護師またはソーシャルワーカー等

出典：筆者が「利用者支援事業実施要綱」（平成27年5月21日雇児発0521第1号）をもとに作成

1 基本型

基本型は、保護者等が教育・保育施設や地域の子育て支援事業等を円滑に利用できるよう、当事者目線の寄り添い型の支援を実施することを目的に、「利用者支援」と「地域連携」の二つの機能をもち、それらのはたらきを関連づけながら包括的に子育て家庭を支援するものである。基本型は、市町村の規模や状況に大きく左右されることなく、子育て家庭を包括的に支援する事業であることから、全国での実施が想定されている。

2 特定型

特定型は、待機児童の解消等を図るため、主として保育に関する施設や事業を円滑に利用できるよう支援を実施することを目的に、保育所等の利用を希望する利用者の相談に応じ、利用調整を図る「ガイド役」として子育て家庭を支援するものである。地域連携については、市町村が有する機能と連携して取り組むことが求められる。

3 母子保健型

母子保健型は、妊娠期から子育て期にわたるまでの母子保健や育児に関するさまざまな悩み等に円滑に対応するため、専門的な見地から相談支援等を実施し、妊娠期からの切れ目ない支援体制を構築することを目的に、保健師等専門職が子育て家庭を支援するものである。

また、2017（平成29）年４月から市町村への設置が努力義務化された子育て世代包括支援センターでは、母子保健型と基本型を一体的にとらえ、総合相談等の支援がワンストップで行われてきたが、児童福祉法の改正により、2024（令和６）年４月からは、児童福祉に係る業務を行う市区町村子ども家庭総合支援拠点の機能を加えて、こども家庭センターを設置することが求められている。

4 こども家庭センターと地域子育て相談機関の新設

こども家庭センターは、保健師等が中心となって各種相談等（母子保健機能）と、こども家庭支援員等が中心となってこども等に関する相談等（児童福祉機能）を一体的に行い、さらなる家庭支援の充実・強化を図るものとされている。

また同時に、こども家庭センターを補完する地域子育て相談機関の設置も予定されている。子育て家庭の中には、行政機関であるこども家庭センターには直接相談しにくいと感じる家庭があり得ることから、地域子育て相談機関は、相談の敷居が低く、物理的にも近距離にあり、子育て家庭との接点を増やして、子どもの状況把握の機会を増やすことを趣旨とし、保育所、認定こども園、幼稚園、地域子育て支援拠点事業が担うことが想定されている。設置区域は、中学校区に１か所を目安とし、対象者は全ての妊産婦及び子どもとその家庭（里親及び養子縁組を含む。）、職員は利用者支援事業（基本型）の専門員を配置することを原則とすることが予定されている。

■図表Ⅵ-4　こども家庭センターと地域子育て相談機関の設置

地域子育て相談機関

妊産婦、子育て世帯、子どもが気軽に相談できる子育て世帯の身近な相談機関

○保育所、認定こども園、幼稚園、地域子育て支援拠点事業など子育て支援を行う施設・事業を行う場を想定。
○市町村は区域ごとに体制整備に努める。

こども家庭センター（市区町村）

「子ども家庭総合支援拠点」と
「子育て世代包括支援センター」の見直し

○児童及び妊産婦の福祉や母子保健の相談等
○把握・情報提供、必要な調査・指導等
○支援を要する子ども・妊産婦等へのサポートプランの作成、連絡調整
○保健指導、健康診査等

※地域の実情に応じ、業務の一部を子育て世帯等の身近な相談機関等に委託可

まとめと課題

子育て家庭の漠然とした不安や困りごとに対し、利用者を主体としながら、個別にニーズを把握して、適切な社会資源につないでいく利用者支援事業は、ちょっとした（しかし適切に意図された）サポートであり、地域のなかで関係を保ちながら子どもの育ちを支えていける家庭を対象とし、家庭と地域をつなぎ、結果として地域のなかに子育て家庭のサポート体制をつくる、予防型社会の構築を目指している。

（奥山千鶴子）

引用・参考文献

1）「利用者支援事業実施要綱」（平成 27 年 5 月 21 日雇児発 0521 第 1 号）
2）柏女霊峰監・著，橋本真紀編著『子ども・子育て支援新制度――利用者支援事業の手引き』p.24，第一法規，2015.
柏女霊峰監・著，橋本真紀編著『子ども・子育て支援新制度――利用者支援事業の手引き』第一法規，2015.
NPO 法人子育てひろば全国連絡協議会『利用者支援事業の実践のために』2014.
NPO 法人子育てひろば全国連絡協議会編集，橋本真紀・奥山千鶴子・坂本純子編著『地域子育て支援拠点で取り組む 利用者支援事業のための実践ガイド』中央法規出版，2016.

3 地域資源の概要

キーワード

社会資源　連携

1. 社会資源とは

利用者支援専門員は、「利用者支援事業実施要綱」（平成 27 年 5 月 21 日雇児発 0521 第 1 号）（以下、実施要綱）の目的達成のために、利用者個々のニーズに応じて家庭と地域資源（地域における社会資源）をつなぐことが求められる。そのため、利用者支援専門員は社会資源について十分に理解することが必要である。

さて、社会資源とは利用者がニーズを充足したり、問題を解決したりするために活用される施設、備品、サービス、資金、制度、情報、知識・技能、人材などの総称である。

そして社会資源はその提供主体によって、フォーマルな社会資源とインフォーマルな社会資源の二つに分類できる。フォーマルな社会資源とは法律などによって規定された、制度化されている社会資源を意味する。例えば、保育所のような福祉施設、児童手当のような制度などである。一方、インフォーマルな社会資源とは制度化されていない社会資源を指す。例えば、家族・親族、近隣住民、ボランティアなどがあげられる。

利用者支援事業にかかわる社会資源――主にフォーマルな社会資源を**図表Ⅵ-5** に示す。**図表Ⅵ-5** には施設・機関・事業名およびその概要を示しているが、各種社会資源の法的位置づけやそれらが整備されてきた社会的・政策的背景についても理解することが求められる。なお、「利用者支援事業ガイドライン」では、**図表Ⅵ-5** 以外の社会資源として療養機関、指定障害児相談支援事業所、教育委員会、警察、地域の NPO 法人などが例示されている。

2. 地域における社会資源の把握と連携

利用者支援専門員は社会資源について理解することに加え、その具体的な把握や連携が必要となる。

まずは、自分が担当している地域で生活する子育て家庭の生活範囲の社会資源の把握に努

■図表Ⅵ-5　利用者支援事業にかかわると想定される社会資源

施設・機関・事業名		概要
認定こども園		就学前の子どもに幼児教育・保育を提供するとともに、地域における子育て支援を行う。
幼稚園		幼児を保育し、その心身の発達を助長する。
保育所		保育を必要とする乳幼児の保育を行う。
地域型保育事業	小規模保育	利用定員６人以上 19 人以下の保育を行う。
	家庭的保育	利用定員５人以下の保育を行う。
	居宅訪問型保育	保育を必要とする子どもの居宅で保育を行う。
	事業所内保育	従業員の子どもに加え、地域で保育を必要とする子どもにも保育を行う。
地域子ども・子育て支援事業＊	子育て短期支援事業	保護者の疾病などの理由で家庭養育が一時的に困難となった子どもを、児童養護施設等に入所させ、必要な保護を行う。
	乳児家庭全戸訪問事業（こんにちは赤ちゃん事業）	生後４か月までの乳児のいる家庭を訪問し、子育てに関する情報提供、親子の状況の把握、子育てに関する相談援助を行う。
	地域子育て支援拠点事業	乳幼児およびその保護者が相互に交流を行う場所を開設し、子育ての相談、情報提供、助言その他の援助を行う。
	一時預かり事業	家庭での保育が一時的に困難となった乳幼児について、保育所などにおいて一時的に預かり、必要な保護を行う。
	病児保育事業	疾病にかかっており保育を必要とする乳幼児、家庭での保育が困難となった小学生を保育所、病院などの施設において一時的に預かり、保育を行う。
	子育て援助活動支援事業（ファミリー・サポート・センター事業）	子どもの一時的な預かりや外出支援について、援助を受けることを希望する者と援助を行うことを希望する者の連絡・調整、講習の実施その他必要な支援を行う。
	放課後児童健全育成事業（放課後児童クラブ）	保護者が就労などにより昼間家庭にいない小学生について、放課後に適切な遊びおよび生活の場を与え、健全な育成を図る。
	こども家庭センター	全ての妊産婦、子育て世帯、子どもに対する一体的相談支援を行う機関。妊産婦、子育て世帯、子どもの相談に対応するとともに、情報提供や指導、要支援の子どもや妊産婦に対する支援計画作成、関係機関との連絡調整、保健指導や健康診査などを行う。
市町村の所管部局		各自治体の子ども・子育て支援を担当する。
福祉事務所		生活保護、児童福祉、高齢者福祉、障害者福祉、母子および父子・寡婦福祉に関する援護・育成・更生の措置に関する事務を行う。
家庭児童相談室		福祉事務所に設置された相談所で、子どもに関するさまざまな相談に応じ、適切な機関やサービスに関する情報提供、仲介などを実施する。
児童相談所		児童に関するさまざまな問題の相談に応じるとともに、調査・判定を行い、それに基づき必要な指導を行う。また必要に応じて一時保護も行う。

保健所	精神保健、難病対策、感染症対策、人口動態統計、医療監視などの広域的・専門的なサービスを実施する。
保健センター	地域住民に対する健康相談、保健指導、予防接種や各種検診、その他の地域保健に関する必要な事業を行う。
都道府県社会福祉協議会	市区町村社会福祉協議会の指導・支援・監督、福祉専門職の養成、福祉サービスの振興・評価などの事業を実施する。
市区町村社会福祉協議会	地域の多様な福祉ニーズに応えるため、地域のボランティアと協力しながら地域の特性を踏まえて独自の事業を展開する。
児童発達支援センター	障害児を対象に日常生活に関する指導や集団生活のための訓練を行う。ほかにも放課後等デイサービスや保育所などへの訪問支援も実施する。
民生委員・児童委員	民生委員は、厚生労働大臣から委嘱され、各地域において住民の立場から相談・援助を行い、社会福祉の増進に努め、児童委員を兼ねる。児童委員は、地域の親子を見守り、子育てや妊娠中の不安などの相談・支援などを行う。
主任児童委員	子どもに関することを専門的に担当し、関係機関と児童委員との連絡・調整を行う。
児童養護施設	虐待など、さまざまな事情で家庭で生活ができない子どもを入所させて養護する。さらに退所者への援助も行う。
乳児院	さまざまな事情で家庭で生活ができない乳児を入院させて養育する。さらに退院者への援助も行う。
母子生活支援施設	母子家庭の母と子を入所させ、保護するとともに、これらの者の自立の促進のためにその生活を支援する。さらに退所者への援助を行う。

＊地域子ども・子育て支援事業は、このほかに、利用者支援事業、延長保育事業、実費徴収に係る補足給付を行う事業、多様な事業者の参入促進・能力活用事業、養育支援訪問事業、子どもを守る地域ネットワーク機能強化事業（その他要保護児童等の支援に資する事業）、妊婦健診がある。

める。必要に応じてさまざまな研修に参加したり、現場に出向き見学したりするなど、自分の目で情報を確認する。その際、地域や自治体によっては同じサービスでも提供主体が異なる場合があるので注意すべきである。例えば、子育て援助活動支援事業は、社会福祉協議会が実施している自治体もあれば、独立した事務所で実施している自治体もある。

さらに、フォーマルな社会資源だけでなく、インフォーマルな社会資源についても把握しなければならない。特にインフォーマルな社会資源は、消失したり、内容の変更があったりなどと変化が激しいので、常にそれらに関する情報を更新する努力が求められる。

また、必要な社会資源が自分の担当する地域にない場合もあるため、自分の担当地域内だけでなく、隣接する地域の社会資源の把握が必要な場合が生じることも念頭におく必要がある。

加えて、利用者の支援にあたっては、子育て家庭の生活全般にかかわる要因が複合的に影響を及ぼす場合があるため、子ども・子育て支援だけではなく、幅広い社会資源を把握することが必要である。例えば、地域包括支援センター、生活困窮者自立支援事業にかかわる相談窓口、マザーズハローワーク・マザーズコーナーなどがあげられる。

社会資源との連携や協働を有効にするためには、連携・協働する社会資源の特性を把握し、定期的な情報交換を行う必要がある。さらに、以下の七点について留意する必要がある。

❶ 連携・協働とは「異なる主体の対等な関係」であることを認識する

❷ 連携・協働の相手を知り、顔のみえる関係を構築することの重要性を認識する

❸ 連携や協働によって何を実現するのか（ミッションと目標）を共通理解し、共有する

❹ 価値や文化の異なる主体同士であるため、対話と活動を重ね、信頼関係を築く

❺ それぞれの得意分野を活かし、限界を補う視点をもつ

❻ それぞれの得意分野を活かしつつ、相手とつながる余裕をもつ

❼ 自らのミッションに囚われすぎず、連携・協働相手の価値やミッションにも開かれた姿勢をもつ

まとめと課題

社会資源は多種多様であるが、前述のようにフォーマルな社会資源とインフォーマルな社会資源に分類できる。最後に両者の長所と短所にふれる。フォーマルな社会資源の長所は、サービス適用に関する評価基準、利用手続きなどが設定されており、安定した継続性あるサービスの供給、専門職による支援が期待できる点である。一方で、基準が明確であるがゆえに利用者に対する柔軟性がないという短所がある。インフォーマルな社会資源の長所は、利用者との利害関係を含まない善意を中心に成立しているために、柔軟な支援の提供が可能であり、ネットワークも構築しやすい。一方、継続性や安定性に欠け、専門的な蓄積が弱いという短所がある。幅広い利用者のニーズにも対応できるような多くの選択肢をもつためには、各社会資源の特性の理解に加えて、フォーマルな社会資源・インフォーマルな社会資源の特性についても理解したうえで、社会資源の把握と連携が求められる。

（鶴宏史）

参考文献

柏女霊峰「子ども・子育て支援制度の創設と利用者支援事業」柏女霊峰監・著，橋本真紀編著『子ども・子育て支援新制度――利用者支援事業の手引き』第一法規，pp.14～15，2015．

社団法人日本精神保健福祉士協会・日本精神保健福祉学会監『精神保健福祉用語辞典』中央法規出版，2004．

山縣文治・柏女霊峰編『社会福祉用語辞典 第９版』ミネルヴァ書房，2013．

4 利用者支援専門員(基本型)に求められる基本姿勢と倫理

キーワード
利用者主体の支援　守秘義務と情報共有

1. 利用者支援事業における基本姿勢と倫理

本事業は、「一人一人の子どもが健やかに成長することができる地域社会の実現」を目指しながら、「利用者支援」（個別的な支援）と「地域連携」（地域支援）を並行的に展開する事業である。利用者支援専門員（以下、専門員）には、受容や自己決定の尊重、信頼関係の構築などの支援の基本原則に加えて、次項に示す六つの基本姿勢に基づく支援の展開が求められる（「利用者支援事業ガイドライン」）。さらに、「利用者支援事業実施要綱」（以下、実施要綱）には、専門員の守秘義務が規定されている。なお、支援の基本原則である受容、自己決定の尊重、信頼関係の構築については、「**Ⅶ-2 利用者支援専門員（特定型）に求められる基本姿勢と倫理**」で紹介する（209頁）。

2. 利用者支援専門員に求められる基本姿勢

1 利用者主体の支援

利用者主体とは、「取り組みの主体を本人自身に置くこと」[1)]であり、支援者がその人に代わって生きることはできないという厳然たる事実に基づくソーシャルワークの価値である。子育てを含む生活の課題解決に取り組む主体は、あくまでもその親子自身である。利用者主体の支援は利用者支援事業の支柱となる基本姿勢とはいえ、専門員には対象となる子育て家庭と地域資源の理解、それらをつなぐ方法の選定とはたらきかけ等、一連の取組みにおいて利用者が主体であるという意識と姿勢を反映し続けることが求められる。

2 包括的な支援

子育ての困り感®（師岡秀治氏の商標）や不安は、家庭が有するさまざまな要因が関連し合いながら生じていることが多い。専門員は家庭が有する困り感®、その要因を子育てに限定せず幅広く視野に入れ、家庭の困り感®を構造的に理解することが求められる。そのうえで、家庭が子育て支援以外のサービス等を必要としているときは、適切な資源につなげることも必要である。家庭が必要な資源とつながった後は、それらの資源と協力し家庭を支えることで、包括的な支援の実現を目指す。

❸ 個別的ニーズに合わせた支援

個別的なニーズに応じた支援の前提となるのは、適切なアセスメント、つまりその家庭を深く理解することである。子育て家庭を深く理解するためには、専門員の観点から客観的に家庭の状況をとらえるのみならず、子育て家庭が自らの状況や地域をどのようにとらえているか、子育て家庭側の観点からそれらを把握することが求められる。

❹ 子どもの育ちを見通した継続的な支援

利用者支援事業の主たる対象となる乳幼児は、人生のなかで発達的変化が最も著しい時期にあり、子どもの発達的変化に伴い子育てのニーズも半年くらいで変化していくことも多い。専門員は子どもの育ちや子育てのニーズの変化、必要となる資源を見通し、予測を立てながら子育て家庭と資源をつないでいくことが必要となる。

❺ 早期の予防支援

本事業の基本型は、子育て家庭の身近な場所で困り感®が小さい段階からかかわり、❶課題が発生することを防ぐ、❷状態のさらなる悪化を防ぐ、❸状態の再発を防ぐことが期待される。加えて、次項で解説するように地域のなかに多様なつながりをつくることで、地域のつながりをたどりながら子育て家庭の困り感®が支援者に届くことや、支援が子育て家庭に届くこともある。つまり家庭への個別的な支援（利用者支援）と地域支援（地域連携）の並行的展開によって早期の課題発見や支援が可能となり予防支援が実現する。

❻ 地域ぐるみの支援

「地域ぐるみの支援」とは、地域の人々全員が子どもや子育てを直接的に支援するということではない。専門員が地域の子育て家庭、その親子を「気にかける」ことから始まり、地域のなかに子育て家庭やその親子を「気にかけてくれる」人を増やしていくことで、子育て家庭が地域に位置づいていく過程を支えるということである。また、地域の住民間における支援は、循環的であったり、立場が入れ替わったりしながら「支え合い」と呼ばれるように双方向的に展開されることもある。専門員は、子育て家庭のストレングス（強み）に着目し、子育て家庭の支え手としての可能性を理解しておく必要がある。

3. 利用者支援専門員に求められる守秘義務と情報共有

実施要綱には、専門員の守秘義務が規定されている。ただし、利用者支援事業においては子育て家庭にかかわる情報を含め地域資源との情報共有は不可欠である。そのため、実施要綱には守秘義務の規定が、守秘義務が課せられている地域子育て支援拠点や市町村の職員、専門職等との情報共有や連携を妨げるものではないことも併記されている。他機関との情報共有を円滑に行うためには、「個人情報の保護に関する法律」や「要保護児童対策地域協議会設置・運営指針」（平成17年2月25日雇児発第0225001号）等、関連機関の個人情報の保護や守秘義務にかかわる規定の内容を理解しておくことも重要である。

まとめと課題

六つの基本姿勢と守秘義務を理論として理解するだけでなく、どのように体現され順守されているのか、実践事例から具体的に学んでいく必要がある。

なお、本科目の講師にはソーシャルワークについての理解が求められる。

（橋本真紀）

引用・参考文献

1）岩間伸之・原田正樹編著「地域における個別支援の基本的視座」岩間伸之・原田正樹『地域福祉援助をつかむ』有斐閣，p.52，2012.

岩間伸之・原田正樹『地域福祉援助をつかむ』有斐閣，2012.

柏女霊峰・橋本真紀「利用者支援事業ガイドラインの解説――利用者支援事業従事者の業務の理解」柏女霊峰監・著，橋本真紀編著『子ども・子育て支援新制度――利用者支援事業の手引き』第一法規，p.43，2015.

橋本真紀「利用者支援専門員の役割と力量」NPO法人子育てひろば全国連絡協議会編集，橋本真紀・奥山千鶴子・坂本純子編著『地域子育て支援拠点で取り組む 利用者支援事業のための実践ガイド』中央法規出版，p.59，2016.

5 記録の取扱い（基本型）

キーワード

記録の目的　記録の種類　記述の方法　記録の管理

1. 記録の目的

「利用者支援事業ガイドライン」には、「事業を利用する保護者のニーズを把握したり、相談を受けた際には、適切な支援活動と支援活動の継続性の担保や、事例検討、関係機関等との的確な情報共有等のために、得た情報を記録しておくことが重要である」と述べられている。

1 適切な支援活動を行う

記録は、専門員が行った支援活動の根拠や判断基準を示すことになる。事例のふりかえりを行う際には、記録をもとに子育て家庭の傾向などを把握することで援助の質的な向上につなげていくことができる。また、それぞれの相談の種類や傾向を統計的に把握して、支援内容の分析に活かすなど、適切な支援活動を行うために重要な役割を果たす。

2 支援活動の継続性の担保

記録を積み重ねることで、援助の経過を確認することができる。また、異動や退職、その他の理由により専門員が交代しても、記録があることで援助の引継ぎが可能となる。また、記録は援助計画や方針の作成等ケースマネジメントに活かすことができるなど、支援活動の継続性の担保という面からも重要である。

3 的確な情報共有

記録があることで、組織内の担当者間や他機関との連携の際に的確な情報共有を行い、ケース会議等に活かすことが可能となる。

2. 記録の種類、項目、記述の方法

❶ 記録の種類と項目

本事業における記録には、「相談記録」や事例経過を記した「支援経過報告記録」「月例報告記録」、ケース会議を開催した場合の「ケース検討記録」等が想定される。

個別の「相談記録」に盛り込むべき項目としては、年月日、記入者名、相談者（保護者）名・年齢・連絡方法・連絡先、子どもの名前（性別）・生年月日、家族構成、家族関係図（ジェノグラム)、社会関係図（エコマップ)、相談につながった経緯、最初に相談してきた内容（主訴)、子どもの状況、家庭の環境、支援の方向性、情報提供の種類、コーディネート先、所感等が考えられる。

「支援経過報告記録」には、その後の支援の経過を順次記載していく。「月例報告記録」は、利用者支援専門員が対応した事例について、支援別、コーディネート別に件数等を集計し、報告するためのものである。

「ケース検討記録」には、年月日、記入者名、参加者名・所属、ケースの基本的な情報、最初に相談してきた内容（主訴)、外形的な情報、見極め（見立て)、支援の内容、支援方針等を記載する。参加者の意見交換により情報の共有を図り、多面的なアセスメントや意見交換による利用者の理解と支援内容の検討、支援方針を決定するプロセスを記録に残していく。

❷ 記述の方法

記録の作成や閲覧や共有の範囲については、利用者（保護者等）本人の承諾を得ることが原則とされている。また、記録はほかの援助者とも共有することが前提であることから、5W1Hに基づいて、誰が・いつ・どこで・なぜ・何を・どのように行ったのかを読み手にもわかるよう簡潔に論理的に書くこと、客観的な事実と支援者の主観を混在させないこと、また利用者の尊厳を守るため記載方法や表現に配慮することなどが求められ、ある程度訓練が必要となる。そのため、職場で一定の書き方のルールを決め、職場内においてお互いに評価し合いながらスキルアップを図ることが大切である。

3. 記録の管理

記録の管理に関しては、保管方法、保管場所、閲覧制限、保存年限、個人情報に留意した廃棄方法等について、業務委託の場合には行政担当者と事前に確認しておく必要性がある。また、利用者支援事業を実施している場や施設等において、さらに取扱いのルールづくりが必要となる。例えば、❶管理責任者の指定、❷書類の保管方法と保存年限、❸電子データの

取扱い規則などである。記録を鍵付きのキャビネット等を活用して保管するだけでなく、日頃より記録用紙の取扱いに注意し、ほかの人の目にふれないよう配慮を行う、電子データで管理する場合にはネット接続できないようパソコンを単独で専用化するなど、取扱いについては細心の注意が必要である。

記録は利用者支援専門員が業務上知り得た個人情報についての記載であり、その適切な管理や守秘義務には万全を期すことが求められている。

まとめと課題

記録は利用者支援に活用するために書くものである。記録をつけることで、適切な支援活動につながり、支援活動の継続性の担保や、事例検討、関係機関等との的確な情報共有を図ることが可能となる。

（奥山千鶴子）

参考文献

柏女霊峰監・著，橋本真紀編著『子ども・子育て支援新制度――利用者支援事業の手引き』第一法規，2015.
NPO 法人子育てひろば全国連絡協議会編，橋本真紀・奥山千鶴子・坂本純子編著『地域子育て支援拠点で取り組む利用者支援事業のための実践ガイド』中央法規出版，2016.

6 利用者支援専門員（基本型）事例分析 I

キーワード

エコマップ　ジェノグラム　アセスメント

1. 利用者支援事業におけるアセスメント

アセスメント（assessment）とは、対象をより深く理解し、適切な援助方法を見出すことを目的とした情報収集と分析のことである。アセスメントは、援助対象者と援助者が相互にかかわり、援助のプロセスにおいて継続的に行われる。また、アセスメントの対象は、個人、家族、グループ、機関、地域であり、アセスメントはそれらの交互作用、およびそこにあるストレングス（強み）や資源を明らかにすることを含む。つまり、利用者支援事業（基本型）におけるアセスメントは、子育て家庭と家庭を取り巻く地域、その関係性、そこにある課題やストレングスを、子育て家庭や地域と利用者支援専門員（以下、専門員）が協働して明らかにすることといえる。そこでは、子育て家庭が自らや地域をどのようにとらえているのか、子育て家庭側からの状況分析が必要となる。

2. ジェノグラムとエコマップ

1 ジェノグラム

ジェノグラムとは、「少なくとも３世代にわたる特定の個人情報を明記した家系図」[1)]であり、この図により家族の規模や家族に連鎖する課題、生誕順位などが理解できる（**図表Ⅵ-6**）。

2 エコマップ

エコマップとは、家族と家族を取り巻く社会資源、その関係性を図示したものであり、社会関係図と呼ばれることもある（**図表Ⅵ-7**）。エコマップを描くことで、家族と社会資源との関係、つまり子育て家庭の状況を俯瞰（ふかん）することが可能となる。これらは、専門員が、子育て家庭の状況を視覚的、客観的にとらえるために有効であるが、子育て家庭自身が自らの状

■図表Ⅵ-6　ジェノグラムの描き方

・男性は □　・女性は ○

・相談者：二重◎（ ）
・婚姻関係：男性を左に書く。
・出生順位：左から第1子、第2子…
・死亡：×を書く。
・離婚：⫽

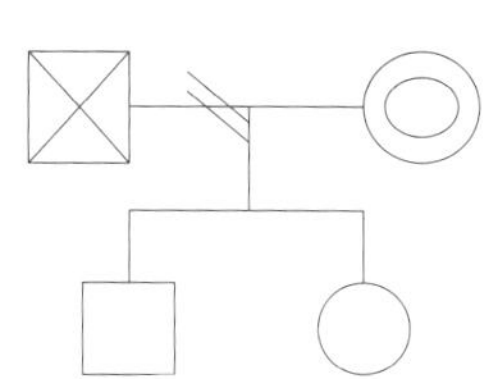

■図表Ⅵ-7　エコマップの描き方

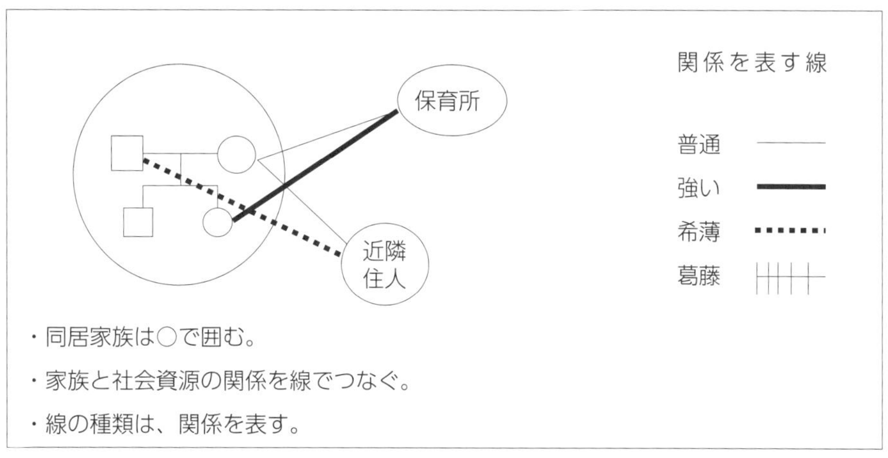

況をとらえる手段にもなり得る。状況に応じて、子育て家庭と専門員でともに作成することもある。

3. 利用者支援事業におけるアセスメントの実際

事例

保育所を通じて2年前に離婚して5歳の子ども（年長児）を育てている母親から利用者支援専門員に相談があった。自身も母子家庭で育つ。子どもの父親との関係は絶たれている。離婚後、保育所に子どもを預け、パートで働き、児童扶養手当とパートの収入で生活している。母親は、生活を安定させたいと願い、マザーズハローワークの担当者の協力もあり、次年度より転職することとなった。勤務時間が長くなることもあり、子どもの就学後のことを心配している。学童保育については担当課に問い合わせたが、学童保育の開所時間と新しい職場の就業時間にずれがある。子どもの就学に合わせて新しい勤務地に転居予定である。同市内で近隣ではあるが、子どもは保育所から一人だけその小学校に通うこととなる。

上記の事例のジェノグラムとエコマップを描き、家庭の状況、家庭と地域資源の関係を検討する。「転居後の地域における家庭の状況（予測）」「下線部にかかわる専門職は誰か」「就学後も継続してかかわる援助者は誰か」「母親は何に不安をもっているのか」等が検討の際のポイントである。

まとめと課題

ジェノグラムやエコマップを描き、家庭と地域の状況、その関係を俯瞰（ふかん）的にとらえ状況の分析を行う。本項のジェノグラムとエコマップは、紙幅の関係上最低限の記載方法を示している。実際の研修で詳細に学ぶ必要がある。講師は、ソーシャルワークの実践者、研究者等がふさわしい。

（橋本真紀）

引用文献

1）ジョンソン, L.C.・ヤンカ, S.J., 山辺朗子・岩間伸之訳『ジェネラリスト・ソーシャルワーク』ミネルヴァ書房, p.134, 2004.

7 利用者支援専門員（基本型）事例分析Ⅱ

キーワード

社会資源　援助活動

1. 利用者支援事業における援助活動

利用者支援事業における援助活動の特徴は、「利用者支援」（個別的な支援）と「地域連携」（地域支援）の二つの機能を有し、それらを同時並行的に展開することにある。このような機能は、地域包括支援センターなどですでに発揮されている。ただし、利用者支援事業の主たる対象は、少しのサポートがあれば子どもの育ちを支えていける家庭であり、多くは子どもの成長とともに自ら社会資源を活用していくようになる。さらに、支援の対象であった家庭がほかの子育て家庭を支えたり、子育てに共通する課題に気づき地域のなかで支え手に移行するなどの例も少なくない。

利用者支援専門員（以下、専門員）は、対象の子育て家庭との関係づくり、アセスメントの段階から、「その子育て家庭に何をしてあげたらよいか」ではなく、「地域のなかにどのような関係があれば、その家庭が子どもの育ちを支えられるか」を思考することが求められる。事例検討においても、その観点から検討を行うことが重要である。

2. 利用者支援事業における援助活動の実際

「**Ⅵ-6 利用者支援専門員（基本型）事例分析Ⅰ**」の事例（194 頁）で紹介できる社会資源を検討する。演習は例示であり、演習の内容や方法は、講師が受講者に応じて提供する。地域資源の参加者で３人グループをつくり、各自が事前課題の「**Ⅵ-1 地域資源の把握**」（174 頁）で整理した一覧を参考に、以下二つのグループワークを行う。

グループワーク【A】（40 分）では、モデル事例を勤務地で生じた事例として検討する。グループワーク【B】（30 分）では、モデル事例の子育て家庭とともに活用可能な資源を選定し、子育て家庭と対象資源をつなぐための工夫を話し合う。最後にグループごとの検討結果について報告を行う（20 分）。

※準備物：事前課題で作成した各自の「地域資源把握シート」、模造紙、マジック等。

【A】　実際の地域を想定しながら社会資源の活用について検討する。

一つの地域を選んで以下の❶～❻を行う。時間があれば異なる地域を例に❶～❻を行う。

最後の 10 分で、三者それぞれの地域の特性、共通する課題や実践可能な工夫などを整理する。

❶　グループのなかで参加者の勤務地（市町村もしくは区域）を一か所選ぶ。

❷　選んだ市町村で生じた事例として、その市町村にある資源での対応を検討する。

❸　最初に資源の有無にかかわらず、この事例に必要と考えられる支援内容をすべて出す。

❹　❷の市町村関係者に資源の有無、内容を聞きながら既存の資源で支援の内容を考える。

❺　現在の資源のなかで工夫すれば活用可能な資源を検討し、工夫点も考える。

❻　❷の市町村にはないが、あればよいと考えられる支援内容をあげる。可能ならその支援を実現する方法を考える。

【B】　資源の活用における課題をあげ、家庭が資源の活用に至るような工夫について話し合う。

❶　【A】の❹で検討した支援内容から予想される課題をあげる。

❷　課題を越えて、家庭が資源の活用に至るために必要な事前の準備、工夫、家庭が資源の活用に至った後に生じる可能性の事態を予測し、その対応について検討する。

❸　このような実践を実現するためには、個別事例が生じる以前にどのような取組みが必要か考える。

事例

保育所を通じて、2年前に離婚し5歳の子ども（年長児）を育てている母親から利用者支援専門員に相談があった。自身も母子家庭で育つ。子どもの父親との関係は絶たれている。離婚後、保育所に子どもを預け、パートで働き、児童扶養手当とパートの収入で生活している。母親は、生活を安定させたいと願い、マザーズハローワークの担当者の協力もあり、次年度より転職することとなった。勤務時間が長くなることもあり、子どもの就学後のことを心配している。学童保育については担当課に問い合わせたが、学童保育の開所時間と新しい職場の就業時間にずれがある。子どもの就学に合わせて新しい勤務地に転居予定である。同市内で近隣ではあるが、子どもは保育所から一人だけその小学校に通うこととなる。

まとめと課題

事前課題で把握した地域資源とモデル事例をもとに、利用者支援事業の援助活動について検討を行う。講師はソーシャルワークの実践について理解していることが必要である。また講師が用意した事例で取り組むほうが、グループワークにおける助言が行いやすい。このような事例検討は、実践経験がある受講者と未経験の受講者では力量差が出やすいため、グループ編成に配慮が必要である。また別途、モデル事例を変えて、フォローアップ研修で同様の内容を行ってもよい。

（橋本真紀）

参考文献

岩間伸之・原田正樹『地域福祉援助をつかむ』有斐閣，2012.
橋本真紀「利用者支援専門員の役割と力量」NPO 法人子育てひろば全国連絡協議会編，橋本真紀・奥山千鶴子・坂本純子編著『地域子育て支援拠点で取り組む 利用者支援事業のための実践ガイド』中央法規出版，p.38，2016.

8 まとめ

キーワード

利用者支援専門員　課題認識　受容

1. まとめの目的

地域子育て支援コースの利用者支援（基本型）の研修を終えるにあたっては、一定の時間を確保してまとめを行い、履修した内容と今後の課題を認識し、利用者支援専門員としての役割や心構えを再確認する必要がある。

2. まとめの内容

まとめを行うにあたっては以下の三点をおさえる必要がある。

1 利用者支援事業で求められる姿勢についての再確認

履修内容の理解を深め、定着を図るため、利用者支援事業の目的と課題について講義・演習を踏まえ、どのように認識したかについて確認する。そのうえで、多様な子育て家庭への対応、受容と自己決定の尊重を基本姿勢とする利用者支援専門員の役割や心構えについて、理解を深める。

2 地域子育て支援コースでの学びを総括する

地域資源の把握、利用者支援事業の概要、地域資源の概要、利用者支援専門員に求められる姿勢と倫理、記録の取扱い、事例分析などについて再度まとめる。特に家族の問題について整理する。

3 フィードバックを行う

以上をふりかえり、確認するためにA4用紙1枚程度のまとめを書いて提出するか、以下のように4人程度のグループをつくって確認し合う。

実施方法

履修内容の再確認のために、講義形式により利用者支援事業および利用者支援専門員の意義や役割について理解を深めるための解説を行い、知識の定着を図るための現状認識や課題についてディスカッション等の簡単な演習を用いて理解を深める。ディスカッションにおいては、地域子育て支援コースの利用者支援事業（基本型）の講義のなかからテーマを設定し、一つずつ確認できるようにする。

（瀧口優）

9 地域資源の見学

キーワード

地域資源　　社会資源　　利用者支援専門員

1. 見学の目的

地域資源のなかには、地図上に明記されたものも少なくないが、子育て支援という視点からどのような地域資源があるのかを理解しておくことは、実際に支援を行うにあたって力となる。また実際に見学を行うなかで気がつくことも少なくない。実際の現場を体験し、業務の円滑な実施につなげ、現場に入ったときに何を大切にすべきかを体感する。

2. 見学の内容

見学実習を行うにあたっては以下の二点を重視しながら、さまざまな地域資源を発掘する。事前にどのような資源があるのか、地図上の資源についてはあらかじめ調べてから見学することが望まれる。

1 地域資源の実際を見学により学ぶとともに、担当者との面識をもつ

❶ 認定こども園、幼稚園、保育所・保育施設や地域で行われている子育て支援等にかかる事業を見学し、その実際について把握する。特に、各施設や事業の利用者の特性、対象の機関の他資源との連携状況等、具体的な取組みを聴取し、参考とする。

❷ 各社会資源の立地状況、交通手段、サービス利用のために必要な事項、利用方法（持参するものを含む）等について、利用者の視点から確認する。

❸ 利用者にサービスや施設を紹介する際の窓口担当者と対面し、連絡先、対応範囲等の確認を行う。

❹ 各自治体が作成するサービス一覧等を活用し、窓口担当者の名前や連絡先などを記入しておくなど、情報提供や連携を適切かつ円滑に行うための資料を整備する。

2 見学に併せて地域の社会資源などを確認しておく

❶ 見学を予定している施設以外に近隣にどのような資源があるのかを、自治体の資料をはじめとしてインターネットなどで検索し、その内容について把握しておく。

❷ 見学実習の際にこうした施設との連携についても尋ねることができるようにしておく。

3. 見学の実施手法

見学実習を行うにあたっては、実習先との連絡などについて、以下のような点について配慮しておくことが望ましい。

❶ 各自治体が作成するサービス一覧や事前学習で作成した地域資源の一覧などを参考に、利用者支援専門員（候補者）が自ら該当機関に連絡を取り、見学実習の依頼から実習後の報告までを行う。

❷ この取組みが連携先の窓口担当者との関係づくりになることを伝え、単なる施設見学に留まることがないように意識づけを行う。

❸ ただし、利用者支援事業の子育て支援員研修の一環としての実習であることを、各自治体の事業担当者から各施設に事前に依頼しておく。

❹ 利用者支援専門員（候補者）は各自治体に対して、施設への依頼が行われているのかを問い合わせしておく。

❺ 各施設ともに忙しいなかでの実習訪問であるため、業務に影響を与えるような負担の大きい依頼などは慎むように指導しておく。

（瀧口優）

Ⅶ

地域子育て支援コース
利用者支援事業（特定型）

1 利用者支援事業の概要

キーワード

事業の成立と目的　地域の予防型支援　利用者支援と地域連携
類型と機能

1. 事業成立の背景と目的

利用者支援事業は、子ども・子育て支援法第59条第1号に定められた、地域子ども・子育て支援事業の一つである。条文においては、子どもや保護者が身近な場所で、教育・保育施設や地域の子育て支援事業等を円滑に利用できるよう、子どもや保護者の相談に応じ、必要な情報の提供および助言を行い、関係機関等との連絡調整を行う事業と定められている。

つまり、利用者支援事業とは、子どもや保護者の身近な場所に「利用者支援専門員」を配置して、子どもや子育て家庭が地域の社会資源を自らの選択に基づいて活用できるよう支援を行い、併せて関係機関等との連携を進め、地域に子どもや子育て家庭のサポート体制をつくる事業である。

1 事業成立の背景

2015（平成27）年施行の子ども・子育て支援法により新たに創設された利用者支援事業は、制度の変革期にあって、支援の受け手である利用者が保育や教育等のサービスの選択に戸惑わないよう、国会審議による3党合意に基づく修正で加えられたという経緯がある。特に、先行して横浜市で実施されていた保育サービス等に関する相談に応じる専任職員、いわゆる「保育コンシェルジュ」による情報提供は、保育所等を利用できなかった方へのアフターフォローを含めた待機児童対策にも効果があるとされ、各自治体で同様の取組みが広がり、利用者支援事業のモデルの一つとなった。

このように、保育等の特定の事業の選択に対し、利用者に寄り添いながらガイド役を果たすものを「特定型」と位置づけている。なお、利用者支援の「基本型」「母子保健型」については、「**Ⅵ-2 利用者支援事業の概要**」を参照のこと（177頁）。

❷ 事業目的

利用者支援事業は、「一人一人の子どもが健やかに成長することができる地域社会の実現に寄与するため、子ども及びその保護者等、または妊娠している方がその選択に基づき、教育・保育・保健その他の子育て支援を円滑に利用できるよう、必要な支援を行うことを目的とする事業」[1)] である。

そもそも子ども・子育て支援法では、市町村の責務の一つに、子育て家庭がその選択に基づき、多様な施設や事業者から良質かつ適切な事業やサービス等を総合的かつ効率的に提供されるよう、提供体制を確保することを掲げている。これを受けて市町村子ども・子育て支援事業計画が定められているが、供給体制に加えて保護者の選択を支援する仕組みが必要であることから、本事業の重要性が指摘されている。したがって、市町村がその責務を果たすうえで、市町村子ども・子育て支援事業計画の策定と利用者支援事業は「車の両輪」となる重要な事業に位置づけられている。

2. 特定型の事業内容

利用者支援事業の具体的な内容として、「教育・保育・保健その他の子育て支援の情報提供及び必要に応じた相談・助言等を行う」という「利用者支援」と、「関係機関との連絡調整等を実施する」という「地域連携」の二つが示されている。

特定型は、待機児童の解消等を図るため、主として保育に関する施設や事業を円滑に利用できるよう支援を実施することを目的に、保育所等の利用を希望する子育て家庭の相談に応じ、利用調整を図る「ガイド役」として「利用者支援」を行うものである。「地域連携」については、市町村が有する機能と連携して取り組むことが求められる。しかしながら、「利用者支援事業ガイドライン」(平成26年10月6日雇児発1006第1号)に記載されている次の点に留意しなくてはならない。すなわち、「行政の窓口を主たる実施場所とし、特定の施設・事業の利用者支援のみを行うことを想定している「特定型」においても、行政における本事業の担当職員は、こうした本事業の特徴・意義を十分理解し、子育て家庭の個別ニーズを引き出しやすい相談姿勢と寄り添い型の支援を心がけるとともに、特定型の利用者支援の守備範囲外の施設・事業等の利用が適当と思われる場合には、速やかにこれらの施設・事業等の担当部局につなぐ必要がある」[2)] という点である。

また、具体的な業務としては以下のような業務が想定される。

❶ 保育サービス等の利用に関する相談

❷ 保育サービス等の情報収集

❸ 多様な保育サービス等の情報提供

❹ 出張相談会等の開催

❺ 保育所等に入所できなかった方へのアフターフォロー

まとめと課題

保育サービス等の情報提供は、もともと行政の責務の一つではあるが、特定型の専門員の配置によって、利用者のニーズを保護者側から理解し、個々の子育て家庭の事情に応じた情報提供、相談に応じていく体制づくりが期待される。

（奥山千鶴子）

引用・参考文献

1）「利用者支援事業実施要綱」（平成 27 年 5 月 21 日雇児発 0521 第 1 号）

2）「利用者支援事業ガイドライン」（平成 26 年 10 月 6 日雇児発 1006 第 1 号）

柏女霊峰監・著，橋本真紀編著『子ども・子育て支援新制度——利用者支援事業の手引き』第一法規，2015.

橋本真紀・奥山千鶴子・坂本純子編著，NPO 法人子育てひろば全国連絡協議会編集『地域子育て支援拠点で取り組む 利用者支援事業のための実践ガイド』中央法規出版，2016.

NPO 法人子育てひろば全国連絡協議会『利用者支援事業の実践のために——地域子育て支援拠点事業を核とした利用者支援事業を応援します』2014.

2 利用者支援専門員（特定型）に求められる基本姿勢と倫理

キーワード

需要　自己決定の尊重　信頼関係の構築

1. 利用者支援事業における基本姿勢と倫理

特定型は主として市町村窓口で「利用者支援」を実施する形態である。特定型の専門員においても、「**Ⅵ-4 利用者支援専門員（特定型）に求められる基本姿勢と倫理**」（188頁）で示した六つの基本姿勢や倫理に基づく支援の展開が求められる（「利用者支援事業ガイドライン」）。ただし、特定型の専門員は、事業や施設等の利用調整が主な役割であることから、まずは支援の基本原則である受容、自己決定の尊重、信頼関係の構築を理解し、取り組む必要がある。

2. 利用者支援専門員に求められる基本姿勢

1 受容

受容を援助の原則に位置づけたF. P. バイステックは、「否定したくなるようなクライエントのもつ側面を彼の現実として捉えると同時に、クライエントに対する尊敬の念を保ちつづけるということである」[1)] としている。この見解から、受容とは、ときに不適切な行動として表現されるその人の親としての思いも含めて、その人のありのままの姿を理解することと考えられる。そこでは、その人が固有の存在であることを尊重する姿勢が必要となる。

2 自己決定の尊重

自己決定の尊重とは、「人は生まれながらに自己決定をおこなう能力と権利を備える」[2)] という考え方に支えられる行為である。専門員は、子育て家庭がニーズや課題を認識できるよう状況を一緒に整理し、家庭が自らの能力を含む資源を活用できるよう情報を提供したうえで、その家庭なりの選択や判断を支持するそのプロセスをともに歩み、支える。

3 信頼関係の構築

相互関係である信頼関係は、相手を信じるところから援助を始め、関係のない状態から活動や経験を通してその家庭と信頼関係をつくっていくことが必要となる。専門員は、まず子育て家庭が子どもを育てる力を有していること、子育ての潜在的な力、子育てをなんとかやっていきたいという思いを信じることが求められる。子育て家庭の力を信じる姿勢を示すことで、信頼関係のきっかけを専門員側からつくることになる。

まとめと課題

支援の原則や守秘義務を理論として理解するだけでなく、どのように体現され遵守されているのか、実践事例から具体的に学んでいく必要がある。

（橋本真紀）

引用文献

1）F. P. バイステック，尾崎新・福田俊子・原田和幸訳『ケースワークの原則 新訳改訂版』誠信書房，p.111，2000.

2）同上，p.160.

3 保育資源の概要

キーワード

保育資源　ニーズ　利用者支援

1. 保育制度の概要

2015（平成 27）年 4 月に子ども・子育て支援新制度がスタートし、認定こども園の普及を図るとともに、「地域型保育給付」（小規模保育等への給付）が創設された。この制度により、子どもの年齢や「保育を必要とする事由」に該当するか否かによる認定区分が設けられた。「利用者支援事業実施要綱」（平成 27 年 5 月 21 日雇児発 0521 第 1 号）には、利用者支援事業の特定型について「待機児童の解消等を図るため、行政が地域連携の機能を果たすことを前提に主として保育に関する施設や事業を円滑に利用できるよう支援を実施する」と明記されている。利用者支援専門員は、主に市区町村の窓口において保育所等の利用を希望する利用者の相談に応じ、利用調整を図る「ガイド役」として、子育て家庭を支援する。子育て家庭のニーズに応じた情報提供や支援体制の構築につながるよう、保育制度を体系的に理解したうえで地域にある保育資源の種類と内容、制度や施設、利用方法等について精通し、利用者の立場に立ってわかりやすく説明することが求められている。

2. 保育資源の種類と内容

保育資源の理解にあたっては、保育所などの全国的な制度の理解のほか、当該地域の自治体における単独事業としての保育資源について理解するとともに、インフォーマルなサービスの状況についても把握しておく必要がある。利用者支援事業にかかわると想定される保育資源は**図表Ⅶ-1** の通りである。

■図表Ⅶ-1　利用者支援事業にかかわると想定される保育資源

施設・機関・事業名		概要
認可保育所		認可保育所は、児童福祉法に基づく児童福祉施設であり、国が定めた設置基準を満たし都道府県知事に認可された保育施設である。区市町村が運営する公立保育所と、社会福祉法人などが運営する私立保育所がある。2号認定（3～5歳児の保育認定）、3号認定（0～2歳児の保育認定）を受けた子どもの保育を行う。保育士が、環境を通して養護および教育を一体的に行う。
幼稚園		幼稚園は、学校教育法に位置づけられた教育施設である。公立幼稚園と私立幼稚園がある。幼稚園教諭が、環境を通して幼稚園教育を行う。子ども・子育て支援新制度の幼稚園は、1号認定（3～5歳児の教育標準時間認定）を受けた子どもの教育を行う。子ども・子育て支援新制度未移行の幼稚園に通う場合、施設等利用給付認定の対象となる。
幼保連携型認定こども園		幼保連携型認定こども園は、「就学前の子どもに関する教育、保育等の総合的な提供の推進に関する法律」（認定こども園法）に位置づけられた、都道府県等から認定を受けた教育・保育を一体的に行う施設である。1号認定、2号認定、3号認定を受けた子どもが利用する。保育教諭等が、環境を通して教育および保育を行う。
地域型保育事業		地域型保育事業は、子ども・子育て支援法に位置づけられた市町村による認可事業である。0～2歳までの3号認定を受けた子どもが利用する。ただし、保育体制の整備状況の実情を勘案し、必要であると認められる場合、満3歳以上の子どもを保育することができる。地域型保育給付の対象となる事業である。
	家庭的保育	家庭的保育は、定員5人以下で家庭的な雰囲気のもと、保育を行う。保育者の居宅、その他の場所で行われる。
	小規模保育	小規模保育は、定員6～19人で保育を行う。保育所に近い形のA型（子どもは6人～19人）、A型とC型の中間型のB型（子どもは6人～19人）、家庭的保育に近いC型（子どもは6人～10人）があり、それぞれ保育者の人数や資格要件に違いがある。
	事業所内保育	事業所内保育は、事業所の保育施設などで従業員の子どもと地域の子どもを保育する。定員20名以上の場合、保育所の基準と同様となる。定員が19名以下の場合、小規模保育所A型、B型の基準と同様となる。
	居宅訪問型保育	居宅訪問型保育は、保育を必要とする子どもの居宅にて、1対1で保育を行う。対象は0～2歳児である。障害・疾患など個別のケアが必要な場合に、居宅訪問型保育を利用する。ひとり親家庭の保護者が夜間、深夜の勤務に従事し、居宅訪問型保育が必要であると判断された場合も対象となる。また、待機児童対策として、入所不承諾通知が届いた家庭について、本事業が利用できる自治体もある。
地域子ども・子育て支援事業	一時預かり事業	一時預かり事業は、子どもを一時的に預かる事業であり、以下の類型がある。 ❶　一般型：保育所、地域子育て支援拠点などで一時的に子どもを預かる。 ❷　余裕活用型：保育所等において利用児童数が定員に達していない場合に、定員範囲内で預かる。 ❸　幼稚園型：幼稚園や、認定こども園の1号認定の子どもを主に預かる。 ❹　訪問型：児童の居宅にて一時預かりを実施する。
	病児保育事業	病児保育は、病気や病後の子どもを保護者が家庭で保育できない場合に、病院、保育所などに付設された場所で、子どもを一時的に保育する事業である。「病児対応型・病後児対応型」「体調不良児対応型」「非施設型（訪問型）」がある。

地域子ども・子育て支援事業	子育て援助活動支援事業（ファミリー・サポート・センター事業）	ファミリー・サポート・センターは、援助を受けることを希望する者と援助を行うことを希望する者とが相互に助け合う活動に関する連絡調整を行う。援助者の在宅で一時的に子どもを預かるほか、送迎、病児・病後児の預かり、早朝・夜間等緊急預かりなどを行う。
	子育て短期支援事業（ショートステイ事業）	ショートステイは、保護者の病気その他の理由で、家庭において児童を養育することが一時的に困難となった場合に、宿泊を伴った一時預かりを行う事業である。
	放課後児童健全育成事業（放課後児童クラブ）	放課後児童クラブは、保護者が労働等により昼間家庭にいない小学校就学児童に対し、授業終了後及び長期休暇期間に小学校の余裕教室や児童館などで適切な遊びと生活の場を用意し、その健全な育成を図る。
認可外保育施設		認可外保育施設とは、児童福祉法上の保育所に該当しない保育施設である。都道府県知事から認可を受けず、届出をする形で運営する。保護者が直接、保育施設に申込みをする。認可保育所不承諾による待機で、認可外保育施設を利用する子どもについて、対象条件を満たしている保育施設に限り、保育料の助成が行われる。
	企業主導型保育	企業主導型保育施設は、国が行う「企業主導型保育事業」によって、施設の設立や運営のための助成を受けている保育施設である。企業主導型保育施設と保護者との直接契約となる。従業員（利用契約を行っている企業の従業員を含む）が利用する企業枠と、地域の人が利用できる地域枠がある。
	自治体独自の設置基準を満たした保育所	地域によって、自治体独自の設置基準を満たした保育施設がある。例えば、東京都の認証保育所、横浜市の横浜保育室などがあげられる。
	自治体の独自事業	待機児童の現状や自治体の保育可能状況を鑑み、地域のニーズに柔軟に対応する形で、独自事業を実施する市区町村がある。例えば、幼稚園の一室を利用して保育を実施する形態、市区町村が認定した家庭的保育者について、自宅の一部等を利用して保育を行う形態などがある。
	その他の認可外保育施設	院内保育所、駅型保育所、ベビーホテル、へき地保育所、季節保育所などがある。
一般型家庭訪問保育		ベビーシッター、産後ヘルパーなど、利用者の全額負担による家庭訪問型の保育サービスである。認可を受けずに乳幼児の居宅等に訪問して保育を行う場合、都道府県知事等に届出をすることが義務づけられている。利用者の居宅における保育、保育・教育施設への送迎、体調不良時の保育、通院の付き添い等を実施する。一般型家庭訪問保育について、利用助成の制度がある自治体も存在する。
民間の預かり合い支援		地域によって子育て家庭の預かり合いを支援する民間団体がある。保険適応があり、独自のルールで預けやすい仕組みをつくり、送迎や託児を頼み合うシステムである。

3. ニーズに応じた保育資源、サービスの提供方法

特定型の利用者支援専門員は、「利用者支援事業ガイドライン」において、「保護者等のニーズを把握し、当事者の目線に立って、最適な子育て支援に係る施設や事業等を提案して円滑な利用の手助けをする役割を担う」と明記されている。例えば、産休、育休明けで保育を希望する保護者には、認可保育所や認定こども園、地域型保育等に関する説明を行い、利用者が希望する地域における保育所等の情報を提供する。子どもを預けることに対する不安な気持ちなど、利用者の気持ちに対して寄り添い型の支援を行う。保育所等の情報をインターネット等で確認したり、パンフレットを入手したり、見学したりするなど、詳しい情報を収集することは、利用者の選択の迷いを軽減し、入所を希望する保育の場のイメージをもちやすくなる。一方で、妊娠期や乳幼児の育児を行いながら、多くの保育所等の情報を確認したり、入所できるかどうかわからない多くの保育所等に見学に行ったりすることについて、保護者は状況により大きな負担を感じる可能性があることを理解しておくことが必要である。保育所により開所時間や登園時刻、早朝保育時間、延長保育時間が異なることから、保護者が保育所入所後の生活を無理なく送れるよう、ニーズに合わせた選択ができるよう、情報を提供する。

また、認可保育所や認可事業を実施する保育所に入所できない可能性がある状況について、不安に思う保護者は多い。利用者の選考指数に関する説明や入所申し込みから入所決定までの手続きなど、わかりやすい説明が求められる。保護者のニーズに応じて、二次募集の説明や、認可外保育施設の説明を行う等、保護者の立場に立った寄り添い型の支援が求められる。**図表Ⅶ-1**にあるように、認可外保育施設にも多様な種類が存在する。自治体からの利用助成の対象となる可能性がある場合、併せて情報を提供する。また、3歳以上児については、預かり保育を実施する幼稚園に入所するという選択肢もある。特に待機児童数の多い自治体においては、幼稚園の預かり保育の時間や長期休暇の預かり保育の実施の有無についても把握しておく必要がある。

調べたり、各保育資源に問い合わせたりすることで、利用者のニーズに寄り添った情報を提供できることに加え、保育所等の情報をより詳細に把握する機会となる。例えば、「一時預かりを利用したいが、子どもに食物アレルギーがあり、どのように対応してもらえるのか心配です」と話す保護者について、食物アレルギーに対する各保育資源の対応を調べて問い合わせることで、利用者のニーズに応えるとともに、次に同じニーズをもつ保護者からの問い合わせがあった際に、すぐに説明可能となる。実際には、代替食の提供、弁当の持参、利用自体を断る状況など対応はさまざまである。また、利用申し込みの時期について、認可保育所や認定こども園、地域型保育事業は自治体ごとに定められているが、その他の保育資源

は多様である。利用方法や保育における対応については、変更される状況も踏まえ、より最新の情報を確認しておくことが望ましい。

保育資源に関する情報提供、利用者支援を行う際には、子育て家庭の生活全般にかかわる多様で複合的な要因から保育ニーズが生じていることに配慮して、利用者一人ひとりのニーズへの柔軟な対応が求められる。保育を希望する理由として、就労以外にも、学生、疾病・障害、看護・介護、災害、両親の不存在や行方不明などがある。特定型については、主に保育所等の利用を希望する利用者の相談に応じ、利用調整を図るガイド役として、子育て家庭を支援するが、それ以外のニーズを把握した際は、こども家庭センターをはじめ、ニーズに対応できる可能性のある関連部署、機関、施設等につなぐことができるよう、より幅広い知識が求められる。

保育所数や保育資源の種類が増え、多様な保育の選択肢がある一方で、待機児童数の多い自治体では、未だいずれも利用することができず待機児童となる可能性がある。また、保育無償化については、対象年齢、対象内容、対象条件などを利用者の立場に立った形で把握することが求められる。

まとめと課題

子ども・子育て支援法や児童福祉法等の関連する児童福祉制度に基づいて、各種の保育資源の位置づけや機能等を理解することが必要である。保育資源はフォーマルな保育資源とインフォーマルな保育資源の両者について把握する。また、保育資源に関する資料は、保育資源マップや項目別一覧表という形で作成して情報を集約・蓄積することが必要である。そのことにより、地域の保育資源の整備状況や課題などを認識することができる。利用者一人ひとりのニーズに対して柔軟に対応するためには、保育資源に関する多様な情報を詳細に把握し続ける姿勢が求められる。

（水枝谷奈央）

参考文献

柏女霊峰監・著，橋本真紀編著『子ども・子育て支援新制度――利用者支援事業の手引き』第一法規，2015.
厚生労働省編『保育所保育指針解説平成 30 年 3 月』フレーベル館，2018.
子ども・子育て支援マネジメントシステム検討プロジェクト編『子ども・子育て支援新制度――区市町村による利用者支援事業の実施に向けて』東京都社会福祉協議会，2014.
内閣府・文部科学省・厚生労働省『幼保連携型認定こども園教育・保育要領解説平成 30 年 3 月』フレーベル館，2018.
橋本真紀・奥山千鶴子・坂本純子編著，NPO 法人子育てひろば全国連絡協議会編『地域子育て支援拠点で取り組む利用者支援事業のための実践ガイド』中央法規出版，2016.
文部科学省『幼稚園教育要領解説平成 30 年 3 月』フレーベル館，2018.

4 記録の取扱い（特定型）

キーワード

記録の目的　記録の種類　記述の方法　記録の管理

1. 記録の目的

「利用者支援事業ガイドライン」では、「事業を利用する保護者のニーズを把握したり、相談を受けた際には、適切な支援活動と支援活動の継続性の担保や、事例検討、関係機関等との的確な情報共有等のために、得た情報を記録しておくことが重要である」と述べられている。

1 適切な支援活動を行う

記録は、専門員が行った支援活動の根拠や判断基準を示すことになる。事例のふりかえりを行う際には、記録をもとに子育て家庭の傾向などを把握することで援助の質的な向上につなげていくことができる。また、それぞれの相談の種類や傾向を統計的に把握して、支援内容の分析に活かすなど、適切な支援活動を行うために重要な役割を果たす。

2 支援活動の継続性の担保

記録を積み重ねることで、援助の経過を確認することができる。また、異動や退職、その他の理由により専門員が交代したとしても記録があることで援助の引継ぎが可能となる。また、記録は援助計画や方針を作成するなどケースマネジメントに活かすことができるなど、支援活動の継続性の担保という面からも重要である。

3 的確な情報共有

記録があることで、組織内担当者間や機関連携の際に的確な情報共有を行い、ケース会議等に活かすことが可能となる。

2. 特定型の記録の種類、項目、記述の方法

❶ 記録の種類と項目

本事業の特定型で活用される記録には、「相談記録」や事例経過を記した「支援経過報告記録」「月例報告記録」がある。

個別の「相談記録」に盛り込むべき項目としては、年月日、記入者名、相談者（保護者）氏名、年齢、連絡方法、連絡先、子どもの名前（性別）、生年月日、家族構成、相談内容、支援内容、情報提供の種類、コーディネート先、所感等が考えられる。「支援経過報告記録」にはその後の支援の経過を順次記載していく。「月例報告記録」は利用者支援専門員が対応した事例について、支援別、コーディネート別に件数等を集計し、報告するためのものである。

特に特定型の場合には、相談内容が限定的で取扱い件数が多いと想定されるため、相談内容および支援内容について集計しやすいように記録を工夫する必要がある。

❷ 記述の方法

記録の作成や閲覧や共有の範囲については、利用者（保護者等）本人の承諾を得ることが原則とされている。また、記録はほかの援助者とも共有することが前提であることから、5W1Hに基づいて、誰が、いつ、どこで、なぜ、何を、どのように行ったのかということを読み手にもわかるよう簡潔に論理的に書くことや、客観的な事実と支援者の主観を混在させないこと、また利用者の尊厳を守る記載方法や表現への配慮などが求められ、ある程度訓練が必要となる。そのため、職場で一定の書き方のルールを決め、職場内においてお互いに評価し合いながらスキルアップを図ることが大切である。

3. 記録の管理

記録の管理に関しては、保管方法、保管場所、閲覧制限、保存年限、個人情報に留意した廃棄方法等について、業務委託の場合には行政担当者と事前に確認しておく必要性がある。また、利用者支援事業を実施している場や施設等において、さらに取扱いのルールづくりが必要となる。例えば、❶管理責任者の指定、❷書類の保管方法と保存年限、❸電子データの取扱い規則である。記録を鍵付きのキャビネット等に保管するだけでなく、日頃より記録用紙の取扱いに注意し、ほかの人の目にふれない配慮や、電子データで管理する場合にはネット接続できないようパソコンを単独で専用化するなど、取扱いについては細心の注意が必要である。

記録は利用者支援専門員が業務上知り得た個人情報についての記載であり、その適切な管

理や守秘義務には万全を期すことが求められている。

4. 記録の活用

特定の事業やサービスの利用相談においては、どの相談者からも同じような質問が出る場合がある。専門員が一から制度や事業内容について応えなくてもいいように、行政とともに保育・教育・保健その他の子育て支援事業やサービスの概要をホームページ上でQ&Aとして掲載するなどの工夫をすることで、面談時間を有効に活用することが可能となる。利用者（保護者）にとっても、事前に制度やサービスの概要を把握できるメリットがある。相談記録は、利用者のニーズそのものを量的にも質的にも把握できる貴重な存在であることから、有効かつ効果的に活用されることが期待される。

まとめと課題

相談記録は、利用者のニーズそのものを量的にも質的にも把握できる貴重な存在である。よくある質問等をホームページ上でQ&Aとして掲載するなど、効果的に活用されることが期待される。

（奥山千鶴子）

参考文献

柏女霊峰監・著，橋本真紀編著『子ども・子育て支援新制度――利用者支援事業の手引き』第一法規，2015.

橋本真紀・奥山千鶴子・坂本純子編著，NPO法人子育てひろば全国連絡協議会編集『地域子育て支援拠点で取り組む 利用者支援事業のための実践ガイド』中央法規出版，2016.

5 利用者支援事業（特定型）の実践における留意点

キーワード

利用支援　資源の紹介

1. 利用者支援事業（特定型）の実践事例の検討

「**Ⅶ-1 利用者支援事業の概要**」（206 頁）で述べたように、本事業の特定型は主として子育て家庭が保育に関する施設や事業を円滑に利用できるよう支援（利用支援）を行う形態である。保育所や幼稚園、認定こども園、地域の子ども・子育て支援事業、市町村独自の保育サービスなどの資源の紹介が主たる業務になる。ただし、特定型においても子育て家庭のニーズを丁寧に聞き取り、個々のニーズに応じて地域の資源を紹介することが求められる。

事例

最近離婚して、ひとり親になったというAさん親子が相談にきました。引っ越してきたばかりで、仕事も保育所も探さなくてはならないようです。これから生活面も心配で、知り合いもいないなか不安だと訴えました。

上記の事例で、Aさん親子があなたの町に住んでいると想定して、Aさん親子のためにコーディネートできそうな地域資源をできるだけ多くあげてみてください。

出典：厚生労働省「利用者支援事業のための研修会」（モデル実施）資料，2014.
（事例は奥山千鶴子作成，筆者一部改変.）

2. 利用者支援事業（特定型）の実践における留意点

特定型の実践においても留意すべき点は多くあるが、本テキストでは二点あげておく。第一に、事前に子育て家庭が必要とする資源の一覧を独自に作成し常に情報を更新しておくなど、入念な情報の収集と整理が求められる。適切な資源をタイミングよく紹介するためには、資源の名称や連絡先だけでなく、資源の特徴や限界を理解しておくことも必要となる。既存の情報を再編成することで資源の理解が深まる。第二に、深刻な事情を抱えた家庭が窓口を訪れることも想定しておく必要がある。それらの家庭を特定型の対象外とするのではなく、その家庭のニーズに応じた相談窓口を地域の資源として紹介することも特定型の役割となる。

まとめと課題

特定型は、利用支援を主たる機能とするが、より軽易な子育て支援サービスの紹介窓口という認識ではなく、窓口を訪れたすべての子育て家庭に適切な資源やより適切な相談窓口を紹介する役割を担うことを理解することが重要である。

（橋本真紀）

Ⅷ

地域子育て支援コース

地域子育て支援拠点事業

1 地域子育て支援拠点事業の全体像の理解

キーワード

予防型支援　社会的課題　支援者の役割

1. 地域子育て支援拠点事業の制度上の位置づけと成り立ち

近年、子育ての社会環境が大きく変化してきている。児童数も減少し、少子化がはっきりと学校統廃合などにも表れてきている。また、3歳未満児の約7～8割は家庭で子育てされているという状況がある一方で、核家族化、地域のつながりの希薄化が進んでいる。

イクメンという言葉は使い古されてきたものの、いまだに男性の子育てへのかかわりが少ないことも事実であり、男性の育児休暇取得の奨励は続いている。また、労働環境においても男性の育児休業取得促進のため、「産後パパ育休」を創設するなど、希望に応じて男女共に仕事と育児等を両立できるよう法律の一部が改正された（「育児休業、介護休業等育児又は家族介護を行う労働者の福祉に関する法律及び雇用保険法の一部を改正する法律」（令和3年法律第58号））。情報面では、スマートフォンなど電子媒体から子育て情報を発信する自治体が増加したことに加えて、社会が新型コロナウイルス感染症の蔓延を経て、オンライン会議システムなど、ICT（情報通信技術）の利用が家庭でも行われている。このように利便性が高くなっていく一方で、情報格差が生まれ、不確実な情報に出会う場面も増え、子育てに関する不安感・孤立感の増長など負の要素を抱える可能性が生じている。

こうした背景のなか、家庭での子育てにおいて、親子だけの空間・時間が大半となり、子育ての孤立化が生じているうえに、多様な大人・子どもとのかかわりが減っている。このような、子ども・子育て家庭を取り巻く社会的状況の変化等を背景に、子育て中の親子が気軽に集い、相互交流や子育ての不安・悩みを相談できる場となる地域子育て支援拠点を設置・推進することとなった。

この地域子育て支援拠点事業は、1995（平成7）年の「地域子育て支援センター」の設置（主に保育所に併設）により少子化対策の一つとして動き始めた。その後、2002（平成14）年に「つどいの広場事業」がNPO法人等の市民活動を中心に創設され、2007（平成19）年にそれらが再編・統合され「地域子育て支援拠点事業」となった。また、2008（平成 20）年には、児童福祉法に基づき子育て支援事業に、さらに、社会福祉法における第二種社会福祉事業にも位置づけられ、制度的位置づけの重要な転換点となった。2014（平成26）年には事業類型を常設の子育て支援拠点を開設して行う「一般型」と児童福祉施設などで行う「連携型」に再編し、さらに 2018（平成 30）年より「一般型」における実施方法の一つである「出張ひろば」については、これまで同一の場所での実施が必須であったが、複数の場所での実施も認められるようになり、現在に至っている。

自分の地域の社会的状況はどうなっているのか、下記の枠内をチェックし、地域子育て支援拠点がなぜ必要になったのか話し合いをしてみる。

- □ 3 歳未満児は家庭で子育てがほとんどである。
- □ 核家族化が進んでいる。地域のつながりが希薄化している。
- □ 男性の子育てへのかかわりが少ない地域だ。
- □ 児童数が減っている。
- □ 子育てが孤立化して、不安感や負担感をもっている親が多そうである。
- □ 最近の子どもは、多様な大人・子どもとかかわっていない気がする。

地域子育て支援拠点は、公共施設や保育所、児童館などの地域の身近な場所で、乳幼児のいる子育て中の親子の交流や育児相談、情報提供を実施する場所になる。さらに NPO 法人など多様な主体の参画による地域の支え合い、子育て中の当事者による支え合いにより、地域の子育て力の向上を支える役割がある。

2. 地域子育て支援拠点の基本四事業の内容と予防型支援の必要性

親と子育てを支え、子どもの健やかな育ちを促し、子育て家庭を取り巻く前出の社会的課題に対処する観点から、子育て中の親子が気軽に集い、お互いに楽しむだけでなく、子育ての不安や悩みを相談・緩和できる場が求められている。地域子育て支援拠点の役割は、下記の基本四事業である。

❶ 交流の場の提供・交流促進
❷ 子育てに関する相談・援助
❸ 地域の子育て関連情報提供
❹ 子育て・子育て支援に関する講習等の実施

上記四事業を通じた人と人とのかかわりは、子育て支援者と子育て親子だけでなく、子育て親子同士の交流である。これらの交流は、子育て家庭の不安感・孤立感等を緩和するだけでなく、不安感・孤立感を予防することも可能となる。

3. 地域子育て支援拠点における支援者の役割

地域子育て支援拠点の支援者は、子育て親子にとって身近な場所での「話し相手」「遊び相手」である。さらに、親からの話に耳を傾けたり、具体的な相談に応じたりするだけでなく、利用者相互の自然な交流や楽しい交流の支援、子育てに関する地域の資源を紹介できる知識なども求められる。支援者は、このような役割をもって、子育て親子の不安感や孤独感を緩和し、あるいは予防していく必要がある。具体的な支援者の役割としては、❶温かく迎え入れる、❷身近な相談相手になる、❸利用者同士をつなぐ、❹利用者と地域をつなぐ、❺支援者が積極的に地域に出向く、といったことが望まれている。

まとめと課題

地域子育て支援拠点事業の全体像を理解することがねらいである。地域子育て支援拠点事業の制度上の位置づけや、成り立ち、基本４事業の内容、支援者の役割などを考え、地域や支援者のサポートがあることで、子育て親子の不安感や孤立感の緩和や予防ができることを説明できるようになろう。

（鉄矢悦朗）

参考文献

渡辺顕一郎・橋本真紀編著，NPO 法人子育てひろば全国連絡協議会編『詳解 地域子育て支援拠点ガイドラインの手引 第４版――子ども家庭福祉の制度・実践をふまえて』中央法規出版，2023.

2 利用者の理解

キーワード

支援のあり方　孤立感　受容的・共感的

1. 不安感や孤立感を生じやすい現代の子育て環境

子どもの成長は一人ひとりに違いがあるため、育児本やテレビ、ネットにある情報に振り回されそうな今の子育て環境にあっては、親として戸惑いや不安を感じることが多くなってきている。また、核家族化や地域コミュニティの希薄化などの社会環境の変化によって、以前には当たり前であった親族や近所の支えを十分に得られないために、一人で育てているような孤立感を深める親が多いのも事実である。さらに住環境も大きく変化してきている。プライバシーの確保のため、鉄扉で閉じられたマンションは部屋の防音性能も上がっている。24 時間換気の住宅なども室内と外とのつながりが断たれた空間となってきている。室内の娯楽もインターネット、テレビ、音楽など十分な現代である。そのような空間のなか、子育て親子が親と子だけの関係で長時間過ごすことが、不安感や孤独感を生じさせる要因ともなっている。

2. 「相手の立場・気持ちになる」ことの難しさ

支援者が利用者とどのようにかかわるべきかを考えるとき、大切なのは、相手の立場になって考えることである。しかし、相手の立場になった気でいると、うまくいかなかったとき「せっかく、やってあげたのに…」という負の感情が生まれる。「相手の立場になる」ではなく「相手の立場と同じにはなれないが、相手の立場にできるだけ近づこうと努力する」と考えると、うまくいかなくても「近づき方が足りなかったのだ」と次の工夫につながる発想ができる。相手の立場になろうとすること、相手を理解しようとすることは大切である。しかし、相手と全く同じ立場、すべて同じ気持ちにはなれないという事実を忘れてはならない。

3. 共感的にかかわりながら情報も共有し、手厚い支援体制をつくる

支援者は利用者からの不安に対して共感的にかかわるなかで、同僚など複数の支援者や、利用者相互の共感する場づくりにも配慮して支援体制をつくることが大切である。

支援者と利用者の1対1の対応に頼ることは、望ましい支援体制ではない。例えば、利用者Aさんが来訪した際に支援者Bさんしか対応できないという状況は、地域子育て支援拠点として適切でないことは容易に想像できる。地域子育て支援拠点のチームとしてかかわっていくこと、利用者のつながりを拡げていくことを考えていくことが大事である。1対1の関係だと、例えば、利用者Aさんは支援者Bさんだけにしか伝えていないという認識の内容なのに、支援者Cさんがそれを知っていたということで、利用者Aさんが支援者Bさんへの不信感を抱くことにつながる。ひいてはその支援拠点への不信感、さらには、支援者に話すことさえ拒絶していくことにもなりかねない。支援者Bさんが、「この話はとても重要なことだから、Cさんにも相談していいかな」などと発言することで、相手にも共有先の許諾をとることができる。また、支援者相互の連絡記録ノート等を利用し、利用者Aさんの状況等を工夫して記載することでほかの支援者も状況を把握することができる。そして、この件に関しての利用者Aさんへの対応は支援者Bさんだけが行うことが可能になる。地域子育て支援拠点における支援者の守秘義務や利用者の状況などをそれぞれが理解し、共有することが、人間関係のボタンの掛け違いのような事態の発生を回避できる。地域子育て支援拠点のスタッフはチームであることを忘れてはならない。

4. 利用者とのかかわり方の演習

地域子育て支援拠点において、利用者を温かく迎え入れ、受容的・共感的にかかわる演習を通して利用者について実践的に理解する。役割を決めて場面を再現してみよう。

３人の役割（利用者A、支援者B、支援者C）

利用者Aさん役：Bさんには、いつもいろいろ相談に乗ってくれて、感謝しています。こんなこと相談してよいのかわかりませんが、最近、夜あまり眠れないんです。

支援者Bさん役：そう。よく眠れないのね。(まず相手の状況を受け入れる共感的な相づちから) …

そのあとの会話を続けてみよう。どうやって支援者役Cさんも交えた共感的な雰囲気を保ちながら、個人的な情報を共有する場に変化させていけばよいのでしょうか？　例えば、❶Bさんが一緒に相談に乗ってくれる支援者Cさんを紹介する、❷Cさんがどうしたの？　とその場を自然に開いていくなど、可能性をみんなで考えてみましょう。

まとめと課題

地域子育て支援拠点の利用者の理解を進めることがねらいである。

利用者と同じような立場の人、経験のある人の話を聞いてみる（ヒアリング調査体験）。その際、あらかじめ聞く人数の目標、締切を決めて行うこと（例：今週中に5人に聞く）。

（鉄矢悦朗）

3 地域子育て支援拠点の活動

キーワード

発達の基本　環境づくり　利用者のニーズ

1. 子どもの発達を意識した環境づくり

地域子育て支援拠点において、乳幼児期の発達の基本を踏まえ、ふさわしい遊びや活動を提供するとともに、同年齢・異年齢の子ども同士の交流や、親以外の地域の人々とふれあう機会を設定することも、発達を促すうえで重要であることを理解しよう。

■図表Ⅷ-1 「保育所保育指針」が示す発達過程

❶～❸の乳幼児期の子どもの発達の特性について考えてみましょう。
❶ 乳児
❷ 1歳以上3歳未満児
❸ 3歳以上児

図表Ⅷ-1 の❶～❸は、厚生労働省の「保育所保育指針」（平成29年厚生労働省告示第117号）に示された、子どもの発達過程である。例えば運動面の発達では、❶で座る、はう、歩くなどの運動機能が著しく発達し、❷で歩き始めから、歩く、走る、跳ぶなどへと、基本的な運動機能が次第に発達し、❸では基本的な動作が一通りできるようになる。それに伴い、他者とのかかわりも充実するため、それぞれが独立して遊ぶ、いわゆる平行遊びから、ほかの子どもの遊びを模倣したり、子ども同士でかかわったりする姿がみられるようになる。するとそれぞれの主張がぶつかり合うなど、かかわりにおける葛藤が生まれることにもなる。仲間と遊び、仲間のなかの一人という自覚も生じることから、集団的な遊びや協同的な活動もみられるようになる。

これらは同年齢の子どもの均一的な発達の基準としてではなく、一人ひとりの子どもの発達過程としてとらえるべきものである。乳幼児期の発達の基本を踏まえたうえで、それぞれの子どもの発達過程や心身の状態に応じた適切な援助および環境づくりを行うことが大切である。

2. 子どもの発達を促す環境づくりの工夫

子どもの興味・関心に沿った遊具の配置、子どもが遊びに集中するための設備や空間の設置など、子ども視点に立った環境づくりの工夫について学んでみよう。また、乳児に配慮した空間の設定や、保護者にとっても居心地のよい環境づくりなどの工夫についても理解してみよう。

子ども視点に立った環境づくりを行っているか？チェックしてみよう。
□子どもの個性を尊重し、一人ひとりの関心や欲求を大切にしている。
□子どもにとって居心地がよく、楽しく過ごせる環境づくりの工夫をしている。
□子どもがさまざまな人たちとかかわる機会をつくり出している。
□子どもの自発的な遊びや他者とのかかわりを大切にしている。

普段は親子で過ごすことが多い幼い子どもたちに、同年齢・異年齢の子どもとの交流や、地域の人たちとかかわり合う機会をつくり出すことで、豊かな情操や社会性を育むことができる。子ども同士の自発的な遊びやかかわり合いを促し、また子どもが親の保護から離れて自由に遊ぶ環境を構成するなど、子どもの発達を促す環境づくりへの工夫が大切である。

3. 利用者のニーズに配慮した講習等（プログラム）の実際について

地域子育て支援拠点を利用する子ども・保護者のニーズに配慮しつつ、子どもの情操や社会性を豊かに育むための活動や、子育てにおける親の課題や関心事に沿った講習等（プログラム）を意図的に実施する方法、およびその多様な講習等（プログラム）の実際について学んでみよう。

子育てや子育て支援に関するプログラムは、❶子育て準備期・子育て中の保護者を対象とするもの、❷子育てのサポートをする人々を対象とするもの、❸これから子育てをするであろう人々を対象とするもの、❹一般の人々を対象とするものに大別できる。特に、子育てを身近に見たり経験したりすることなく育ってきた現代の親世代にとって、これらは大切な学習の機会となっている。

地域子育て支援拠点は、3歳未満児とその親の利用が多く、ことばによるコミュニケーションが十分でない時期の親子関係、子どもの自我が育つ過程での難しさ等、利用者のニーズを考慮した講座が開かれている。例えば「一時的保育について」「読み聞かせの楽しさ」「栄養のはなし」「子どもの応急処置」「生活のリズム」など、わかりやすいテーマ設定であるだけでなく、ともに考え、話し合う機会を十分にもつようにするなど、多様な講座のもち方がなされている。

なお、利用者のニーズに配慮した講座等の具体的な企画づくりについては、次の「**Ⅶ-4 講習等の企画づくり**」を参照されたい。

まとめと課題

地域子育て支援拠点の活動について理解することがねらいである。自分なりにふりかえってまとめてみよう。

（西村德行）

参考文献

大豆生田啓友・太田光洋・森上史朗編『よくわかる子育て支援・家庭支援論』ミネルヴァ書房，2014.
厚生労働省編『保育所保育指針解説 平成 30 年 3 月』フレーベル館，2018.
渡辺顕一郎・橋本真紀編著，NPO 法人子育てひろば全国連絡協議会編『詳解 地域子育て支援拠点ガイドラインの手引 第 4 版――子ども家庭福祉の制度・実践をふまえて』中央法規出版，2023.

4 講習等の企画づくり

キーワード

プログラムづくり　多様な講習　事例検討

1. 具体的な講習等やプログラムづくり

具体的な利用者のニーズからどのような講習（プログラム）等を企画するのか。ここでは、利用者のニーズを把握し、意図的に講習等を計画し、実行する方法について理解するとともに、現場において多様な講習等を通じてどのような支援が行われているのか、事例等をもとに検討してみよう。

利用者のニーズをもとにしたプログラムづくりを体験しよう！
（※準備するもの：付箋、筆記用具など）

❶ 4〜5人のグループに分かれて向き合って座り、各々に10枚ずつの付箋を配る。（残った付箋は机の真ん中に置き、必要なときに自由に取れるようにする）
❷ 利用者と接するなかで感じる「利用者のニーズ」を、各々10個ずつ書く。
❸ 全員の付箋を机の上に並べ、ニーズについて大まかに分類する。
❹ 多かったニーズを取り上げ、その背景にある問題点を思いつくだけ付箋に書き、机上に並べる。
❺ 問題点を分類し、それぞれの問題点の解決方法を思いつくだけ付箋に書き、机上に並べる。
❻ 並べられた問題点を解決する方法について、考えられる解決のための手段（具体的な方法など）を付箋に記入し、机上に並べる。
❼ 問題点を解決する観点で要素を選び、構成してプログラムをつくる。
❽ 各班ごとに、取り上げたニーズとそのプログラム化について発表する。

1 利用者のニーズの背景にある問題点を考える

さまざまなニーズの背景には、利用者の抱えるさまざまな問題がある。ニーズの形は違っても、問題の所在が同じだったり、またその逆の場合も考えられる。支援者はプログラム化を急ぐよりも、まずその問題の所在を明らかにし、支援者間でニーズと問題のありかを共有することが大切である。

2 一緒に考え、多様な方法でプログラム化する

利用者に共通するニーズも、その背景となる問題の所在はさまざまである。地域的なことや家族等々、話し合うことで個々の問題点が明らかになってくる。その一つひとつが、講習やプログラムの出発点となる。つまり、明らかになった問題点の数だけプログラム化が可能となる。プログラム化する過程では、支援者がグループとなり、一緒に考えることが大切である。解決のための具体的な方法を一緒に話し合うことで、多様なプログラムづくりが可能になる。

3 事例等をもとに検討する

講習等の企画づくりでは、事例をもとに検討することも大切である。厚生労働省のホームページでは、全国各地の地域子育て支援拠点事業の取組みについて、「ひろば型」「センター型」「児童館型」それぞれの事例を取り上げ、立ち上げのきっかけや事業の内容・特徴等を詳しく紹介している。これらは現在は「一般型」と「連携型」に再編されているが、資料としては有益な情報のため、参考にされたい。

まとめと課題

講習の企画づくりとともに、講習を通じての子育て支援のあり方について理解することがねらいである。自分なりにふりかえってまとめてみよう。

(西村德行)

参考文献

橋本真紀『地域を基盤とした子育て支援の専門的機能』ミネルヴァ書房，2015.

5 事例検討

キーワード

利用者の状況の把握　　相談・援助・情報提供　　地域資源のつなぎ
個人情報保護

1. 地域子育て支援拠点事業における子育て等に関する相談、援助の実施

地域子育て支援拠点事業の四つの基本事業の一つに、「子育て等に関する相談、援助の実施」が定められている。また、従事者としては、一般型では子育て支援に関して意欲のある者であって、子育ての知識と経験を有する専任の者（非常勤職員でも可）を２名以上配置するように定められており、利用者からの個別相談に応じ、必要に応じて他機関とも連携・協力しながら適切な援助をすることが求められている。

地域のつながりが希薄化し、初めての子育てに不安や悩みをもつ乳幼児子育て家庭にとって、気兼ねなく相談できる支援者の存在は大変重要である。日々のかかわりのなかで信頼感が生まれ、個別相談につながった場合には、利用者の課題や状況を把握し、適切に相談・援助・情報提供を行うなど丁寧に取り組みたい。また、個別相談に対応するための体制づくり（担当者、相談を聞く場の環境設定、記録の取り方、事例検討方法、他機関との連携方法、保管方法、管理方法等）を整えておく必要がある。

2. 事例を通して考える

次の事例の場合の支援方法を考えてみよう。本事業のなかで支援者やプログラム等で行う支援と、ほかの関係機関や事業等と連携して行う支援双方の視点から検討してみよう。

事例 1

1 歳 2 か月の女児の母。支援センターを利用して 3 回目に相談してきたケース。子どもの夜泣きがひどくて、母自身も寝られない。夫は週末には育児に協力的だが、平日は夜遅く帰宅することが多い。子どもの夜泣きが続くと、夫はイライラして「何とかしろ」と言うので余計ストレスがたまる。子どもが生まれてから引っ越してきたため、母の周りには友だちがいない。母が来所時に疲れているようにみえたので、スタッフも気にしていた親子であった。

事例 2

2 歳 5 か月の男児と 4 か月の女児の母。男児は普段から落ち着きがなく、ほかの子どものおもちゃ等を取り上げたりするため、親子が来所すると周りの親子が身構える様子がある。母は 4 か月の女児と赤ちゃんスペースにいて男児の様子をみていない場面もあり、ほかの利用者が困っている様子もみられる。地域のボランティアからは、親子が地域の公園でもほかの親子から孤立している状況が伝えられた。スタッフが母に声がけすると、男児が幼稚園入園を断られたことなど堰(せき)を切ったように話し出したので、個別に話を聞くことになった。

3. 援助方法や支援計画

事例 1 では、利用 3 回目にして個別相談をしてきた利用者の気持ちを尊重し、これからも親子に寄り添い、一緒に考えていくことを伝えつつ、信頼関係の構築を図ることから支援が始まる。まずは、親子が引っ越してきたばかりであることから、支援センター内の仲間づくりのサポートを行いながら、場合によっては夫の支援を引き出すためにパパプログラムなどへの参加を促すといった支援が求められる。母親の育児疲れがひどいようであれば、一時預かり事業や子育て援助活動支援事業（ファミリー・サポート・センター事業）等をリフレッシュに活用しても問題ないことを母親に伝え、利用につなぐ。親自身が回復してきた場合には、託児つきの学習会や子育てサークルの情報等を伝え、親子だけで過ごすのではなく、子育て家庭がほかの親子や地域との関係のなかで子育てができるよう継続的に支援していく等が想定される。

事例 2 は、親からの相談を受ける以前から拠点で気にかけていた親子で、多様な情報がスタッフやボランティアからもたらされたケースである。スタッフが母親に声をかけたところ、母親は堰を切ったように話し出すなど、相手からは相談しにくかった状況も把握された。当該親子の拠点での支援は、男児へのサポート体制と母親への支援体制の２方面から実施された。男児には個別にスタッフやボランティアが遊びや関心を広げるようにかかわることが求められる。母親に対しても担当スタッフを決めるなど丁寧なかかわりを行いつつ、男児の状況に応じて幼稚園や発達支援について情報提供を行い、一緒に考えていこうと伝えていく。また、２歳男児にとって拠点は手狭になっていること、公園でも孤立していた状況が把握されたことから、別の公園で外遊びを行っているサークルにつないでいく等の検討が想定される。

4. 個人情報保護

事業に従事する者（ボランティア等を含む）は、子育て親子への対応に十分配慮するとともに、その業務を行うにあたって知り得た個人情報について、業務遂行以外に用いてはならないことが「地域子育て支援拠点事業実施要綱」（平成 26 年 5 月 29 日雇児発 0529 第 18 号）に定められている。記録等の保管・管理だけでなく、ブログやホームページ等での写真や情報の取扱いにも配慮が必要であるが、あまり堅苦しい状況にならないよう、まずは本人に了解を得ることを基本として、ルールを決めておくことが重要である。ただし、「児童虐待の防止等に関する法律」に基づき、子どもの最善の利益が侵害されるような場合には、守秘義務が適用されないことにも留意が必要である。

まとめと課題

日頃より相談しやすいかかわりや環境設定を行うことが重要である。また、事例検討を通じて支援の内容を深め、拠点内の従事者やボランティア、利用者同士の関係性のなかでの解決に導くことや、地域の社会資源に適切につなげられるよう、日頃から関係を深めておくことが大切である。

（奥山千鶴子）

参考文献

渡辺顕一郎・橋本真紀編著，NPO 法人子育てひろば全国連絡協議会編『詳解 地域子育て支援拠点ガイドラインの手引 第４版――子ども家庭福祉の制度・実践をふまえて』中央法規出版，2023.

6 地域資源の連携づくりと促進

キーワード

地域資源の理解　情報提供　地域資源の連携づくり

1. 多様な地域資源の理解

子育てを支援する地域資源は、公的な制度・サービスであるフォーマルな支援と、親族やママ友、子育てサークル等のインフォーマルな支援に分けられる。従来はインフォーマルな支援にゆだねられてきた子育て支援が、1994（平成6）年のエンゼルプラン策定以降、保育所・幼稚園以外の公的な制度やサービスについてもメニューが増えてきた。

1 フォーマルな地域資源

地域子ども・子育て支援事業に位置づけられた母子保健分野では、従来から行われてきた「妊婦健康診査」「乳幼児健康診査」に加えて、4か月までの乳児がいるすべての家庭を訪問する「乳児家庭全戸訪問事業」、養育が必要な家庭に保健師・助産師・保育士等が訪問する「養育支援訪問事業」が実施されている。

子どもを一時的に預かる事業としては、リフレッシュ目的や急な用事等で利用できる「一時預かり事業」、保育所・放課後児童クラブ等の送迎について支援を提供する会員と希望する会員の相互援助活動を連絡・調整する「子育て援助活動支援事業（ファミリー・サポート・センター事業）」「病児保育事業」、また保護者の疾病、育児不安等の理由により児童の養育が困難な場合に、児童養護施設等で夜間または宿泊を伴う養育を行う「子育て短期支援事業」等がある。

また、地域子育て支援拠点利用の先にある幼稚園、保育所、認定こども園、地域型保育事業等の情報は、支援者側も情報をしっかり把握しておく必要がある。

2 インフォーマルな地域資源

インフォーマルな地域資源の代表は、ママサークル、育児サークルなどともいわれる「子育てサークル」である。定期的に集まって子どもを遊ばせたり、親同士の情報交換や講師を招いた講座を行ったりすることなどを目的とした子育てグループやその活動をいう。最近では、就労復帰が早くなっており、地域子育て支援拠点内においてサークル活動やグループ活動を行うケースも増えている。また、パパ同士の集まり、多胎児の会、特定疾患の親の会等、特定の当事者グループ等の活動も重要な地域資源となっている。

さらに、地域においては、親が学習する際の子どもの保育を担う「保育グループ」や「保育ボランティア」、文部科学省が事業として推進してきた「子育てサポーター」等の支援者の活動も大切な地域資源となっている。その他、プレイパーク活動、もりの幼稚園等の自然環境のなかで子どもの遊びを重視した活動や、「子ども食堂」など食を通じた活動も増えてきている。

2. 情報提供の方法

地域子育て支援拠点には、子育てに関する情報、地域の子育て支援事業やサービスに関する情報を収集し、提供することが求められている。さらに、子育て中の保護者に対して、効果的に情報提供を行う必要がある。そのため、保護者が情報を閲覧しやすいように、情報コーナーや掲示板を活用したり、ホームページやSNS等で情報提供を行っているところが多くなっている。また、オムツ替えコーナーに、離乳食、夜泣き、人見知り、イヤイヤ期などに対応する育児のポイント等を用意して気軽に手にとれるよう工夫する、外国にルーツのある利用者が多い場合には、案内や通信等にわかりやすい日本語表現を使ったり、多言語で作成したりするなどの工夫をしている地域子育て支援拠点もある。

いずれにしても、利用者である保護者のニーズに合った情報提供を行うために、利用者の声に耳を傾けながら、情報提供について工夫をしていくことが大切である。

3. 地域資源の連携づくり

核家族化により子育て経験の受け渡しが難しくなり、地域との関係が希薄化するなかで、地域子育て支援拠点のはたらきの一つとして、子育て家庭が安心して子育てができる地域環境づくりに取り組むことは大変重要である。そのためには世代を越えた地域の人たちがボランティアとして活動できる機会をつくり出し、地域交流を図ることが求められる。

地域で活動するさまざまな人たちの協力を得ることは、地域子育て支援拠点の活動を豊かにするだけでなく、地域の子育て家庭の理解者や応援者を増やすことにもつながる。したがって、地域の多様な活動団体が気軽にチラシを置きに訪ねてくるような、地域に開かれた拠点であることが大切である。

また、地域の子育て支援関係者が行事等を通じてつながるなど、経験を通じてお互いが信頼関係をつくり、地域の子育ての課題に関心を向け、連携して取組みを進め実践を積み重ねることが、地域の子育て環境の向上につながるものと考える。

まとめと課題

子どもが生まれて、初めて地域を意識したという保護者は多い。地域子育て支援拠点は家庭と地域をとりもつ架け橋のような存在である。したがって、保護者が地域の情報を得やすいよう、地域資源の情報収集、情報提供に工夫することが求められる。加えて、子育て家庭が安心して子育てできる地域づくりを目指し、世代を超えたボランティアの受け入れや多様な地域資源との連携が必要である。

（奥山千鶴子）

参考文献

渡辺顕一郎・金山美和子『家庭支援の理論と方法――保育・子育て・障害児支援・虐待予防を中心に』金子書房，2014.

渡辺顕一郎・橋本真紀編著，NPO 法人子育てひろば全国連絡協議会『詳解 地域子育て支援拠点ガイドラインの手引 第 4 版――子ども家庭福祉の制度・実践をふまえて』中央法規出版，2023.

Ⅸ

放課後児童コース

1 放課後児童健全育成事業の目的および制度内容

キーワード

放課後児童健全育成事業　一般原則と役割　関連する法令の理解

1. 放課後児童健全育成事業（放課後児童クラブ）の目的

1 児童福祉法および設備運営基準における放課後児童健全育成事業の目的

児童福祉法における放課後児童健全育成事業の目的

> **児童福祉法**
> **第6条の3**　（略）
> 2　この法律で、放課後児童健全育成事業とは、小学校に就学している児童であつて、その保護者が労働等により昼間家庭にいないものに、授業の終了後に児童厚生施設等の施設を利用して適切な遊び及び生活の場を与えて、その健全な育成を図る事業をいう。

放課後児童クラブの法的な基礎は児童福祉法第６条の３第２項に定められている。放課後児童クラブが児童福祉法に位置づけられたのは、1997（平成９）年（翌年施行）であり、このときから放課後児童健全育成事業と称されることになった。法制化された当初は対象児童を「おおむね10歳未満」としていたが、2015（平成27）年４月から小学生全学年が対象となった。「小学校」には、特別支援学校の小学部の児童も加えることができる。また「労働等」には、疾病や介護・看護、障害なども含まれる。「児童厚生施設」は児童遊園や児童館等であり、「児童に健全な遊び」を提供する施設である。児童厚生施設と比較すると、放課後児童健全育成事業では「遊び」だけではなく「生活の場」としての実践も重視されている。

設備運営基準における放課後児童健全育成事業の目的

> **放課後児童健全育成事業の設備及び運営に関する基準**
> （放課後児童健全育成事業の一般原則）
> **第５条**　放課後児童健全育成事業における支援は、小学校に就学している児童であって、その保護者が労働等により昼間家庭にいないものにつき、家庭、地域等との連携の下、発達段階に応じた主体

的な遊びや生活が可能となるよう、当該児童の自主性、社会性及び創造性の向上、基本的な生活習慣の確立等を図り、もって当該児童の健全な育成を図ることを目的として行われなければならない。

「放課後児童健全育成事業の設備及び運営に関する基準」(平成 26 年厚生労働省令第 63 号)(以下、設備運営基準)は、児童福祉法第 34 条の 8 の 2 第 2 項の規定に基づいて定められ、2014(平成 26)年に公布された。市町村は、設備運営基準に基づき条例を定める必要があることが同法第 34 条の 8 の 2 第 1 項に定められている。設備運営基準に定められている放課後児童健全育成事業の目的は、第 5 条第 1 項に「一般原則」として、❶家庭や地域等との連携、❷発達段階に応じた主体的な遊びや生活、❸自主性、社会性及び創造性の向上、❹基本的な生活習慣の確立の四つを通して「児童の健全な育成を図ること」と記されている。

2. 放課後児童健全育成事業の一般原則とその役割

1 設備運営基準および放課後児童クラブ運営指針における一般原則の内容およびその役割

設備運営基準における一般原則

放課後児童健全育成事業の設備及び運営に関する基準
(放課後児童健全育成事業の一般原則)
第5条 (略)
2 放課後児童健全育成事業者は、利用者の人権に十分配慮するとともに、一人一人の人格を尊重して、その運営を行わなければならない。
3 放課後児童健全育成事業者は、地域社会との交流及び連携を図り、児童の保護者及び地域社会に対し、当該放課後児童健全育成事業者が行う放課後児童健全育成事業の運営の内容を適切に説明するよう努めなければならない。
4 放課後児童健全育成事業者は、その運営の内容について、自ら評価を行い、その結果を公表するよう努めなければならない。
5 放課後児童健全育成事業を行う場所(以下「放課後児童健全育成事業所」という。)の構造設備は、採光、換気等利用者の保健衛生及び利用者に対する危害防止に十分な考慮を払って設けられなければならない。

設備運営基準第 5 条第 2 項から第 5 項にも、事業者及び事業所の一般原則について言及されている。第 2 項の「利用者」とは、放課後児童健全育成事業を利用する子どものことである。ここでは、放課後児童クラブでは、子どもの人権が尊重されること、放課後児童クラブは家庭や地域社会と連携し、その運営内容について、保護者や地域住民に説明する必要があることが示されている。また、放課後児童健全育成事業は、社会福祉法に定める第二種社会福祉事業であるため、社会福祉法第 78 条に定める自己評価を行う必要がある。最後の第５項は設備面であるが、育成支援の質を担保するためには重要な観点である。

放課後児童クラブ運営指針における役割

> **放課後児童クラブ運営指針**
> 第１章　総則
> ２　放課後児童健全育成事業の役割
> ⑴　放課後児童健全育成事業は、児童福祉法第６条の３第２項に基づき、小学校に就学している子どもであって、その保護者が労働等により昼間家庭にいないものに、授業の終了後に児童厚生施設等の施設を利用して適切な遊び及び生活の場を与え、子どもの状況や発達段階を踏まえながら、その健全な育成を図る事業である。
> ⑵　放課後児童健全育成事業の運営主体及び放課後児童クラブは、児童の権利に関する条約の理念に基づき、子どもの最善の利益を考慮して育成支援を推進することに努めなければならない。
> ⑶　放課後児童健全育成事業の運営主体及び放課後児童クラブは、学校や地域の様々な社会資源との連携を図りながら、保護者と連携して育成支援を行うとともに、その家庭の子育てを支援する役割を担う。

「放課後児童クラブ運営指針」（平成 27 年３月 31 日雇児発 0331 第 34 号）（以下、運営指針）は「全国的な標準仕様」として 2015（平成 27）年に施行された（これにより「放課後児童クラブガイドライン」は廃止）。ここには放課後児童クラブの役割が記されている。一見してわかる通り、児童福祉法および設備運営基準の一般原則を踏まえ、より具体的に役割を提示している。ここでは、子どもの発達段階を踏まえることや、児童の権利に関する条約（子どもの権利条約）の基本原則である子どもの最善の利益を考慮すること、家庭の子育て支援を行うことが記されている。

なお、運営指針については、2021（令和３）年に厚生労働省より『改訂版 放課後児童クラブ運営指針解説書』（フレーベル館）が発行されているので、適宜参考にされたい。

3. 設備運営基準および運営指針の内容

❶ 設備運営基準の構成と事業運営に関する基本的な事項

先述の通り、設備運営基準は厚生労働省令で定められている。主な内容は**図表Ⅸ-1** の通りであり、「全国的な一定水準の質の確保」に向けた取組みである。この省令をもとに市町村の条例が策定され、放課後児童クラブが運営されている。

❷ 運営指針の構成と主な内容

運営指針の概要は**図表Ⅸ-2** の通りであるが、運営指針には策定に関する三つの視点と、内容に関する四つのポイントがある。

■図表Ⅸ-1　放課後児童クラブの設備運営基準について

○　放課後児童クラブの質を確保する観点から、子ども・子育て関連3法による児童福祉法の改正により、放課後児童クラブの設備及び運営について、省令で定める基準を踏まえ、市町村が条例で基準を定めることとなった
○　このため、「社会保障審議会児童部会放課後児童クラブの基準に関する専門委員会」における議論を踏まえ、平成26年4月に「放課後児童健全育成事業の設備及び運営に関する基準」（平成26年厚生労働省令第63号）を策定・公布した

〈主な基準〉

※職員のみ従うべき基準（他の事項は参酌すべき基準）

支援の目的（参酌すべき基準）　（第5条）

○　支援は、留守家庭児童につき、家庭、地域等との連携の下、発達段階に応じた主体的な遊びや生活が可能となるよう、児童の自主性、社会性及び創造性の向上、基本的な生活習慣の確立等を図り、もって当該児童の健全な育成を図ることを目的として行わなければならない

職員（参酌すべき基準）　（第10条）

○　放課後児童支援員（※）を、支援の単位ごとに2人以上配置（うち1人を除き、補助員の代替可）
※　保育士、社会福祉士等（「児童の遊びを指導する者」の資格を基本）であって、都道府県知事、指定都市市長又は中核市市長が行う研修を修了した者
※　令和元年度まで、「職員」は従うべき基準であったが、地方分権提案により、令和2年度より参酌すべき基準に改正

開所日数（参酌すべき基準）　（第18条）

○　原則1年につき250日以上
※　その地方における保護者の就労日数、授業の休業日等を考慮して、事業を行う者が定める

設備（参酌すべき基準）　（第9条）

○　専用区画（遊び・生活の場としての機能、静養するための機能を備えた部屋又はスペース）等を設置
○　専用区画の面積は、児童1人につきおおむね1.65㎡以上

児童の集団の規模（参酌すべき基準）　（第10条）

○　一の支援の単位を構成する児童の数（集団の規模）は、おおむね40人以下

開所時間（参酌すべき基準）　（第18条）

○　土、日、長期休業期間等（小学校の授業の休業日）
　→　原則1日につき8時間以上
○　平日（小学校授業の休業日以外の日）
　→　原則1日につき3時間以上
※　その地方における保護者の労働時間、授業の終了時刻等を考慮して事業を行う者が定める

その他（参酌すべき基準）

○　非常災害対策、児童を平等に取り扱う原則、虐待等の禁止、衛生管理等、運営規程、帳簿の整備、秘密保持等、苦情への対応、保護者との連絡、関係機関との連携、事故発生時の対応　　など

出典：内閣府子ども・子育て本部「子ども・子育て支援新制度について」2022.

■図表Ⅸ-2 「放課後児童クラブ運営指針」の概要

運営指針の構成

○　第1章から第7章までの構成で、放課後児童クラブにおける育成支援の内容や運営に関する留意すべき事項などを網羅的に記載し、運営していく上での基本的な事項を定めている。
○　各放課後児童クラブは、この運営指針を踏まえ、それぞれの実態に応じて創意工夫を図り、質の向上と機能の充実に努めていく。

第1章　総則

放課後児童クラブ運営指針の趣旨と育成支援の基本的な考え方を示し、全体像を理解できる内容を規定

1．総則　2．放課後児童健全育成事業の役割　3．放課後児童クラブにおける育成支援の基本

第2章　事業の対象となる子どもの発達

児童期（6～12歳）の発達の特徴を３つの時期区分ごとに整理し、育成支援に当たって配慮すべき内容を規定

1．子どもの発達と児童期　2．児童期の発達の特徴　3．児童期の発達過程と発達領域　4．児童期の遊びと発達　5．子どもの発達過程を踏まえた育成支援における配慮事項

第3章　放課後児童クラブにおける育成支援の内容

育成支援を行うに当たって子どもが主体的に過ごし、一人ひとりと集団全体の生活を豊かにしていくために必要となる援助の具体的な方法や障害のある子どもなどに適切に対応していくために留意すべきこと、保護者との信頼関係の構築などの内容を規定

1．育成支援の内容　2．障害のある子どもへの対応　3．特に配慮を必要とする子どもへの対応　4．保護者との連携
5．育成支援に含まれる職務内容と運営に関わる業務

第4章　放課後児童クラブの運営

省令基準に基づく職員体制や集団の規模等の具体的な内容を規定

1．職員体制　2．子どもの集団の規模　3．開所時間及び開所日
4．利用の開始等に関わる留意事項　5．運営主体
6．労働環境整備　7．適正な会計管理及び情報公開

第5章　学校及び地域との関係

連携に当たっての情報交換等の必要性や方法等の内容を規定

1．学校との連携　2．保育所、幼稚園等との連携　3．地域、関係機関との連携　4．学校、児童館を活用して実施する放課後児童クラブ

第6章　施設及び設備、衛生管理及び安全対策

省令基準に基づく施設及び設備の環境整備と感染症や事故などへの対応方法等の具体的な内容を規定

1．施設及び設備　2．衛生管理及び安全対策

第7章　職場倫理及び事業内容の向上

運営主体の責務と放課後児童支援員等の倫理意識の自覚、研修等の事業内容向上の取組内容を規定

1．放課後児童クラブの社会的責任と職場倫理
2．要望及び苦情への対応　3．事業内容向上への取り組み

出典：厚生労働省雇用均等・児童家庭局総務課少子化総合対策室「放課後児童健全育成事業（放課後児童クラブ）について」2016.

策定の視点の一つ目は、放課後児童クラブの運営実態の多様性を踏まえ、「最低基準」としてではなく、望ましい方向に導いていくための「全国的な標準仕様」としての性格を明確化していることである。二つ目は、子どもの視点に立ち、子どもの最善の利益を保障し、子どもにとって放課後児童クラブが安心して過ごせる生活の場となるように、放課後児童クラブが果たすべき役割を再確認し、その役割および機能を適切に発揮できるような観点で内容を整理していることである。三つ目は、子どもの発達過程や家庭環境なども考慮して、異なる専門性を有して従事している放課後児童支援員等が子どもとどのような視点でかかわることが求められるのかという共通の認識を得るために必要となる内容を充実していることである。

運営指針のポイントの一つ目は、放課後児童クラブの特性である「子どもの健全な育成と遊び及び生活の支援」を「育成支援」と定義し、その育成支援の基本的な考え方等を第1章の総則に新たに記載したことである。二つ目は、児童期の発達の特徴を三つの時期区分ごとに整理するとともに、子どもの発達過程を踏まえて集団のなかでの子ども同士のかかわりを大切にして育成支援を行う際の配慮すべき事項等を第2章に新たに記載したことである。三つ目は、放課後児童クラブにおける「育成支援」の具体的な内容を子どもの立場に立った観点から網羅的に記載するとともに、障害のある子どもや特に配慮を必要とする子どもへの対応については、より具体的な受入れにあたっての考え方や留意すべき点なども加味して、第3章に新たに記載したことである。四つ目は、運営主体が留意すべき点として、子どもや保護者の人権への配慮、個人情報や守秘義務の遵守および事業内容の向上に関することなど、放課後児童クラブの社会的責任と職場倫理等について、第7章に新たに記載したことである。

まとめと課題

放課後児童健全育成事業（放課後児童クラブ）の目的や制度が理解できたであろうか。放課後児童クラブは、まだまだ世間一般で、きちんと理解されているとは言いがたい。自分の周囲の人たちに、放課後児童クラブについて適切な説明ができるようになることを目標としてほしい。

（中田周作）

参考文献

厚生労働省編『改訂版 放課後児童クラブ運営指針解説書』フレーベル館，2021.
日本放課後児童指導員協会支援員認定資格研修テキスト編集委員会編『放課後児童支援員認定資格研修テキスト――子どもたちのはじける笑顔のために』日本放課後児童指導員協会，2023.
放課後児童支援員認定資格研修教材編集委員会編著『放課後児童支援員都道府県認定資格研修教材 第2版――認定資格研修のポイントと講義概要』中央法規出版，2020.

2 放課後児童クラブにおける権利擁護とその機能・役割等

キーワード

子どもの権利条約　社会的責任　保護者との連携　地域

1. 放課後児童クラブにおける子どもの権利に関する基礎知識

放課後児童クラブにおける子どもの権利に関する基礎知識は、しっかりと理解しておかなければならない。そのためには関連する基本的な法律や国際条約などの内容を読み取る必要がある。**図表Ⅸ-3** は「国内」「国際」関連の公的な文書等である。

■図表Ⅸ-3　国内および国際的な公的文書

<国内>
・「児童福祉法」1948（昭和 23）年施行
・「児童憲章」1951（昭和 26）年制定（12 項目）
<国際>
・「児童の権利に関する宣言」1959 年国連総会決議（10 か条）
・「市民的及び政治的権利に関する国際規約」1966 年国連総会決議（53 か条）
・「経済的、社会的及び文化的権利に関する国際規約」1966 年国連総会決議・1979 年日本政府批准（31 か条）
・「児童の権利に関する条約」（「子どもの権利条約」）1989 年国連総会決議・1994 年日本政府批准（54 か条）

児童の権利に関する条約（子どもの権利条約）については、1994（平成 6）年 5 月 20 日の文部事務次官通知において、「児童の人権に十分配慮し、一人一人を大切にした教育が行われなければならないことは極めて重要なことであり、本条約の発効を契機として、更に一層、教育の充実が図られていくことが肝要であります。このことについては、初等中等教育関係者のみならず、広く周知し、理解いただくことが大切であります」と、その重要性が述べられている。

また、子どもの権利条約を批准した国は、五年に一度「国連子どもの権利委員会」（以下、委員会）に報告書を提出し、委員会の審査を受ける。委員会は日本政府の報告と市民からの報告を併せて審査し、日本政府が条約に沿って子どもの権利の実現を進めているのかを確認する。最終的に各国政府に対して、子どものためにより良い条件づくりを行うように勧告を出す。外務省によると、日本政府は既に４回にわたって報告書を提出し、市民レベルの報告書と併せて審議され、勧告が４回出されている（2023（令和５）年現在）。

2. 放課後児童クラブの社会的責任

放課後児童クラブは両親が働いている環境のなかで、子どもたちの生活を把握し、必要に応じて児童の保護を目指すものである。日本国憲法（第 11 条 基本的人権の享有）や国際人権規約、および児童の権利に関する条約（子どもの権利条約）が示す人間としての当然の権利を尊重し、子どもや保護者の人権に配慮し、一人ひとりの人格を尊重することが重要である。

また、子どもや保護者のプライバシーの保護や業務上知り得た事柄の秘密保持の必要性、とりわけプライバシーの保護について認識することは重要であり、配慮が必要である。

3. 利用者への虐待等の禁止と予防

子どもに対応するにあたって、虐待等の心身への暴力的な行為は許されない。その予防も含めて十分な配慮が必要である。

同時に、子どもへの虐待等の禁止と予防の理解を進めることが求められる。子どもの虐待はなぜ起こるのか、またどうしたら予防できるのか等についてもまとめておく必要がある。

4. 放課後児童クラブにおける保護者とのかかわり方や学校との連携

放課後児童クラブにおいては、保護者や学校との連携が重要な意味をもっている。そのかかわり方についての理解が必要である。

保護者とは密接な連絡を取り、育成支援の内容を伝えて理解を得ることが重要であり、そのためには放課後児童クラブにおける子どもの遊びや生活の様子を日常的に保護者に伝えることが必要である。また、学校と子どもの状況について情報交換や情報共有を行うことが重要である。学校と連携を取るためには、日頃のクラブでの子どもの姿を正しく伝えることが必要である。

5. 自治体における「子どもの声に耳を傾ける」姿勢

各自治体は日本政府の「児童の権利に関する条約」の批准を踏まえて、それぞれの立場で積極的に条約の主旨を取り入れることが求められている。2014（平成 26）年の調査では多くの自治体が重視して取り組んでいることがわかる(**図表Ⅸ-4**)。

■図表Ⅸ-4　子どもの声に耳を傾ける姿勢の重視度

1. 非常に重視している(193 自治体、47%)
2. わりと重視している(170 自治体、41%)
3. あまり重視していない(47 自治体、11%)
4. ほとんど重視していない(3 自治体、1%)

出典：小川貴志子『子どもの権利条約に関する自治体での実態調査研究報告書』2011 年度文部科学研究費助成事業，2014.

まとめと課題

2021（令和 3）年に行われた、公益社団法人セーブ・ザ・チルドレン・ジャパンのインターネット調査によれば、「しつけの一環として子どもを叩いた経験」のある親の割合は、55%以上にのぼると報告されている[1)]。子どもの人権や権利の問題を考えるときに、親の育児ストレスからくる体罰は、虐待問題の解消と併せて喫緊の課題である。

また、多くの児童およびその保護者が、「児童の権利に関する条約（子どもの権利条約)」の存在そのものを知らないという現状は少なくとも解消されなければならない。放課後児童クラブとしても、子どもやその保護者に対して「児童の権利に関する条約」についてもっと積極的に提起していかなければならない。

「児童の権利に関する条約」に基づく国連子どもの権利委員会の総括所見においては、日本政府が条約に対して積極的に取り組んでいないという指摘がされている。政府のさらなる積極的な取組みが求められるのは当然であるが、子どもにかかわるすべての大人が条約の主旨を理解し、さらに広げていくことこそが求められていることも確かである。

（瀧口優）

参考文献

1）社会福祉法人恩賜財団母子愛育会愛育研究所『日本子ども資料年鑑 2022』KTC 中央出版，p.231，2022.

3 子どもの発達理解と児童期（6～12歳）の生活と発達

キーワード

発達理解　身体的発達　精神的な発達　社会性の発達

1. 子どもの発達理解の基礎

1 発達とは何か

子どもの発達を考えるとき、「発達」をどのように考えていくのかは重要なポイントである。発達心理学辞典では「発達は有機体の生命の始まり以後の時間にわたる、身体・精神・行動・人格の構造と機能の順次的段階的な形成及び変化をいう」と書かれているが、単に身体だけの問題ではなく、人格までも含めた総合的な発達である。

2 発達の時期区分と特徴

人間の一生を発達の時期区分で考えるといくつかの節がある。一般的には**図表Ⅸ-5**のような発達の区分があるが、子どもにかかわる分野としては乳児期、幼児期、児童期および思春期前半部分となっている。

■図表Ⅸ-5　子どもの発達区分

乳児期⇒	幼児期⇒	児童期⇒	思春期⇒	青年期⇒	壮年期⇒	老年期
(0～2)	(3～6)	(7～12)	(13～18)	(19～30)	(31～60)	(61～　)
子ども期						

2. 発達面からみた児童期（6～12歳）の一般的特徴

子ども期のなかで、小学校時代にあたる児童期は6年間という幅があるために、子どもは身体的にも精神的にも大きな変化のなかで発達していくことになる。児童期の発達の特徴をまとめると以下のようになる。

❶「受動的学び」から「能動的学び」への転換。自らが体験をすることで学び、その積み重ねのなかで抽象的学びが可能となっていく。

❷ 文字を獲得し、それまでの音声言語が文字化され、文字の音声化へとつながっていく。とりわけ漢字の学びを通して、豊かな文字文化、読書文化に発展させられる。

❸ 9歳から10歳の「9、10歳の節」を踏まえて以後男女ともに第二次性徴が進み、身体的な変化とともに、異性への性的な関心も高まっていく。

❹ 小学校低学年では小集団でのコミュニケーションが強いが、高学年になるとクラス集団を意識した活動が展開される。小集団からクラス集団への意識の変化がみられる。

❺ 幼児期から児童期の初期は自己中心であったが、高学年になるにつれて他者意識が身についてくる。したがって児童期は、幼児期と青年期の橋渡しとして重要な発達段階の節目となる。

■図表Ⅸ-6 児童期の発達の特徴

○ ものや人に対する興味が広がり、その興味を持続させ、興味の探求のために自らを律することができるようになる。
○ 自然や文化と関わりながら、身体的技能を磨き、認識能力を発達させる。
○ 学校や放課後児童クラブ、地域等、子どもが関わる環境が広がり、多様な他者との関わりを経験するようになる。
○ 集団や仲間で活動する機会が増え、その中で規律と個性を培うとともに、他者と自己の多様な側面を発見できるようになる。
○ 発達に応じて「親からの自立と親への依存」、「自信と不安」、「善悪と損得」、「具体的思考と抽象的思考」等、様々な心理的葛藤を経験する。

出典：厚生労働省「放課後児童クラブ運営指針」（平成27年3月31日雇児発0331第34号）

■図表Ⅸ-7 子どもの発達と児童期

○ 6歳から12歳は、子どもの発達の時期区分において幼児期と思春期・青年期との間にあり、児童期と呼ばれる。
○ 児童期の子どもは、学校、放課後、家庭のサイクルを基本とした生活となる。
・学校において基礎学力が形成されることに伴い、知的能力や言語能力、規範意識等が発達する。
・身長や体重の増加に伴って体力が向上し、遊びも活発化する。
・社会性の発達に伴い、様々な仲間集団が形成されるなど、子ども同士の関わりも変化する。
・想像力や思考力が豊かになることによって遊びが多様化し、創意工夫が加わった遊びを創造できるようになる。
○ 児童期には、幼児期の発達的特徴を残しつつ、思春期・青年期の発達的特徴の芽生えが見られる。子どもの発達は、行きつ戻りつの繰り返しを経ながら進行していく。
○ 子どもは、家庭や学校、地域社会の中で育まれる。大人との安定した信頼関係のもとで、「学習」、「遊び」等の活動、十分な「休息」、「睡眠」、「食事」等が保障されることによって、子どもは安心して生活し育つことができる。

出典：厚生労働省「放課後児童クラブ運営指針」（平成27年3月31日雇児発0331第34号）

3. 子どもの遊びや生活と発達

児童期の発達を支える小学校時代には、それまで幼児期では当たり前だった「遊び」が「学業」中心になり、豊かな遊びを通した学びが減少することになる。子どもにとって、また人間にとって、「遊び」は人間性を高めるために重要なものであり、遊びの環境が悪くなっている現在こそ、意図的に遊びを盛り込まなければならない。

1 遊びと子どもの社会性の発達

遊びは人間にとって不可欠なものであり、伝統文化は生活のなかの遊びから始まっている。子どもにとっては遊びが中心であり、そのなかで社会性を発達させていくものである。

> 「遊びの中では、子どもは頭一つ抜け出たもののように行為する。遊びは発達における先導的要因である」

出典：Vygotsky, L. S., Cole, M.(Eds), Jolm-Steiner, V. (Eds), et al., Mind in Society*: Development of Higher Psychological Processes*, p.102, Harvard University Press, 1978.

また、遊びは成人にとっても重要な意味をもっており、仕事と遊びの両立を通して人間らしい生き方が可能となる。そして高齢者にとっては、社会貢献と遊びの両立ができて生きがいになっていく。

2 子どもの発達における遊びの役割

遊びは人間にとってどんな意味をもっているのだろうか。また、どんなはたらきをしているのだろうか。

遊びを通して、まず人間らしい心と身体を育て、身体力を豊かにする。人間だけがもっている遊びの心が育っていく。また遊びは総合的な発達のためのツールであり、生活力や情動力を豊かにしていくものである。「からだ」と「こころ」、そして「あたま」を使うことによって人間は成長していく。さらに遊びは豊かな人間関係を築いて交流力を育てていく。「協力」「理解」「相談」「譲歩」「提案」など、集団でのコミュニケーションに必要な力を育てていく。その他にも、遊びを通して、ものごとをイメージする想像力あるいは手や足を使っての創造力を豊かに育て、認識力を高めていくことにつながる。そのことが自然や社会への接点をつくることになる。

まとめと課題

子どもの発達を乳幼児期から思春期までを視野に入れて、子どもの発達についての理解と、とりわけ児童期の発達についてその基本を理解することがねらいである。また子ども期にとっては遊びが重要な役割を果たしており、その基礎を学んでおく必要がある。自分なりにふりかえり、まとめてみよう。

（瀧口優）

参考文献

岡本夏木・清水御代明・村井潤一監修『発達心理学辞典』ミネルヴァ書房，1995.
Vygotsky, L. S., Cole, M.(Eds), Jolm-Steiner, V. (Eds), et al., *Mind in Society: Development of Higher Psychological Processes*, Harvard University Press, 1978.

4 子どもの生活と遊びの理解と支援

キーワード

子どもの生活　遊びの役割　子ども集団　遊びの環境

1. 放課後児童クラブに通う子ども

放課後児童クラブに通う子どもたちは、学校での授業を終えても自宅に帰らずに集団での活動に参加するため、放課後児童クラブは彼らにとって遊びの場であるとともに生活の場でもある。そして個々の子どもの心身の状況はさまざまであり、自己表現も複雑になる。指導員はこうした子どもの状況を丁寧に把握して対応しなければならない。

2. 子どもの生活における遊びの大切さを理解する――子どもの遊びと発達

子どもの生活にとって遊びは最も基本となるものであり、遊びを通してさまざまな能力を身につけていくことは既にふれられている。遊びを通して子どもが豊かに発達していくこともまた確認しておかなければならない。

放課後児童クラブに通う子どもたちにとっても、遊びを中心とした生活が必要であり、それを保障するのが放課後児童支援員等の役割でもある。児童期の遊びについては「放課後児童クラブ運営指針」（以下、運営指針）にまとめられているので参考にするとよい（**図表Ⅸ-8**）。

3. 子どもの遊びと仲間関係および環境

子どもの遊びを考えるうえでは、子どもの自発的な遊びが大切である。幼児教育の分野においては遊びを子どもの自発性のなかから組織していくことが求められるが、児童期においてもその基本は同じであり、むしろ子どもたちが自分で、あるいは自分たちで遊びを創造していくように支援する必要がある。児童期の遊びについてはさまざまな分類があり、一つに絞ることは難しいが、**図表Ⅸ-9**、**Ⅸ-10** に例示するので参考にしていただきたい。

■図表Ⅸ-8　児童期の遊びと発達

○　放課後児童クラブでは、休息、遊び、自主的な学習、おやつ、文化的行事等の取り組みや、基本的な生活に関すること等、生活全般に関わることが行われる。その中でも、遊びは、自発的、自主的に行われるものであり、子どもにとって認識や感情、主体性等の諸能力が統合化される他に代えがたい不可欠な活動である。
○　子どもは遊びの中で、他者と自己の多様な側面を発見できるようになる。そして、遊びを通じて、他者との共通性と自身の個性とに気付いていく。
○　児童期になると、子どもが関わる環境が急速に拡大する。関わる人々や遊びの種類も多様になり、活動範囲が広がる。また、集団での遊びを継続することもできるようになっていく。その中で、子どもは自身の欲求と相手の欲求を同時に成立させるすべを見いだし、順番を待つこと、我慢すること、約束を守ることや平等の意味等を身に付け、協力することや競い合うことを通じて自分自身の力を伸ばしていく。
○　子どもは、遊びを通じて成功や失敗の経験を積み重ねていく。子どもが遊びに自発的に参加し、遊びの楽しさを仲間の間で共有していくためには、大人の援助が必要なこともある。

出典：厚生労働省「放課後児童クラブ運営指針」(平成 27 年 3 月 31 日雇児発 0331 第 34 号)

■図表Ⅸ-9　児童期の「遊び」の分類

<一般論>
ア. 虫あそび (生命の大切さを学ぶ)
イ. 草花あそび (自然の豊かさを学ぶ)
ウ. 鬼ごっこ (役割が変わって、変化に富んで、運動量も多い)
エ. 模型あそび (想像力、科学的認識を高める)
オ. 人形あそび (色彩感覚、造形感覚を豊かにする)
カ. すべり台あそび (集団で遊ぶ力を高める)
< 1970 年代>
ア. 鬼ごっこ系 (高鬼、どろけい…)
イ.「ボール遊び」系 (草野球…)
ウ.「ブランコ遊び」系 (石拾い、靴飛ばし、ブランコジャンプ…)
エ. その他の外遊び系 (缶けり、だるまさんがころんだ、馬乗り…)
オ. 室内あそび系 (イス取りゲーム、フルーツバスケット、伝言ゲーム…)
カ. 手あそび系 (指相撲…)

資料：初見健一『子どもの遊び 黄金時代――70 年代の外遊び・家遊び・教室遊び』光文社, 2013.

■図表Ⅸ-10　遊びの五つの基本

ア. 遊びは楽しく面白いものでなければならない。
イ. 遊びはそれ自体を目的とするべきで、他の目的に仕えてはならない。
ウ. 遊びは自発的なものであり、選ぶ人の自由な選択に任される。
エ. 遊ぶ人が積極的に関わるという気持ちを持っていなければ、遊びは成立しない。
オ. 遊びはある種の演技の要素を含んでいる。

資料：キャシー・ハーシュ＝パセック, ロバータ・ミシュニック・ゴリンコフ, ダイアン・アイヤー, 菅靖彦訳『子どもの「遊び」は魔法の授業』アスペクト, 2006.

また、遊びには子どもが安心できる環境が必要であることの理解が必要である。

■図表Ⅸ-11　子どもが安心して遊べる環境とは

ア. 自然スペース（生命の重さを学ぶ：魚とり、虫とり、木登り…）
イ. オープンスペース（自由に遊べる空間：鬼ごっこ、陣取り…）
ウ. 道スペース（子どもたちの出会いの空間）
エ. アナーキースペース（想像力の刺激：廃材置き場、工事場…）
オ. アジトスペース（子どもたちの共同体：隠れ家、屋根裏…）
カ. 遊具スペース（集約的なあそび場：児童公園…）

出典：仙田満『子どもとあそび――環境建築家の眼』岩波書店，1992.

4. 子どもの遊びと大人のかかわり

子どもはそれぞれに遊びを創造していくものであるが、遊びや生活の体験が不足したり、遊びを集団で行うことに慣れていなかったりすると、どう遊べばよいのかわからない状態も生まれる。特に昨今のゲームやメディア、SNSなどの影響で、身体を使った遊びが組織できない子どもたちが増えている。

そうした状況を踏まえると、子どもの遊びには発達や状況に応じた柔軟な大人のかかわりが必要である。ただし、大人は子どもに遊びを押し付けるのではなく、遊びの自主性を尊重し、さまざまな遊びを提示していくことを通じて、子どもたちに選択を求める方法が望まれる。遊びを知らない子どもたちが増えてきており、放課後児童支援員等の豊かな遊び経験が求められてくる。みんなで遊べるルールづくりを支援することも必要である。

5. 子どもの自主性、創造性を大切にする遊びへのかかわり方とは

子どもの遊びへの大人のかかわりについてふれたが、子どもの自主性や創造性を大切にする遊びへのかかわり方について、遊びのもっている意味からもう一度整理しておきたい。遊びが子どもの発達においてもっている意味を整理すると、以下のようになるのではないだろうか。

まず、遊びは子どものコミュニケーション能力を高めることにつながる。遊びでは、集団のなかで決められたルールをもとに活動し、お互いの理解を高めることができる。また、遊びを通して、子どもの協働や連帯意識を高めることができる。集団の関係を考えてルールを変え、誰もがその遊びに参加できるように訓練されるからである。

また、判断力や決断力、分析力を育てることができる。さらに、遊びを通して自己を表現

する能力も育っていく。また学習力や身体力が高まっていくことは言うまでもない。放課後児童クラブの指導にあたる大人は、以上のような視点を踏まえて、子どもたちが自主的に活動することを保障しながら、必要に応じて提案する等、柔軟な対応が求められる。

6. 放課後児童クラブにおける育成支援の基本

運営指針には、育成支援についていくつかの基本的な考え方と主な内容が示されている。

❶ 放課後児童クラブにおける育成支援は、子どもが安心して過ごせる生活の場として相応しい環境を整える必要がある。

❷ 保護者および関係機関と緊密な連携を取る必要がある。

❸ 放課後児童支援員は豊かな人間性と倫理観を備え、常に自己研鑽(けんさん)に励みながら必要な知識および技能をもって育成支援にあたる必要がある。

❹ 放課後児童クラブには人権尊重やプライバシーの保護、業務上知り得た事柄の秘密保持に留意する等の社会的責任がある。

詳細については、運営指針「第３章　放課後児童クラブにおける育成支援の内容」を参照されたい。

まとめと課題

ここでは、子どもの発達を踏まえて子どもの生活を理解し、子どもにとって遊びの果たす役割と子どもの支援について理解することがねらいである。自分なりにふりかえり、まとめてみよう。

（瀧口優）

参考文献

キャシー・ハーシュ=パセック，ロバータ・ミシュニック・ゴリンコフ，ダイアン・アイヤー，菅靖彦訳『子どもの「遊び」は魔法の授業』アスペクト，2006.

仙田満『子どもとあそび――環境建築家の眼』岩波書店，1992.

初見健一『子どもの遊び　黄金時代――70 年代の外遊び・家遊び・教室遊び』光文社，2013.

5 子どもの生活面における対応

キーワード

健康管理と情緒の安定　衛生管理　食物アレルギー　安全対策

1. 子どもの健康管理および情緒の安定

1 出席確認および来所時の健康状態や心身の状況の把握の大切さ

> 放課後児童クラブ運営指針
>
> 第３章　放課後児童クラブにおける育成支援の内容
>
> 1　育成支援の内容
>
> (4)（略）
>
> ②　子どもの出欠席と心身の状態を把握して、適切に援助する。
>
> ・　子どもの出欠席についてあらかじめ保護者からの連絡を確認しておくとともに、連絡なく欠席したり来所が遅れたりした子どもについては速やかに状況を把握して適切に対応する。
>
> ・　子どもの来所時には、子どもが安心できるように迎え入れ、子ども一人ひとりの心身の状態を把握する。
>
> ・　遊びや生活の場面における子どもの状況や体調、情緒等を把握し、静養や気分転換が必要な時には適切に対応する。なお、病気やケガの場合は、速やかに保護者と連絡をとる。

放課後児童クラブの職員と、学校の教員・保護者は、子どもからすると異なる人間関係で取り結ばれている。子どもによっては、学校の先生や保護者には言えない悩みを、放課後児童クラブの職員には打ち明けられる場合もある。子どもへの支援が必要な状況か否かを把握するためには、子どもたちの現状を正確に理解する必要がある。放課後児童クラブにやってきた子どもたちに職員が「おかえり」と声をかける実践は、子ども理解の第一歩として重要である。

2. 子どもの健康管理に関する保護者との連絡

❶ 保護者との子どもの健康状態等に関する情報の共有と緊急時の連絡の大切さ

> **放課後児童健全育成事業の設備及び運営に関する基準**
> （関係機関との連携）
> **第20条**　放課後児童健全育成事業者は、市町村、児童福祉施設、利用者の通学する小学校等関係機関と密接に連携して利用者の支援に当たらなければならない。

放課後児童クラブでは、子どもたちの健康状態を把握するとともに、保護者や関係機関と子どもの様子に関する情報を共有する必要がある。そのためには適切なポイントを押さえた健康観察を継続する必要があり、これにより子どもたちの変化に気がつきやすくなる。また季節に応じて、熱中症やインフルエンザ、花粉症などに関する健康観察のポイントも把握しておきたい。事故やケガが発生した場合は、速やかに適切な処置を行うとともに、その状況について速やかに保護者に連絡し、運営主体および市町村に報告する必要がある（「放課後児童クラブ運営指針」（以下、運営指針）第３章、第６章参照）。

■図表Ⅸ-12　健康観察のポイント

体に現れるサイン	
	発熱が続く
	吐き気、おう吐、下痢等が多く見られる
	体の痛み（頭痛、腹痛等）をよく訴える
	急に視力、聴力が低下する
	めまいがする、体がだるい等の不定愁訴を訴える
	せきをしていることが多い
	眠気が強く、すぐに寝てしまうことが多い（いつも眠そうにしている）
	以前に比べて、体調を崩す（風邪を引く等）ことが多い
	尿や便のお漏らしが目立つ
	最近、極端に痩せてきた、または太ってきた
	けいれん、失神がある
	目をパチパチさせる、首を振る、肩をすくめる、口をモグモグする、おかしな声を出す
	理由のはっきりしない傷やあざができていることがある

出典：文部科学省「教職員のための子どもの健康観察の方法と問題への対応」p.17，2009.

■図表Ⅸ-13　健康観察に関する連絡体制

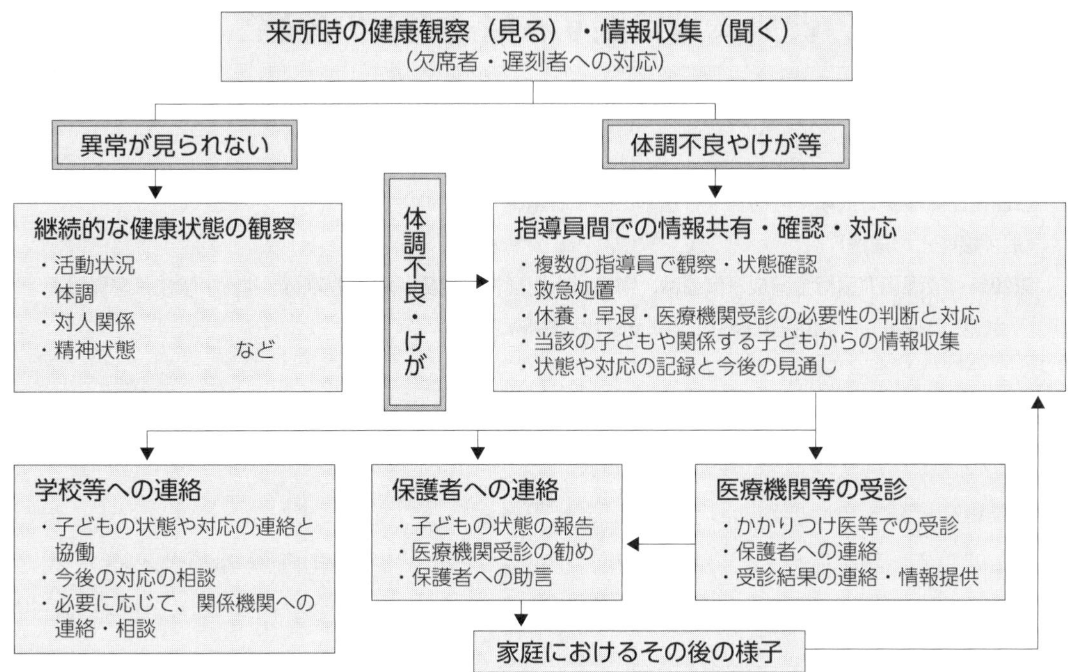

出典：日本放課後児童指導員協会支援員認定資格研修テキスト編集委員会編『改訂版 放課後児童支援員認定資格研修テキスト――子どもたちのはじける笑顔のために』日本放課後児童指導員協会，p.93，2023.

3. 衛生管理、食物アレルギーのある子ども等への対応

1 日常の衛生管理の大切さとおやつの提供時の衛生管理の徹底の必要性

放課後児童健全育成事業の設備及び運営に関する基準

（衛生管理等）

第13条　放課後児童健全育成事業者は、利用者の使用する設備、食器等又は飲用に供する水について、衛生的な管理に努め、又は衛生上必要な措置を講じなければならない。

2　放課後児童健全育成事業者は、放課後児童健全育成事業所において感染症又は食中毒が発生し、又はまん延しないように、職員に対し、感染症及び食中毒の予防及びまん延の防止のための研修並びに感染症の予防及びまん延の防止のための訓練を定期的に実施するよう努めなければならない。

3　放課後児童健全育成事業所には、必要な医薬品その他の医療品を備えるとともに、それらの管理を適正に行わなければならない。

放課後児童クラブに限らず、学校や病院など人が集まる場所は、衛生管理を怠ると感染症等を蔓延させる温床になる。これを防ぐためには、現場に即した具体的な衛生管理の方法を理解しておく必要がある。まず、放課後児童クラブは、子どもの生活の場であるため、手洗

いやうがいなど、日常の衛生管理に努めることが大切である。また、放課後児童クラブの実践の歴史のなかで、おやつ等は重要な位置を占める。しかし、これも衛生管理が徹底していないと食中毒が発生する恐れがある。感染症や食中毒が発生した場合は、市町村や保健所等に連絡し、必要な措置を講じて二次感染を防ぐ。こうした事態は完全には防ぎきれないと仮定し、日頃から保健所等との連携のもと対応方針を定めておく必要がある（運営指針第6章2（1）参照）。

2 食物アレルギーのある子どもへの対応・救急時対応の基礎知識

> **放課後児童クラブ運営指針**
>
> 第3章　放課後児童クラブにおける育成支援の内容
>
> 1　育成支援の内容
>
> (4)（略）
>
> ⑦　子どもにとって放課後の時間帯に栄養面や活力面から必要とされるおやつを適切に提供する。
>
> （中略）
>
> ・　食物アレルギーのある子どもについては、配慮すべきことや緊急時の対応等について事前に保護者と丁寧に連絡を取り合い、安全に配慮して提供する。

放課後児童クラブは、子どもたちの生活の場であるがゆえに、以前からおやつを提供したり、食事をみんなでつくったりする実践を大切にしている。したがって、衛生管理や食物アレルギーに関する知識は必須である。誤食が起きたときの対応については**図表Ⅸ-14**の通りである。

アレルギーがある子どもに対しては、エピペン®**（図表Ⅸ-15）**を携帯しておくことが勧められる。エピペン®は、現在のところ、放課後児童クラブで所有することはできない。そのため、アレルギーをもつ子ども自身が病院で処方してもらい所持しておかなければならない。また、所持者が自分自身で使用することが原則であるが、症状によっては周囲の者が介助することができる。エピペン®は、練習用教材が提供されているので、放課後児童クラブの研修会で活用することも可能である。

■図表Ⅸ-14　アレルゲンを含む食品を誤食したときの主な対応

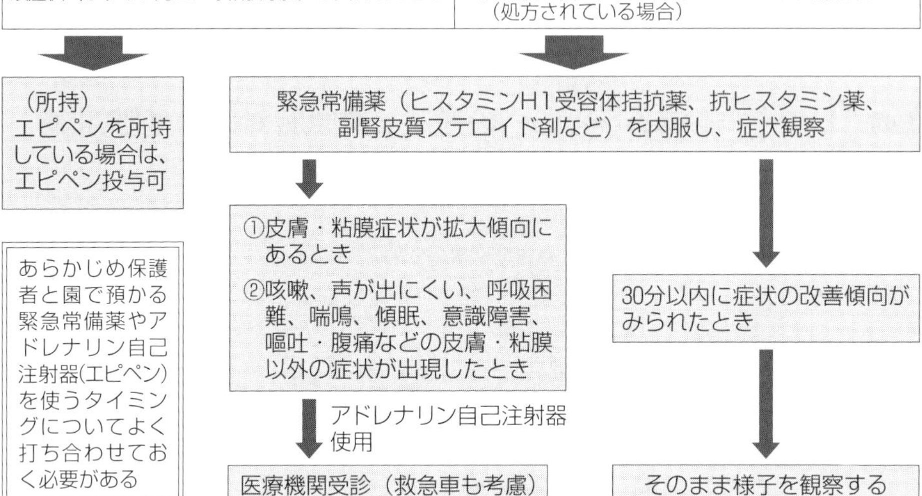

事例	対処法
アレルゲンを含む食品を口に入れたとき	・口から出し口をすすぐ ・大量に摂取したときには誤嚥（ごえん）に注意して吐かせる
皮膚についたとき	・洗い流す ・アレルゲンがついた手で目をこすらないようにする
眼症状（かゆみ、充血、球結膜浮腫）が出現したとき	・洗眼後、抗アレルギー薬、ステロイド剤点眼（処方されている場合）

（所持）エピペンを所持している場合は、エピペン投与可
あらかじめ保護者と園で預かる緊急常備薬やアドレナリン自己注射器(エピペン)を使うタイミングについてよく打ち合わせておく必要がある
緊急常備薬（ヒスタミンH1受容体拮抗薬、抗ヒスタミン薬、副腎皮質ステロイド剤など）を内服し、症状観察
①皮膚・粘膜症状が拡大傾向にあるとき
②咳嗽、声が出にくい、呼吸困難、喘鳴、傾眠、意識障害、嘔吐・腹痛などの皮膚・粘膜以外の症状が出現したとき
アドレナリン自己注射器使用
医療機関受診（救急車も考慮）
30分以内に症状の改善傾向がみられたとき
そのまま様子を観察する

出典：公益財団法人児童育成協会監，松田博雄・金森三枝編『新・基本保育シリーズ 16　子どもの健康と安全』中央法規出版，p.125，2019．を一部改変

■図表Ⅸ-15　エピペン®について

● エピペンの特長

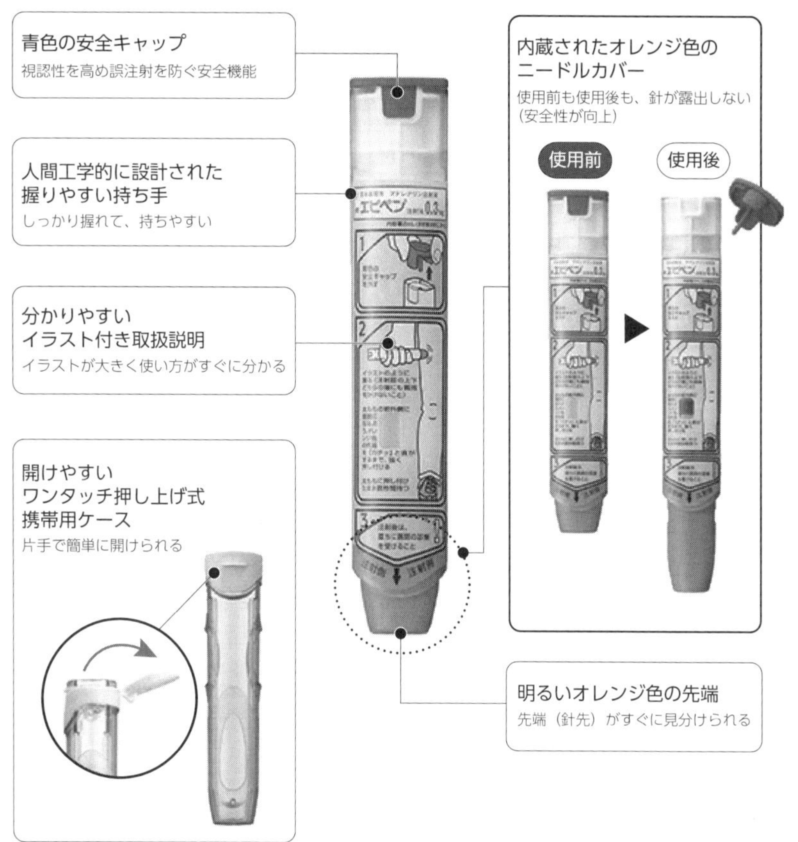
青色の安全キャップ
視認性を高め誤注射を防ぐ安全機能
人間工学的に設計された
握りやすい持ち手
しっかり握れて、持ちやすい
分かりやすい
イラスト付き取扱説明
イラストが大きく使い方がすぐに分かる
開けやすい
ワンタッチ押し上げ式
携帯用ケース
片手で簡単に開けられる
内蔵されたオレンジ色の
ニードルカバー
使用前も使用後も、針が露出しない
（安全性が向上）
使用前
使用後
明るいオレンジ色の先端
先端（針先）がすぐに見分けられる

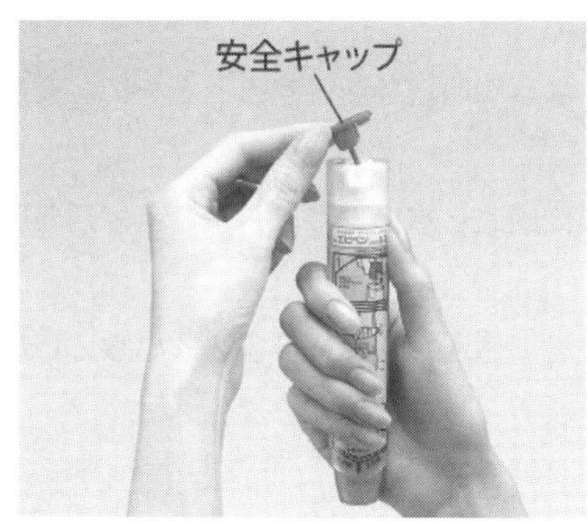
安全キャップ

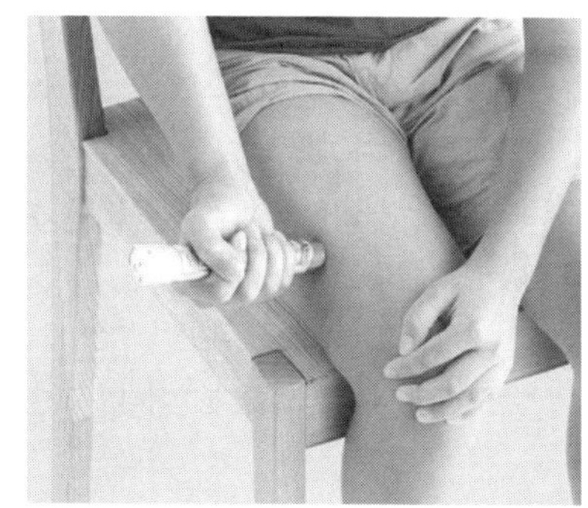

出典：VIATRIS「エピペン画像素材について」「アナフィラキシー補助治療剤―アドレナリン自己注射薬エピペン® EPIPEN® 教職員・保育士・救急救命士のためのページ」（http://www.epipen.jp）

4. 子どもの安全と安全対策および緊急時対応の内容

1 育成支援の際に求められる子どもの安全の考え方

放課後児童健全育成事業の設備及び運営に関する基準
(放課後児童健全育成事業者と非常災害対策)
第６条　放課後児童健全育成事業者は、軽便消火器等の消火用具、非常口その他非常災害に必要な設備を設けるとともに、非常災害に対する具体的計画を立て、これに対する不断の注意と訓練をするように努めなければならない。

放課後児童クラブ運営指針
第１章　総則
3　放課後児童クラブにおける育成支援の基本
(1)　放課後児童クラブにおける育成支援
放課後児童クラブにおける育成支援は、子どもが安心して過ごせる生活の場としてふさわしい環境を整え、安全面に配慮しながら子どもが自ら危険を回避できるようにしていくとともに、子どもの発達段階に応じた主体的な遊びや生活が可能となるように、自主性、社会性及び創造性の向上、基本的な生活習慣の確立等により、子どもの健全な育成を図ることを目的とする。

第３章　放課後児童クラブにおける育成支援の内容
1　育成支援の内容
(4)　(略)
⑧　子どもが安全に安心して過ごすことができるように環境を整備するとともに、緊急時に適切な対応ができるようにする。
・　子どもが自分で避けることのできない危険に遭遇しないように、遊びと生活の環境について安全点検と環境整備を行う。
・　子どもが危険に気付いて判断したり、事故等に遭遇した際に被害を最小限にしたりするための安全に関する自己管理能力を身に付けられるように援助する。

第６章　施設及び設備、衛生管理及び安全対策
2　衛生管理及び安全対策
(2)　事故やケガの防止と対応
(中略)
○　放課後児童クラブの運営主体は、放課後児童支援員等及び子どもに適切な安全教育を行うとともに、発生した事故事例や事故につながりそうな事例の情報を収集し、分析するなどして事故防止に努める。

子どもたち自身で回避することが困難な危険に対しては、放課後児童支援員等が対応する必要がある。しかし、児童期の子どもたちの活動をすべて放課後児童支援員等の監視下におくことは不可能であるし、子どもの発達を支える方法であるとは考えられない。そこで、「子どもが自ら危険を回避できる」ようになるための援助が必要となる。このとき、「リスク」と「ハザード」という考え方が参考になるので、『改訂版 放課後児童クラブ運営指針解説書』(81～82 頁) を確認してほしい。また、「児童福祉施設の設備及び運営に関する基準等の一部を改正する省令」(令和 4 年 11 月 30 日厚生労働省令第 159 号) 第 7 条において、放課後児童クラブは安全計画を策定し、2024 (令和 6) 年 4 月 1 日より必要な措置を講じることが義務づけられている (2024 (令和 6) 年 3 月 31 日までは努力義務)。併せて、厚生労働省子ども家庭局子育て支援課「放課後児童クラブ等における安全計画の策定に関する留意事項等について」(令和 4 年 12 月 21 日事務連絡) についても参照しておきたい。

2 事故やけがの防止と発生時の対応

放課後児童クラブ運営指針

第６章　施設及び設備、衛生管理及び安全対策

2　衛生管理及び安全対策

(2)　事故やケガの防止と対応

○　日常の遊びや生活の中で起きる事故やケガを防止するために、室内及び屋外の環境の安全性について毎日点検し、必要な補修等を行う。これには、遠足等行事の際の安全点検も含まれる。

○　事故やケガの防止に向けた対策や発生時の対応に関するマニュアルを作成し、マニュアルに沿った訓練又は研修を行い、放課後児童支援員等の間で共有する。

○　放課後児童支援員等は、子どもの年齢や発達の状況を理解して、子どもが自らの安全を守るための行動について学習し、習得できるように援助する。

(中略)

○　事故やケガが発生した場合には、速やかに適切な処置を行うとともに、子どもの状況等について速やかに保護者に連絡し、運営主体及び市町村に報告する。

(4)　来所及び帰宅時の安全確保

○　子どもの来所や帰宅の状況について、必要に応じて保護者や学校と連絡を取り合って安全を確保する。

○　保護者と協力して、地域組織や関係機関等と連携した、安全確保のための見守り活動等の取り組みを行う。

安全対策や緊急時対応は、放課後児童クラブだけで行うのではなく、例えば、防犯対策や交通安全であれば管轄の警察署にお願いすれば、放課後児童支援員等に対する研修会から子どもを交えた防犯訓練まで行うことができる。火災や天災に対する避難訓練であれば、近隣

の消防署に依頼することができる。救急救命であれば、地域の消防署や比較的規模の大きな病院が主催しているので、積極的に参加してほしい。インターネット上には、既に公開されているマニュアルが多く存在している。それらを参照しながら、自分たちの放課後児童クラブにあったマニュアルを作成していくとよいだろう。

まとめと課題

この領域は、つきつめるとかなり高い専門性を要求される。そのためであろうか、インターネット上に、子どもたちの各種の活動にかかわる現場の大人たちが活用しやすい形式にまとめられた資料が多数存在する。また、警察署、消防署、病院、保健所といった専門機関との連携も可能である。研修会で正しい知識を習得し、公開されている資料を吟味しながら、放課後児童クラブで活用しやすいマニュアルづくりに取り組んでみよう。

（中田周作）

参考文献

厚生労働省編『改訂版 放課後児童クラブ運営指針解説書』フレーベル館，2021.

6 放課後児童クラブ従事者の仕事内容と倫理

キーワード

仕事内容の理解　職員集団と職場倫理　人権の尊重と法令の遵守

1. 放課後児童クラブの仕事内容

1 子どもの育成支援と共に育成支援を支える職務があることの理解

> **放課後児童クラブ運営指針**
>
> 第３章　放課後児童クラブにおける育成支援の内容
>
> ５　育成支援に含まれる職務内容と運営に関わる業務
>
> (1)　育成支援に含まれる職務内容
>
> 放課後児童クラブにおける育成支援に係る職務内容には、次の事項が含まれる。
>
> ○　子どもが放課後児童クラブでの生活に見通しを持てるように、育成支援の目標や計画を作成し、保護者と共通の理解を得られるようにする。
>
> ○　日々の子どもの状況や育成支援の内容を記録する。
>
> ○　職場内で情報を共有し事例検討を行って、育成支援の内容の充実、改善に努める。
>
> ○　通信や保護者会等を通して、放課後児童クラブでの子どもの様子や育成支援に当たって必要な事項を、定期的かつ同時にすべての家庭に伝える。
>
> (2)　運営に関わる業務
>
> 放課後児童クラブの運営に関わる業務として、次の取り組みも必要とされる。
>
> ・　業務の実施状況に関する日誌（子どもの出欠席、職員の服務に関する状況等）
> ・　運営に関する会議や打合せ、申合せや引継ぎ
> ・　おやつの発注、購入等
> ・　遊びの環境と施設の安全点検、衛生管理、清掃や整理整頓
> ・　保護者との連絡調整
> ・　学校との連絡調整
> ・　地域の関係機関、団体との連絡調整
> ・　会計事務
> ・　その他、事業運営に関する記録

放課後児童クラブの育成支援は、子どもと向き合うだけが職務内容ではない。育成支援の

■図表Ⅸ-16　放課後児童支援員と補助員の役割及び職務のイメージ

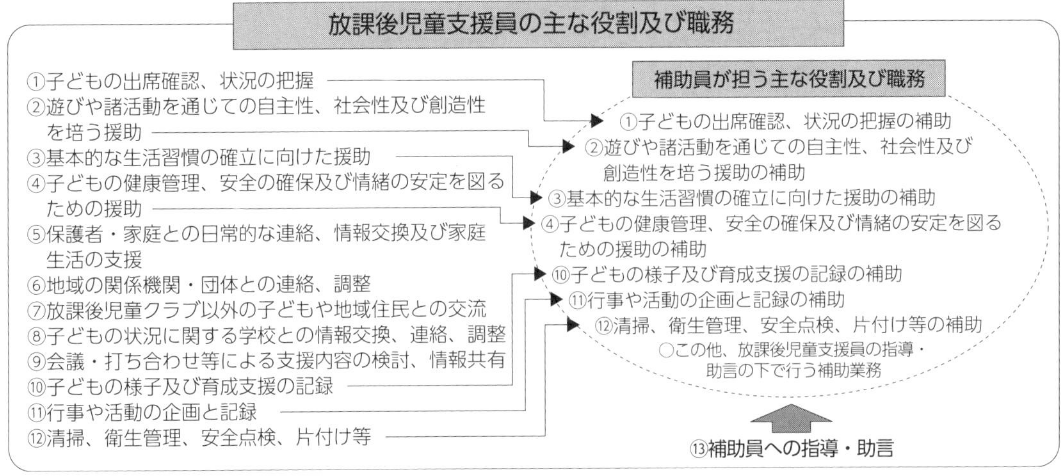

出典：厚生労働省「第５回放課後児童クラブの質の向上のための研修企画検討会」資料１「放課後児童支援員の役割及び職務と補助員との関係」

目標や計画を立て、記録をとり、衛生管理を行い、通信を作成することなども職務である。また、会議や施設の安全点検、会計事務などの運営にかかわる業務もある。なお、こうした放課後児童支援員の職務のうち、子育て支援員（補助員）が担う主な役割については、**図表Ⅸ-16**の通りである。

2. 放課後児童クラブに従事する者の社会的責任と職場倫理

1 社会的責任と職場倫理を自覚して職務にあたることの大切さ

放課後児童クラブ運営指針

第１章　総則

３　放課後児童クラブにおける育成支援の基本

⑷　放課後児童クラブの社会的責任

②　放課後児童クラブの運営主体は、放課後児童支援員及び補助員（以下「放課後児童支援員等」という。）に対し、その資質の向上のために職場内外の研修の機会を確保しなければならない。

③　放課後児童支援員等は、常に自己研鑽（けんさん）に励み、子どもの育成支援の充実を図るために、必要な知識及び技能の修得、維持及び向上に努めなければならない。

職員の資質向上や研修については、保育所保育指針や教育公務員特例法などにも規定されており、放課後児童支援員等にも社会的責任として求められている。「放課後児童クラブ運営指針」（平成27年３月31日雇児発0331第34号）（以下、運営指針）第７章には、職場倫理の具体的な内容として、人権の尊重、虐待禁止、差別禁止、守秘義務の遵守などが記載されているので参考にしたい。

3. 放課後児童クラブにおける職員集団

1 情報交換や情報共有を図り、適切な分担と協力のもとで育成支援を行う職場づくり

放課後児童クラブ運営指針

第４章　放課後児童クラブの運営

1　職員体制

(1)　放課後児童クラブには、年齢や発達の状況が異なる子どもを同時にかつ継続的に育成支援を行う必要があること、安全面での管理が必要であること等から、支援の単位ごとに２人以上の放課後児童支援員を置かなければならない。ただし、そのうち１人は、補助員に代えることができる。

(2)　放課後児童支援員等は、支援の単位ごとに育成支援を行わなければならない。なお、放課後児童クラブを利用する子どもが20人未満の場合で、放課後児童支援員のうち１人を除いた者又は補助員が同一敷地内にある他の事業所、施設等の職務に従事している場合等は、この限りではない。

これまで職員は、一般的に「指導員」と呼称されてきたが、「放課後児童健全育成事業の設備及び運営に関する基準」（平成 26 年厚生労働省令第 63 号）（以下、設備運営基準）では、全国共通の認定資格として新たに「放課後児童支援員」が設けられた。また、放課後児童支援員を補助する者は「補助員」とされた。補助員には、子育て支援員（放課後児童コース）を受講するよう勧めている。「支援の単位」は、児童の集団の規模を示す新たな基準として導入されたものであり、児童の放課後児童クラブでの活動は、この支援の単位を基本として行うこととなった。そして、支援の単位ごとに放課後児童支援員を２人以上配置することが基本となっている。

2 職場集団が事例検討や自己研鑽を通して事業内容の向上を目指すことの大切さ

放課後児童クラブ運営指針

第１章　総則

3　放課後児童クラブにおける育成支援の基本

(3)　放課後児童支援員等の役割

放課後児童支援員は、豊かな人間性と倫理観を備え、常に自己研鑽に励みながら必要な知識及び技能をもって育成支援に当たる役割を担うとともに、関係機関と連携して子どもにとって適切

な養育環境が得られるよう支援する役割を担う必要がある。また、放課後児童支援員が行う育成支援について補助する補助員も、放課後児童支援員と共に同様の役割を担うよう努めることが求められる。

第７章　職場倫理及び事業内容の向上

３　事業内容向上への取り組み

(1)　職員集団のあり方

○　放課後児童支援員等は、会議の開催や記録の作成等を通じた情報交換や情報共有を図り、事例検討を行うなど相互に協力して自己研鑽（けんさん）に励み、事業内容の向上を目指す職員集団を形成する。

○　放課後児童支援員等は、子どもや保護者を取り巻くさまざまな状況に関心を持ち、育成支援に当たっての課題等について建設的な意見交換を行うことにより、事業内容を向上させるように努める。

(2)　研修等

○　放課後児童クラブの運営主体は、放課後児童支援員等のための職場内での教育訓練や研修のみならず、職場を離れての研修の機会を確保し、その参加を保障する必要がある。

○　放課後児童支援員等は、研修等を通じて、必要な知識及び技能の習得、維持及び向上に努める。

○　放課後児童クラブの運営主体には、職員が自発的、継続的に研修に参加できるように、研修受講計画を策定し、管理するなどの環境を整備していくとともに、職員の自己研鑽、自己啓発への時間的、経済的な支援や情報提供も含めて取り組んでいくことが求められる。

ここでいう放課後児童支援員等とは、放課後児童支援員と補助員のことである。その補助員は子育て支援員であることが望ましいとされており、また、放課後児童支援員とともに自己研鑽を通して、事業内容を向上させることが求められている。

4. 運営主体の人権の尊重と法令の遵守（個人情報保護等）

1 人権の尊重等への組織的な取組みの必要性と法令の遵守の徹底

放課後児童健全育成事業の設備及び運営に関する基準

（放課後児童健全育成事業の一般原則）

第５条　（略）

２　放課後児童健全育成事業者は、利用者の人権に十分配慮するとともに、一人一人の人格を尊重して、その運営を行わなければならない。

このほか、設備運営基準第 11 条では利用者を平等に取り扱う原則、第 12 条では虐待等の禁止、第 16 条では秘密保持等、第 17 条では苦情への対応を定めている。また運営指針

「第１章３（4）放課後児童クラブの社会的責任」では、子どもの人権に十分に配慮し、子どもに影響のある事柄に関して子どもが意見を述べ、参加することを保障する必要があるとしている（「児童の権利に関する条約（子どもの権利条約）」第 12 条（意見表明権）を参照）。また、放課後児童クラブの運営主体は、放課後児童支援員等に対し職場内外の研修の機会を確保しなければならないとしている。こうした内容は、放課後児童支援員等に対してだけではなく、運営指針「第４章５　運営主体」において、運営主体も子どもの人権に十分配慮することと定められている。

まとめと課題

放課後児童クラブは、子どもたちの遊びと生活を通して育成支援をすることが基本的な役割である。運営指針には、放課後児童クラブに従事する者の具体的な仕事内容が記載されている。ここでは運営指針の該当箇所の一部を掲載したが、できれば運営指針だけではなく解説書もすべて読んで理解を深めよう。

（中田周作）

IX

放課後児童コース

参考文献

日本放課後児童指導員協会支援員認定資格研修テキスト編集委員会編『改訂版 放課後児童支援員認定資格研修テキスト――子どもたちのはじける笑顔のために』日本放課後児童指導員協会，2023.

放課後児童支援員認定資格研修教材編集委員会編著『放課後児童支援員都道府県認定資格研修教材 第２版――認定資格研修のポイントと講義概要』中央法規出版，2020.

社会的養護コース

1 社会的養護の理解

キーワード

社会的養護　要保護児童　自立支援

1. 社会的養護

❶ 社会的養護の定義

子どもは、日々父親、母親等の保護者とともにその家庭で健やかに生活することが最も望ましい。しかし、親のいない子どもたちや、家庭において虐待、ネグレクト等々の不適切な養育を受けている子どもたち、また何らかの事情があって親のもとで、あるいは家庭で生活することができない子どもたちがいる。このような子どもたちに対して、公的な責任に基づいて、家庭に代わる環境、つまり児童福祉施設や里親のもとで子どもたちを養育することを社会的養護という。また、その子どもたちの保護者や家庭を支援することも広義には社会的養護に含まれる。

❷ 社会的養護の対象

要保護児童

制度上、社会的養護を必要とする子どもたちは、要保護児童と呼ばれる。児童福祉法第６条の３第８項は、「保護者のない児童又は保護者に監護させることが不適当であると認められる児童」を要保護児童と称している。通常このように保護を必要とする児童が、児童家庭福祉上の社会的養護の対象となる。

社会的養護を必要とする児童

おおむね以下のような状況にある子どもが要保護児童に該当し、社会的養護の対象となる。

❶　保護者が死亡あるいは行方不明であったり遺棄されたりしている子ども

❷　保護者が長期療養中もしくは拘留中である子ども

❸　保護者が貧困その他生活に困難をかかえている子ども

❹ 保護者から虐待やネグレクトを受けている子ども
❺ 親子関係の不調や不適切な養育状況にある子ども
❻ 非行等の反社会的行動がみられる子ども
❼ 引きこもりや不登校等の非社会的行動がみられる子ども
❽ ひとり親家庭で養育等に困難をかかえている家庭とその子ども

このうち、❶～❺の状況にある子どもは、養護児童と呼ばれる。❻～❼の状況にある子どもは、非行児、情緒障害児等と呼ばれることが多く、家庭・家族の問題とともに子ども自身の行動上の問題や不適応にも十分に配慮したケアや家庭支援が必要となる。❽の状況にある子どもは、母子または父子家庭そのものへのケアや支援が必要となる。

3 社会的養護の歴史

社会的養護の歴史

社会的養護は、古くは仏教、キリスト教等に基づく慈悲、博愛精神を基盤とする児童救済事業として営まれていた。明治時代に入り、1874（明治 7）年に定められた恤救（じゅっきゅう）規則の趣旨にみられる「済貧恤窮（せいひんじゅっきゅう）ハ人民相互ノ情誼（じょうぎ）ニ因（より）テ……」に基づき、養育は原則として人々の相互扶助、共助で営むこととされ、それが不可能な場合のみ国家等による公的な救済事業がなされるとして進められてきた。宗教的な精神に基づく施設事業は、石井十次（いしいじゅうじ）による養護児童のための岡山孤児院（1887（明治 20）年設立）や留岡幸助（とめおかこうすけ）による非行児童のための家庭学校（1899（明治 32）年設立）などを先駆けとして施設養護が進み出した。

第二次世界大戦終結後の 1945（昭和 20）年以降、戦災孤児や引揚げ孤児を保護救済する事業が喫緊の課題となり、1947（昭和 22）年の児童福祉法の公布以後、わが国の社会的養護は公私の協働による体制が徐々に整備された。以後、養護施設（現・児童養護施設）、里親、教護院（現・児童自立支援施設）、母子寮（現・母子生活支援施設）が普及し、1960 年代には情緒障害児短期治療施設（現・児童心理治療施設）が設置され、今日の社会的養護の体系が整った。

今日の社会的養護の背景

その後、急速な高度経済成長を経て、社会、家庭をめぐる環境は大きく変化し、養護問題の背景として、親の死亡、行方不明や棄児等は著しく減少し、父母の離別・離婚や長期の疾病・入院、親子関係の不調、虐待、ネグレクト、配偶者からの暴力（DV：Domestic Violence）が多くみられるようになり、近年は家庭や子どもの貧困の問題が注目されてきている。その背景には、社会や地域における子育てに関する共助の体制が非常に弱まり、家族関係、親子関係の不調や歪みが直に社会的養護を必要とする状況を引き起こしやすい環境がある。

2. 子ども家庭福祉、社会的養護の理念

1 子ども家庭福祉、社会的養護の理念

子ども家庭福祉の理念

児童福祉法第１条は、「全て児童は、（略）適切に養育されること、その生活を保障されること、愛され、保護されること、その心身の健やかな成長及び発達並びにその自立が図られることその他の福祉を等しく保障される権利を有する」と定めている。そして第２条第１項では、「全て国民は、児童が良好な環境において生まれ、かつ、社会のあらゆる分野において、児童の年齢及び発達の程度に応じて、その意見が尊重され、その最善の利益が優先して考慮され、心身ともに健やかに育成されるよう努めなければならない」とされ、また、第２条第３項は、「国及び地方公共団体は、児童の保護者とともに、児童を心身ともに健やかに育成する責任を負う」と定めている。子ども家庭福祉は、まず子どもを人として尊び、子どもの最善の利益を考慮し、愛護することを基本理念とし、自助、公助、共助の調和のとれた実践を重要な理念としている。

しかし、近年親（父・母）や保護者、身内の者のみでは、十分で適切な子育てを営むことが難しくなっており、特に共助の体制の充実・強化が求められてきている。2015（平成27）年に施行された子ども・子育て支援法は、その第２条第１項で「子ども・子育て支援は、父母その他の保護者が子育てについての第一義的責任を有するという基本的認識の下に、家庭、学校、地域、職域その他の社会のあらゆる分野における全ての構成員が、各々の役割を果たすとともに、相互に協力して行わなければならない」と明記している。

社会的養護の理念

子ども家庭福祉の理念は、いかなる子どもも、第一義的責任を有する父母その他の保護者のもと、家庭で愛護されることを最も重視している。しかし、そのような家庭環境のもとで育つことができない子どもに対しては、公的責任に基づきそれに代わる十分な養育環境が提供され、また可能な限りその家庭で養育されるよう保護者への支援に努めなければならない。

1989（平成元）年に国連総会で採択された「児童の権利に関する条約（子どもの権利条約）」は、その第20条第１項で、「一時的若しくは恒久的にその家庭環境を奪われた児童又は児童自身の最善の利益にかんがみその家庭環境にとどまることが認められない児童は、国が与える特別の保護及び援助を受ける権利を有する」と定めている。その第３項では、具体的なケアとしてまず「里親委託」を挙げ、最後に「必要な場合には児童の監護のための適当な施設への収容を含むことができる」としている。

国際的には、里親による養育が養護の基本とされており、施設養護であっても可能な限り

家庭的環境において営まれることが原則となっている。近年、わが国の施設養護においても、定員を小人数にした小規模ケア、小人数の養育に加え、生活空間を家庭に近づけたり、養育担当者を固定したりするなどの家庭的ケアが重視されてきている。2017（平成29）年に国は「新しい社会的養育ビジョン」を公表し、里親への包括的支援体制を強化し、乳幼児の家庭養育原則を実現するため、就学前の子どもについては概ね7年以内（3歳未満児については概ね5年以内）に里親委託率75％以上を、また学童期以降の子どもについても概ね10年以内に里親委託率50％以上を実現するという方針が示された。これについてはまだ多くの議論がなされている。

2 養護原理

子どもの最善の利益の考慮

子どもが養護を受ける権利は、国際的に認められている。児童の権利に関する条約は、第3条第1項で、「児童に関するすべての措置をとるに当たっては、（略）児童の最善の利益が主として考慮される」と定めている。また、上述のように第20条第1項の、「児童自身の最善の利益にかんがみその家庭環境にとどまることが認められない児童」という表現にみられるように、子どもの権利擁護の基本は、まず子どもの最善の利益を考慮することにある。

ケアワークとソーシャルワーク

養護は、子どもの日々の生活と育ちに直接かかわるケアワークと、子どもの生活上の困難性や相談したいこと、思いや願い、さらにはよりよい生活、自己実現等のニーズを理解し、家族の協力を求めたり必要なサービスを利用できる環境を整えるなどにより支援・援助していくソーシャルワークの二つの専門性を必要とする。従来は、ケアワークを保育士が担い、ソーシャルワークを児童指導員が担うという考え方もみられた。しかし、そもそも両者の役割を明確に区分することは難しく、1997（平成9）年の児童福祉法改正により、特に保育士が子どもや保護者へのソーシャルワークを担う役割が明示されて以来、二つの専門性を総合的に、ときには統合的に発揮する必要性が高まっている。

なお、児童心理治療施設や児童自立支援施設においては、子どもの心理治療や自立支援を担う専門職の役割も重要である。

個別化の原理

里親養育や小規模ケアはいうまでもなく、集団の規模が大きい施設養護であっても、一人ひとりの子どもの特徴やニーズを十分に踏まえ、日常生活の全般にわたって個を尊重して養護を進めることが極めて重要である。子どもの真の自己実現と自立を支援する基本となる個別化の原理を尊重する必要がある。

保護者支援の原理

近年、社会的養護を必要とする子どものうち、親を失っている子どもの割合は極めて少ない。社会的養護の理念、役割として、子どもの養護に専心することとともに、その子どもの養育の第一義的責任を有する父母・保護者を支え、支援する機能は非常に大切である。虐待やネグレクトのみられる保護者に対しても、支援の重要性が高いケースは多くみられる。保護者と共に子どもを育て、子どもの育ちを喜ぶ姿勢、そしてソーシャルワークを担う専門性が重要である。

3. 社会的養護の体系

1 社会的養護の実施体制

社会的養護は、子ども家庭福祉の実施機関の系統下で進められる。国は児童福祉法、児童虐待の防止等に関する法律等の法制度に基づいて社会的養護に関する行政を担い、都道府県、市町村は法制度や条例に基づいて行政や児童福祉審議会、児童相談所、福祉事務所（家庭児童相談室）、各種児童福祉施設、里親に深くかかわっている。さらに、それらと協働して社会福祉法人、私立児童福祉施設、里親、児童委員等が社会的養護の実践に深くかかわっている。

2 児童相談所と措置制度

要保護児童に関する相談、通告を受理し、子どもやその保護者の調査、判定等を行い、具体的な援助内容を決定し、その実行を担っているのが児童相談所である。児童相談所は、各都道府県、政令指定都市、中核市、特別区等に設置されており、18歳未満の子どもに関するあらゆる相談に応じている第一線行政機関である。

児童相談所における援助の形態は、**図表X-1**のように極めて多様である。特に、具体的に援助する内容のうち、社会的養護に関係する施設への入所、里親への委託あるいは児童福祉司、児童委員等による指導を行政の判断で決定し、行使する業務は「措置」と呼ばれる。

3 社会的養護の体系

児童相談所の措置による社会的養護の内容は、施設養護、家庭養護に大別される。社会的養護の体系は、**図表X-2**の通りである。

4. 社会的養護の課題と将来像

1 社会的養護の課題と将来像

わが国の社会的養護は、国際的な動向と異なり、里親養育やグループホーム、ファミリー

■図表X-1　児童相談所における援助の形態

援　　助	
1　在宅指導等 (1)　措置によらない指導 ア　助言指導 イ　継続指導 ウ　他機関あっせん (2)　措置による指導 ア　児童福祉司指導 イ　児童委員指導 ウ　市町村指導 エ　児童家庭支援センター指導 オ　知的障害者福祉司指導、社会福祉主事指導 カ　障害者等相談支援事業を行う者による指導 キ　指導の委託について ク　保護者等に対する指導について (3)　訓戒、誓約措置 2　養子縁組 3　里親	4　小規模住居型児童養育事業（ファミリーホーム） 5　児童福祉施設入所措置、指定発達支援医療機関委託 6　児童自立生活援助の実施（自立援助ホーム） 7　福祉事務所送致等 8　家庭裁判所送致 9　家庭裁判所に対する家事審判の申立て (1)　法第28条の規定に基づく承認に関する審判の申立て (2)　親権喪失、親権停止及び管理権喪失の審判の請求及び保全処分（親権者の職務執行停止及び職務代行者選任）の申立て (3)　児童相談所長の申立てによる特別養子適格の確認の申立て及び養親候補者が申し立てた特別養子適格の確認の審判事件の手続への参加 (4)　未成年後見人選任・解任の請求 10　その他未成年者に対する援助

出典：厚生労働省雇用均等・児童家庭局「児童相談所運営指針」

ホームよりも比較的大規模集団を単位とする養護の実践が高い割合を占める時代が長く続いた。しかし、特に21世紀以降、子どもの最善の利益を重視した養護として、**図表X-2**の施設養護のうちケア単位の小規模化による家庭的養護、ならびに里親等による家庭養護を充実強化することが求められるようになった。

さらに、社会的養護の方向性として、以下のような社会的養護の原理を基本とする将来展望が示されている。

❶　家庭的養護と個別化（274～275頁）
❷　発達の保障と自立支援
❸　回復を目指した支援
❹　家族との連携・協働
❺　継続的支援と連携アプローチ
❻　ライフサイクルを見通した支援

2 社会的養護と地方自治体の役割

社会的養護は従来、都道府県行政を主に営まれてきた。しかし、社会的養護を必要とする子どもの問題は、虐待、ネグレクトをはじめ、反社会的問題、非社会的問題など、非常に多様であり、家族との関係や日々生活を営んでいた地域・学校との関係が深くかかわっている。

2004（平成16）年の児童福祉法の改正によって、都道府県レベルに限らず市町村におけ

■図表X-2　社会的養護の体系

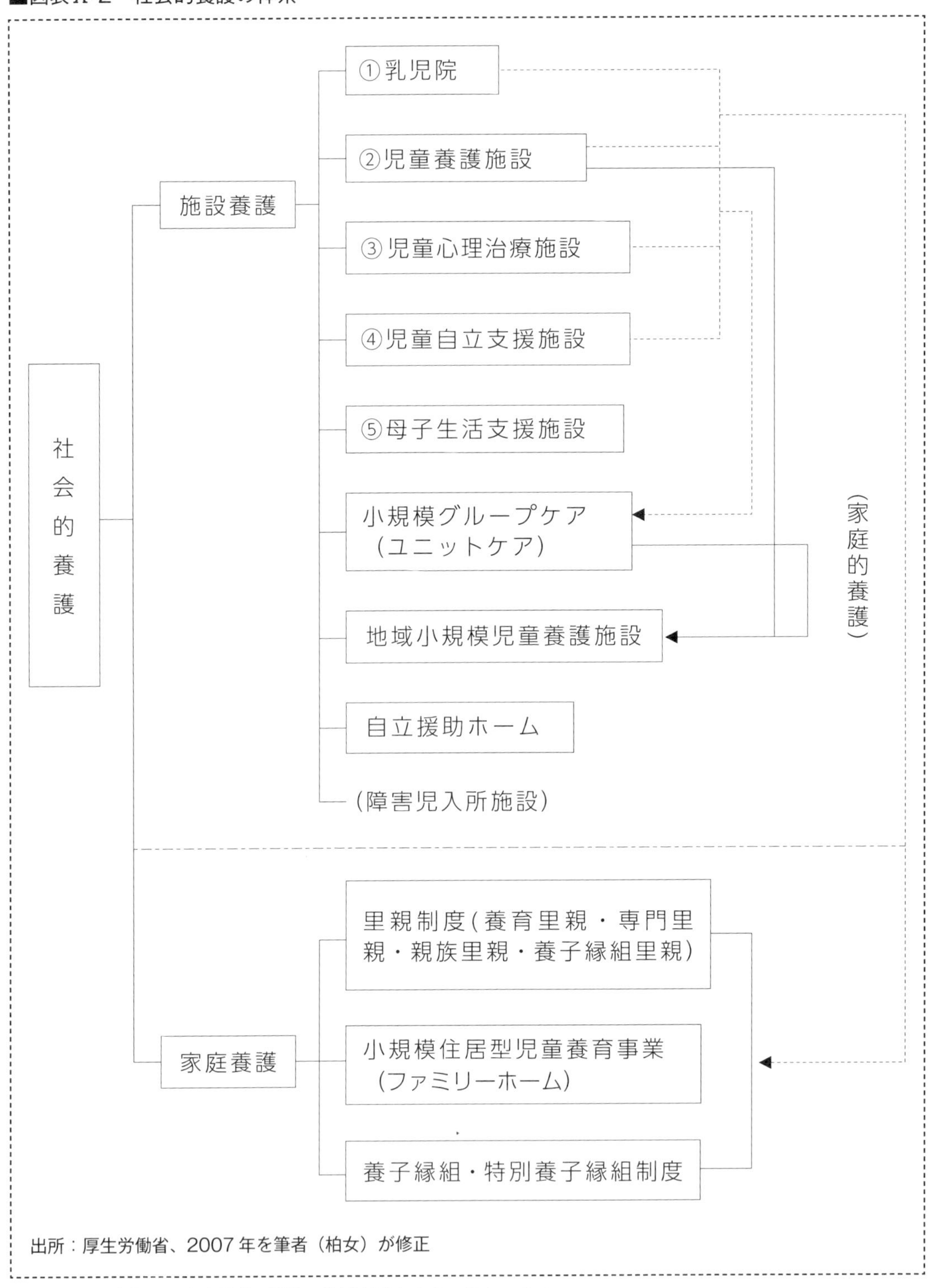

※1：なお、各施設や家庭養護の機能や役割は図表X-3の通りである。

出典：相澤仁編集代表，柏女霊峰・澁谷昌史編『子どもの養育・支援の原理——社会的養護総論』明石書店，p.17，2012．を一部改変

■図表X-3　社会的養護の施設等の機能・役割

乳児院	乳児を入院させて、養育し、あわせて退院した者について相談や援助を行う。
児童養護施設	保護者のいない児童、虐待されている児童、その他環境上養護を要する児童を入所させて、養護し、あわせて退所した者に対する相談や自立のための援助を行う。
児童心理治療施設	家庭環境、学校における交友関係その他の環境上の理由により社会生活への適応が困難となった児童を、短期間、入所、または保護者のもとから通わせて、社会生活に適応するために必要な心理に関する治療及び生活指導を主として行い、あわせて退所した者について相談や援助を行う。
児童自立支援施設	不良行為を行った、または行うおそれのある児童および家庭環境その他の環境上の理由により生活指導等を要する児童を入所、または保護者のもとから通わせて、個々の児童の状況に応じて必要な指導を行い、その自立を支援し、あわせて退所した者について相談や援助を行う。
母子生活支援施設	配偶者のない、または同様の事情にある女子とその者の監護すべき児童を入所させて保護するとともに、自立の促進のために生活を支援し、あわせて退所した者について相談や援助を行う。
小規模グループケア（ユニットケア）	児童養護施設、乳児院、児童心理治療施設、児童自立支援施設において、小規模なグループによるケア（養育）を行う。
地域小規模児童養護施設(グループホーム)	児童養護施設の分園として、地域社会の民間住宅等を活用して近隣住民との適切な関係を保持しつつ、定員4～6人の家庭的な環境のなかで養護を実施する。
自立援助ホーム	義務教育を終了した児童、または20歳未満の者で児童養護施設等を退所した者等が共同生活を営む住居で、その者に対し相談や日常生活上の援助、生活指導、就業の支援等を行う。
障害児入所施設	障害のある児童を入所させて、保護、日常生活の指導、自活に必要な知識や技能の付与を行う（福祉型と医療型があり、医療型ではこれらに加えて治療が行われる）。
里親制度（養育里親・専門里親・親族里親・養子縁組里親）	養育里親等が、保護者のない、または保護者に監護させることが不適当と認められる児童（要保護児童）に対して養育を行う。
小規模住居型児童養育事業(ファミリーホーム)	要保護児童に対し、養育者の家庭に児童を迎え入れ、児童間の相互作用を活かしつつ、児童の自主性を尊重し、基本的な生活習慣を確立するとともに、豊かな人間性および社会性を養い、児童の自立を支援する。
養子縁組・特別養子縁組制度	血縁関係のない者同士が法律上血縁関係となり、養親は養子と永続的に親子関係を継続し、健全な成長発達にふさわしい家庭環境を提供する（養子縁組では養子と実親の関係は法律上継続するが、特別養子縁組では法律上の関係も消滅する）。

る相談の強化、地方公共団体における要保護児童対策地域協議会の設置が法定化された。それ以降、要保護児童とその保護者に対する支援を市町村や地域の関係機関・施設が連携して進める体制が進み出した。特に要保護児童対策地域協議会の役割は、行政や福祉実施機関・施設とともに、非常に大きく重くなってきている。また、今後社会的養護、特に家庭的養護

に関する各地方自治体の推進計画の策定が重視されている。

5. 社会的養護と自立支援

1 ケアの連続性

社会的養護は、家庭に代わって子どもの生活を支援し、生活の連続性、発達の連続性を重視して営まれるものである。アドミッション・ケア（入所前後のケア)、イン・ケア（入所中のケア)、リービング・ケア（退所前後のケア)、さらにはアフター・ケア（退所後のケア）が連続して営まれることが重視される。ケアの連続性は子どもの保護者や家庭に対する支援としても非常に重要である。

2 自立支援

社会的養護の対象となる子どもは、ケアの連続性のなかで施設養護や家庭養護を受け、可能な限り早期に家庭に復帰し、自立していくことが最も望ましい。しかし、親を失っていたり、家庭に復帰できない事情をかかえていたりする子どもに対しては、社会的養護を通じてその自立を支援する役割は極めて大きい。

施設に入所している子どもや里親委託を受けた子どもの自立支援として、退所後の安定した就労支援のみならず進学支援もますます重要になってきている。また、義務教育を終え、あるいは 18 歳に達して施設を退所した子どもが即座に社会で自立していくことが難しい場合には、社会的養護を延長して自立援助ホームで生活することも必要である。

母子家庭の親子に対する支援を目的として設置されている母子生活支援施設における自立援助は、母親の自立を支援する役割を含んでいる。子どもおよびその保護者を対象とするリービング・ケア、アフターケアは、自立支援としても重要な意味をもっている。

まとめと課題

児童家庭福祉のなかでも最も古い歴史をもっているのが社会的養護の分野である。社会的養護がもたらされる背景は、常にその時代や社会の諸相を反映している。したがって、虐待、ネグレクト等の社会的養護を必要とする子どもたちやその家庭を理解することは、今日の子ども・子育て環境の問題や課題であるとともに、わが国の子ども・子育ての今後を展望するうえでも非常に学ぶことが多い。このことを踏まえて理解を深めていくことを期待する。

（網野武博）

2 子どもの権利擁護 職業倫理について学ぶ

キーワード

子どもの最善の利益　虐待の防止　養育者・支援者

ここでは、「児童の権利に関する条約（子どもの権利条約）」および国連「児童の代替的養護に関する指針」を踏まえて、そこに掲げられた子どもの最善の利益を尊重した支援を提供していくため、子どもの最善の利益について理解することを目的とする。また、子ども・保護者の意見表明と苦情解決の仕組みを理解すること、被措置児童等虐待および防止に向けた取組みについて理解することをねらう。同時に、養育者・支援者の心身の健康が子ども等の心身の健康に結びついていることを理解し、職業倫理についての概要を学ぶ。

1. 子どもの最善の利益

1 子どもの権利擁護の推進

「児童の権利に関する条約」の概要

子どもにとって最も優先されるべきことは、子どもの権利を守ることである。子どもの権利を擁護することは、子どもの基本的人権を護ることにほかならない。子どもの権利を守るものとして、「児童の権利に関する条約（子どもの権利条約）」がある。これは、18歳未満を児童とし、児童の人権を尊重し、確保する観点から必要な事項を規定したものである。1989（平成元）年の第44回国連総会で採択され、1990（平成2）年に発効した。日本は1994（平成6）年に批准している。児童の権利に関する条約では、以下の四つの権利が定められている。

「生きる権利」：防げる病気などで命を奪われないこと。
病気やけがをしたら治療を受けられること。
「育つ権利」：教育を受け、休んだり遊んだりできること。
考えや信じることの自由が守られ、自分らしく育つことができること。
「守られる権利」：あらゆる種類の虐待や搾取（さくしゅ）などから守られること。
障害のある子どもや少数民族の子どもなどは特に守られること。

X
社会的養護コース

「参加する権利」：自由に意見を表したり、集まってグループをつくったり、自由な活動を行ったりできること。

「児童福祉施設最低基準」に関すること

「児童福祉施設の設備及び運営に関する基準」（昭和23年厚生省令第63号）（以下、児童福祉施設最低基準）とは、児童福祉法に基づく児童福祉施設の設備・運営上の基準である。施設の構造設備の一般原則をはじめ、非常時災害対策、職員の一般的要件、衛生管理、健康管理ほか、施設の種類別に最低限守るべき基準が定められている。2011（平成23）年改正で、「児童福祉施設は、入所している者の人権に十分配慮するとともに、一人一人の人格を尊重して、その運営を行わなければならない」と規定された。

また、「里親が行う養育に関する最低基準」（平成14年厚生労働省令第116号）とは、児童福祉法に基づき定められた、里親が行う養育に関する最低基準である。「養育の一般原則」「児童を平等に養育する原則」「虐待等の禁止」「教育」「健康管理等」「衛生管理」「給付金として支払を受けた金銭の管理」「自立支援計画の遵守」「秘密保持」「記録の整備」「苦情等への対応」「都道府県知事への報告」「関係機関との連携」等について基準が示されているが、里親はこれらの観点を大切にして養育の向上に努めることが重要である。

2 国連「児童の代替的養護に関する指針」の概要

この指針は、「児童の権利に関する条約、並びに親による養護を奪われ又は奪われる危険にさらされている児童の保護及び福祉に関するその他の国際文書の関連規定の実施を強化すること」を目的として定められたものである。「代替的養護に直接的又は間接的に関わる全ての部門に幅広く普及させること」が目指され、特に以下の事柄をねらいとしている。

❶ 児童が家族の養護を受け続けられるようにするための活動、又は児童を家族の養護のもとに戻すための活動を支援し、それに失敗した場合は、養子縁組やイスラム法におけるカファーラなどの適当な永続的解決策を探ること。

❷ かかる永続的解決策を模索する過程で、又はかかる永続的解決策が実現不能であり若しくは児童の最善の利益に沿っていない場合、児童の完全かつ調和のとれた発育を促進するという条件の下、最も適切な形式の代替的養護を特定し提供するよう保障すること。

❸ 各国を支配している経済的、社会的及び文化的状況を念頭に置きつつ、これらの点における責任及び義務を政府がより良く実施することを支援し促進すること。

❹ 市民社会を含む公共部門・民間部門の双方で社会的保護及び児童福祉に携わる全ての者の方針、決定及び活動の指針となること。

2. 子ども・保護者の意見表明、苦情解決の仕組み

1 子ども・保護者の意見表明

社会的養護の施設等では、子どもの気持ちを受け入れつつ、子どものおかれた状況や今後の支援について説明していく。また、かつて社会的養護で育った大人を含む当事者の声を聞き、施設等の運営の改善や施策の推進に反映させていく取組みを行う。

2 苦情解決の仕組み

「子どもの権利ノート」とは、子どもたちの生活上の諸権利が守られていることが記され、人生を主体的に生きていくことを目指して、各自治体や施設によって作成されたものである。このノートを活用し、子どもたちに自分にはどのような権利や選択肢があるのかを理解させ、意見を表明したり自己決定したりする援助をしていくことが大切である。また、意見箱、苦情解決責任者、苦情受付担当者、第三者委員、都道府県社会福祉協議会の運営適正化委員会等を活用しながら苦情を解決していく取組みが大切である。

以上のように意見表明、苦情解決の仕組みを整備、活用するだけでなく、子ども・保護者を尊重しながら支援する必要がある。

3. 被措置児童等虐待の防止

1 被措置児童等虐待とは何か

被措置児童等虐待とは、さまざまな事情により家庭での養育が困難であるため保護を要し、施設等への入所措置等をされた児童（被措置児童等）に対して、施設職員等が行う虐待のことである。「被措置児童等虐待対応ガイドライン」（平成 21 年 3 月 31 日雇児福発第 0331002 号・障障発第 0331009 号）には、以下の行為があげられている。

❶ 被措置児童等の身体に外傷が生じ、又は生じるおそれのある暴行を加えること。

❷ 被措置児童等にわいせつな行為をすること又は被措置児童等をしてわいせつな行為をさせること。

❸ 被措置児童等の心身の正常な発達を妨げるような著しい減食又は長時間の放置、同居人若しくは生活を共にする他の児童による前二号又は次号に掲げる行為の放置その他の施設職員等としての養育又は業務を著しく怠ること。

❹ 被措置児童等に対する著しい暴言又は著しく拒絶的な対応その他の被措置児童等に著しい心理的外傷を与える言動を行うこと。

2 被措置児童等虐待の防止に向けた取組み

被措置児童等虐待の防止については、2008（平成20）年の児童福祉法改正による被措置児童等虐待の通告制度や、「被措置児童等虐待対応ガイドライン」に基づいて、施設職員や里親による虐待の防止を徹底していく必要がある。ちなみに、2021（令和3）年度の届出・通告受理件数は387件、うち虐待と認められた件数は131件であった。防止に向けて何より大事なことは、職員の意識の向上や、風通しのよい組織運営、開かれた組織運営である。また、前項にあげられているように、子どもの意見をくみ上げる仕組みの推進により、防止を徹底していかねばならない。

3 事案の対応例

■図表X-4　被措置児童等虐待事案の対応例

被措置児童等虐待事案の対応例　③他の被措置児童等による身体的虐待と心理的虐待を放置した事案の対応例

❶　発見・通告（届出）

施設を利用している子ども（小1男児）が、同じ施設を利用している子ども（中1男児）から暴力をふるわれ、言葉の暴力もあると施設職員に相談した。施設職員が子ども（中1男児）に確認したが事実を否認したため特に指導せず、被害が継続する。小学校の担任が、子ども（小1男児）の顔面に内出血があることから、確認したところ、これまでの経過について担任に話した。校長は施設長に事情を説明し、子ども（中1男児）への指導をするよう話をしたが、施設長からも子ども（中1男児）に事実を確認するも否定したため、その後は特に指導をしなかった。その後、再度子ども（小1男児）が足に怪我をしていたため、担任が確認すると、子ども（中1男児）から蹴られたと判明し、校長が児童相談所に相談。

❷　事実確認（調査）

児童相談所は通告の事実について県児童福祉課に連絡。県児童福祉課職員と児童相談所児童福祉司による子ども（小1男児）からの聞き取り調査の結果、1年間にわたる暴力・暴言の被害を確認。県児童福祉課職員と児童相談所児童福祉司は、施設長及び施設職員に調査。児童相談所児童福祉司は、子ども（中1男児）に事実を確認したところ、加害行為を否認したが、他の子どもに対し、被害を受けていないかどうかについても確認したところ、他の子どもも含め数名が子ども（中1男児）からの暴力被害を継続的に受けていたことが判明した。

❸　被措置児童等に対する支援

子ども（小1男児）に対しては、児童心理司による面接と心理検査の実施後、施設の心理療法担当職員が心理ケアを実施。子ども（中1男児）については、心理検査や行動観察のため一時保護を実施。子ども（中1男児）は、これまで言わなかった在宅時の父親からの被虐待経験について話し出し、一時保護解除後は施設から児童相談所に通所し、心理ケアを継続的に実施。

❹　児童福祉審議会への報告・意見聴取

県児童福祉審議会に報告し、検証委員会を開催し、今回の事態が起きた背景や施設の管理・指導体制について検証を行い、改善に向けての提言を受けた。

❺　都道府県による指導

検証委員会の提言を受け、具体的な再発防止に向けての取組を実施するよう指導（管理指導体制の改善）。

・法人に対し改善勧告

❻ 施設の対応

法人及び施設は、検証委員会の提言に基づく県からの指導により、以下の対応や取組を実施。

・施設運営についての改善計画書の作成、提出

・職員研修の実施（テーマ：児童間暴力、児童相談所との連携）

❼ フォロー

県と児童相談所が協力し、再発防止のための事後指導を実施。

・県児童福祉課による施設の改善状況の確認

・児童相談所による被害児童の経過観察と加害児童への心理ケア

出典：厚生労働省子ども家庭局家庭福祉課・厚生労働省社会・援護局障害福祉部障害福祉課「被措置児童等虐待対応ガイドライン～都道府県・児童相談所設置市向け」2022.

4. 養育者・支援者の職業倫理、資質、メンタルヘルス

1 養育者・支援者の職業倫理

どんな職業に就く者であっても、社会から期待される役割を遂行し、責任を果たす必要がある。その行動を律するための基準や規範のことを職業倫理という。養育者・支援者の職業倫理としては、保護者や職場内、地域の人々と連携し協力していく姿勢や、職務上知り得た情報の守秘義務、保護、対象者の尊厳の擁護などがあげられる。

2 養育者・支援者の資質

養育者・支援者の資質として、まず子ども・保護者の権利を尊重できることが大事である。施設などの組織としては、職員の教育・研修に関する基本姿勢を明示し、実施していく。また、スーパービジョンの体制を確立し、養育者・支援者の援助技術の向上に努める。もちろん、養育者・支援者一人ひとりが自己研鑽（けんさん）を積むことも必要である。そのために、定期的に個別の教育・研修計画の評価・見直しや研修成果の報告を目的とした会合を行い、共有する工夫が考えられる。

3 養育者・支援者のメンタルヘルス

養育者・支援者は、同時に自らの権利も擁護されるべきだということを忘れてはならない。養育補助者として適切な助言等を主たる養育者、専門職員から受けながら、協力して養育支援に携わることが大切である。また、自らのメンタルヘルスの維持のために無理をしないことも大切である。施設等は、子育て支援員を含め子どもの支援にかかわる者が、施設長や基幹的職員などにいつでも相談できる体制を確立し、職員が一人で問題を抱え込まないよ

う組織として対応する姿勢が求められる。施設は、職員の勤務時間および健康状況を把握し、意欲的に仕事ができる環境を整えるとともに、困難なケースの抱え込みを防止したり、休息を確保したりすることに取り組む。また、養育者・支援者の処遇の充実を図るため、福利厚生や健康を維持するための取組みを積極的に行うことが求められる。心身の健康を心がけ、定期的に健康診断を実施し臨床心理士や精神科医などに職員が相談できる窓口を施設内外に確保するなど、職員のメンタルヘルスに留意する。

まとめと課題

子どもの最善の利益とは、子どもの基本的人権を守ることである。そのために、児童の権利に関する条約（子どもの権利条約）を踏まえ、四つの権利（生きる権利・育つ権利・守られる権利・参加する権利）を理解することが大切である。加えて、子どもや保護者が意見を表明できるシステムの構築や虐待の防止についても理解するよう努める必要がある。職業倫理を守り、養育者・支援者として資質を伸ばし研鑽を積んでいくことが課題である。

（鈴木聡）

参考文献

「児童養護施設運営指針」（平成 24 年 3 月 29 日雇児発 0329 第 1 号）

「被措置児童等虐待対応ガイドラインについて（通知）」（平成 21 年 3 月 31 日雇児福発第 0331002 号・障障発第 0331009 号）

3 社会的養護を必要とする子どもの理解

キーワード

発達段階　適切な体験　発達支援　虐待

1. 子どもの発達段階について理解する

1 発達段階の理解はなぜ必要か

「社会的養護を必要とする子ども」とひとくちにいっても、未就学児から高校生まで、幅広い年齢層の子どもたちがいる。したがって、年齢に見合った発達段階を理解してかかわる必要がある。

人は、順調に、適切に安全の欲求が満たされていくと、心に安全基地が形成され、子ども自らの自己実現の力を育むが、その安全基地の形成には三つの段階が必要である。すなわち、❶愛着（アタッチメント形成）：おおむね1～2歳まで、❷子育て環境のなかでかかわりをもつある特定の人物との関係形成：幼児期から醸成し、遅くとも思春期まで、❸自分自身（アイデンティティの確立）：自分自身のみでなく、すべての他者の自律性や自立性、能動性や個性を尊重する意識が育まれた状態、である。社会的養護においては、おおむね18歳までの児童を対象としたケアであることから、支援者がこの安全基地形成における第一ないし第二の安全基地となることを一つの目的としている[1)]。

2 基本的な発達段階と体験

乳児期は、誰もが親やそれに代わる保護者への依存があり、そこでしっかりと甘えること、居場所としての家庭や親の存在が大きな意味をもっている。そこから徐々に自立を視野に入れて接していくことが、乳児院などでかかわる人々の心構えとなるであろう。

幼児期は、親や保護者への依存から少しずつ自立が芽生えはじめ、いわゆる第一の反抗期として「イヤイヤ期」と呼ばれることもある。保育所や幼稚園ではこうした自立へのステップを一人ひとりていねいに見極めながらかかわっていく。同じように、児童養護施設でもさまざまな事情から施設で生活している子どもたちに対して一人ひとりの自立に向けて支援しなければならない。小学校入学時までには基本的な生活習慣が身についていなければ、学校での集団生活が難しくなる。

幼児期の子どもはよく笑い、さまざまなことに関心をもつ。そして、安心できる大人のもとで一つひとつチャレンジし、適切な体験を通して学び育っていく。3歳になったA子は、保育所に通うこととなったが、母親との別れ際に大泣きをし、迎えが来る夕方まで一度も笑わなかった。「笑わない子」として保育者は発達障害を疑ったが、実は、母親により乳児の頃から外出先でたびたび「置き去られた体験」をしていたことがわかった。そのため、極度に母親のそばを離れることを拒み、一日中「迎えに来なかったら」という不安を抱きながら保育所で過ごしていたのである。保育士が母親へ迎えに来ることを忘れないよう毎日連絡を続け、「いつも決まって迎えに来てくれるという適切な体験」を経験しつづけた結果、「笑わない子」は保育所を安心できる場所と認識することができ、ほかの子と同じように過ごせるようになった。

児童期の小学校時代は、生活の自立から人間としての自立に向かって発達していく年齢である。10歳前後になると、抽象的な理解ができるようになってくるのと同時に、男女の性的な発達も急速に進み、それが精神的な不安定をもたらすこともある。また、文字の獲得から始まって、学力を急速に高めなければならないという時期であり、友達との関係も複雑になってくる時期でもある。

B男は、小学5年生になった頃から母親に暴力をふるい始めた。母親には知的な遅れがあり、未婚でB男を生んだ後、廃品回収の手伝いをしながらB男を必死に育ててきたという。それまでは母親をかばいながら寄り添うように暮らしてきた親子であったが、B男はある時を境に明らかに変わってしまった。B男が発する母親への言葉にはトゲがあり、母親を見下し虐げるようになった。時を同じくして、近所の年下の子や女の子に対しても暴力的な言動が目立つようになり、地域では「乱暴な子」と言われるようになった。彼をよく知る支援者は、彼の変化を次のように述べている。「これまで母親をかばってきたが、小学校の高学年になり友達関係が重要な年頃になってくると、友達から母親に向けられる言動に抗しきれずに、かばう側から一緒に蔑む（差別する）側になった。その時に、母親との関係から育んでいた「情」を、すべて切り捨ててしまうしかなかったと考えられる」。

中学校および高校時代は、思春期および青年期（前期）として、子どもから大人への転換期である。身体的にはこの6年間でほぼ完成し、性的にも大人としての能力と欲求が高まり、自分自身への自信と不安が入り乱れる時期である。思春期には、親をはじめとした大人社会への不満が強くなり、それが非行やいじめ、あるいは不登校等という形で表出する。子ども自身が自分を抑えきれなくなり行動してしまうことも少なくない。思春期のさまざまな問題行動に対応するためには、まずは思いを受け止めるというところから出発しなければならない。一般的な管理では解決できないことが多い。

C子は暴力団の事務所で住み込みの下働きをしていた母親に育てられ、中学3年生の時に施設に入所した。育ってきた環境の影響で、C子には「男の人に密着すれば好きなものを買ってくれる」という考え方が身についてしまっていた。入所直後のC子は男性職員との距離が極端に近かったため、職員らは彼女の性的な言動に留意しながら、適切な距離をとるように心がけ、彼女への性教育の取組みも始めることになった。

社会的養護を必要とする子どもは、前述した通り、適切な体験を用意されていれば逸脱行動を引き起こすことはなかったと思われる。逸脱行動は「子どものSOS信号」である。適切な体験が不足しているばかりか、マイナスの体験を強いられてきた子どもが、動物的な欲求に基づいてさまざまな逸脱行動を引き起こすのは当たり前のことである。「動物のヒトから人間になるように育てられていない」ため、社会的養護において育て直しが必要な子どもたちなのである。多くの子どもたちは「相手の気持ちを考える」「人に迷惑をかけない」「暴力をふるわない」「嘘をつかない」「盗みをしない」などが大切なのは知っているが、そのように生きる方法を適切な経験を通して教えられてこなかったために、逸脱行動を通してもがき苦しんでいるのである。このような子どもの逸脱行動についての基本的な考え方を、保育者は理解しておかなければならない。

この考え方が、子どもへの対応においても大きな意味をもつ。子どもは「よい子になりたい」「ほめてもらいたい」「信じてもらいたい」という基本的な欲求をもっている。ほめられない、信頼されないということは寂しさを生み、寂しさは孤独感を生み、心を大きく傷つける。子どもの逸脱（問題）行動が起きたときには、まず、「寂しい思いをさせたのではないか」「この子が最も心配していることは何なのか」を思いやることである。そして、叱る前にそのことを伝え、素直に自分の行動をふりかえる条件を整えることが大切なのである。叱られるような行動をとったことは誰よりも本人がよくわかっており、「善悪の判断がつかない子どもはいない」のである。わかっていながら問題を起こさなければならなかった子どもたちには「失敗は成功のもと、次にはこの失敗をいかせると信じている」というかかわりをもつことが重要である。信じてもらえる体験こそが子どもたちに不足している体験であり、支援において必要な体験なのである。

2. 発達支援を必要とする子どもの特性を理解する

発達支援を必要とする子どもの特性はさまざまである。子育て環境やコミュニケーション環境などの不全によって、表面上は支援が必要と思われなくても、集団生活のなかで支援が必要になってくるケースも少なくない。

発達支援を必要とする子どもの特性を考えると、発達のアンバランスや遅れおよびコミュニケーションの苦手さ、社会性の乏しさを伴っているといえる。

誰にでも「その子なりのペース」がある。そのペースを大事にして、一歩ずつ前へと進めていくことが大切である。また、「自分で体験しないと理解が難しい」ことも特性といえる。そのため、可能な限り年齢に応じた適切な体験を多く保障することが重要で、体験をした後にその体験はどういうことかを説明し、一緒に確認するかかわりが求められる。ソーシャル・スキル・トレーニング（SST：Social Skill Training）などの模擬体験も効果的である。

なお、発達支援が必要な子どもの場合は、特に個別支援計画に基づき、保育者が共通認識をもってかかわることが重要である。そして、その支援を効果的なものにするためには、一貫した安定的なかかわりが必要なのである。

3. 虐待が子どもに及ぼす影響

虐待が子どもに及ぼす影響は数多く、またその深刻さは計り知れない。ここでは四種類の虐待におけるそれぞれ代表的な影響について理解をしておいてほしい。

1 身体的虐待を受けた子どもにみられる影響

身体的虐待は、最も命の危険にさらされる体験であり、暴力などにより主張も抵抗もできない無力感の下におかれ、生き抜くことのみにすべてをかけて生活するマイナスの経験である。親から暴力を受けてきた子どもは、友達とのトラブルの解決に暴力を用いる傾向にある。自分よりも力がありそうな人には従い、弱そうな人には傍若無人に振る舞うことも多い。また、力のあることが第一であると考えるため力の弱い女性を蔑視する考えをもちやすい。物事を判断する際にも話し合いや相手の気持ちを考えることが苦手で暴力的な傾向を示すため、人間関係上でのトラブルが多くなる。

2 心理的虐待を受けた子どもにみられる影響

心理的虐待は、多くは言葉の暴力により子どもの心を大きく傷つけ、子どもの生きる力を奪う。子どもの面前で行われるDVは、親を守れない無力感と悲しさを抱かせ、逸脱行動や間違った認知を引き起こすことがある。一方、子どもに無関心な親の場合も「あなたはいらない」と言われているように子どもに伝わり、「誰も自分のことを心配してくれない」という孤独感から死を考える場合もある。

3 性的虐待を受けた子どもにみられる影響

性的虐待は、子どもの人格を大きく傷つける。被害を受けた子どもが「発覚すれば家庭が崩壊する」と考えて、「嘘だった」と証言を翻（ひるがえ）すことも多く、対応が難しいものである。施設などの場合、性的虐待を受けた子どもの特徴は、人間関係のつくり方にみられる。必要以上に積極的に異性に近づく、性的な関心を示すなど、健康的な性的関係をもつことが難しくなる。性的関係がつくる安易な人間関係を体験してきた子どもは、将来にわたって困難に直面したときに性的関係に頼って解決しようとする傾向があり、それがさらに困難を引き起こすことになる。

4 ネグレクト（保護の怠慢）を受けた子どもにみられる影響

ネグレクトは、死に至るものがある。身体的虐待もそのあとに放置することで死に至ることが多く、ほかの虐待とネグレクトの重複が重大な問題を生み出しているといえる。ネグレクト状態におかれた子どもは、発達に即した社会的スキルを教えられていないことから年齢相応に育っていないことが多い。また、必要な愛情や刺激を受けていないために、知的な発達に遅れがみられること、人とのコミュニケーションがうまく図れないことも多い。

4. 保護者からの分離を体験した子どもの理解

子どもが何らかの事情で保護者からの分離を経験することは、単に保護者のみにとどまらず、地域の人々、友達、地域の公園や学校など住み慣れた生活の場とも別れることであり、それまでの人生を過ごしたさまざまな関係を切断することである。また、保護者から離れて知らない場所で知らない人々と生活するということは、子どもが大きな不安に襲われることでもある。この境遇に喪失感を覚える子どもの心情を理解する必要がある。保護者から分離された子どもには、まず、安心できる場であることを実感できるようにかかわる必要がある。寄り添ってくれる大人がいることを実感するには長い時間が必要である。しかし、日々の生活のなかでの何気ないやりとりにおいて養育者が「常に注目し、信頼し、期待してくれる存在」になることで、新しい生活に取り組む力が生まれてくる。養育者は、子どもにこれまで得ることができなかった適切な体験を豊富に用意し、自立の力を養っていく必要がある。子どもの自立のためには、年齢に応じて生い立ちのふりかえりと整理をともに行うなかで、プラスの体験を呼び起こし保護者とのかかわりのプラス面を自覚できるように支援することも重要である。さらに、自立に向けて自立支援計画書を作成して、将来にわたるライフサイクルを見通した支援を行っていくことが求められる。施設には自立支援コーディネーターが配置されており、進路指導や職業指導等の支援、生活スキル、社会的生活スキルの支援も専門的に取り組まれている。

5. 支援者からの二次的被害を起こさないために

1 支援者の対応

支援者は、「虐待などを受けてトラウマをもつ子どもは支援者との関係において虐待関係の再現を引き起こしやすい」ということについての適切な理解がないと、子どもからの挑発的とも思える言動によって虐待者と同様の対応に陥り、結果として二次的被害を与えてしまうことがある。虐待を受けた子どもへのかかわりは難しく、専門職がグループで情報を共有しながら支援していくことが不可欠となっている。

2 適切な認知と不適切な認知

子どもは適切な体験をしていれば、物事について適切な認知ができる。しかし、マイナスの体験をしていれば、物事についてマイナスの認知が生まれる。父親にひどい虐待を受けた子どもは、男性には近づかず、男はみな信用できないと言う。ペットボトルのお茶しか飲んだことがない子どもは、茶葉からつくるお茶の入れ方を知らない。母親が義父にひどく暴力を受けているのを見てきた男児は、強くなって母親を救い出すことが目標になる。こうした体験はその子どもの認知や生き方に大きな影響を与える。認知は体験を通してインプットされるもので、不適切な認知を改善するには体験を通して子ども自身が自ら気づくことが必要である。大人が理屈や常識で説明すると、子ども自身の体験による認知を間違いと指摘することになり、本人そのものを否定するかのように受け止められることがある。

3 親に対する気持ち

虐待を行った親でも、子どもにとっては大切な親である。自分の母親のことを「バカ親」と呼ぶ高校生がいた。指導員が「君はバカ親と言うけれど」と言ったとたんに、彼は「俺の母親をバカ親と言った」と怒りを爆発させた。もちろん、指導員は「母親をバカ親と言ってはいけないよ」と助言しようとしただけである。しかし、彼は最後まで聞かずに怒りだしたのである。支援者はこのような子どもの親に対する気持ちも十分に理解しておかなければならない。

4 補助職員としてのかかわり

このように、虐待などによって心の傷を受けた子どもは、専門的支援を要する。子育て支援員に求められるかかわりは、施設などの専門職と協力して、専門的支援を補助することであり、そのなかで適切に役割分担をしていくことである。補助職員としては、その子のためと思っても、専門職がさまざまな配慮のうえで対応していることを十分に理解して、些細なことでも専門職に相談して、自らのできる範囲で支援者の一員としてかかわることが求められる。

まとめと課題

誕生以降、子どもはさまざまな形で保護者から愛情を得たり、しつけを受けたりすることによって成長する。しかしながら、このような環境に恵まれなかった子どもの一部は、乳児院や児童養護施設などの社会的養護により、自立に向けて支援を受けながら生活することになる。社会的養護では、子どもたちが安心して暮らせる環境を整え、「当たり前の生活」の保障を目指して支援を行っている。

（中山正雄・内山絢子）

X

社会的養護コース

引用文献

1）網野武博『児童福祉学――〈子ども主体〉への学際的アプローチ』中央法規出版，pp.195～196，2002.

4 家族との連携

キーワード

支援を必要とする親・家族　家族支援　家族再構築支援

1. 家族との連携の意義

1 子どもにとっての家族

家族は、子どもが育つうえで最も基本的な人間関係である。生まれて初めて感じる温かい安心感のなかで、「大切なものを共有する」「分け合う、協力する」「大切な人を思いやる、心配する」などの体験を通じて深まる運命共同体としての家族間の絆が、子どもを社会の一員として適切な社会人に育てていくのである。

しかし、社会的養護を必要とする子どもたちのなかには虐待を受けた子どもも多く、それらの子どもたちは、大事にされお互いに思いやって生活する体験が少なく、逆に最も身近な存在である家族から命を脅かされるような怖くて寂しい体験を強いられている場合も多いのである。

周りは「虐待をする親は捨てなさい」と子どもに言いたくなるかもしれないが、子どもが育って自立する時期までに、親や家族との関係を子ども自らが判断できるようにしておくことが大切である。そうでないと、親や家族についての自らの現実を見つめられずに、大人になっても幻の家族像を追い求めてしまう子どももいるからである。家族は子どもにとって大きな力をもっており、施設の職員が口を酸っぱくして伝えたことが家族の一言でひるがえってしまうこともある。家族は子どもにとってはルーツであり、自ら家族とのかかわりを判断できるまで何らかのつながりを保持していくことが必要なのである。

2 家族との連携

家族は元来、生活の多くをともに過ごす存在であり、生活のなかで家族の絆が強まり、家族のために生きる喜びが生まれる。

家庭において家族がともに過ごす時間が少なくなったことに加えて、地域の大人たちが「子どもは社会の希望である」として子どもを見守ってきた地域の力も弱くなっている。そのため、子育てに10の力が必要だとすれば、これまでは親に5～6の力があれば、ほかの家族や地域の4～5の協力で良好な親子関係を保てた時代もあったが、今では親の力だけで10を求められるような地域社会になっているということもできる。それは、いいかえれば「子育て家庭が孤立しやすい」ということである。

このような状況であるからこそ、保育や教育、社会的養護にかかわる者や機関が子どもの家族と連携していくことが極めて重要になる。

2. 支援を必要とする親や家族との連携

1 支援を必要とする保護者の状況

支援を必要とする親たちは、子どもへの愛情がないのかというとそうではない。多くの親たちは、子どもに好かれたい、子どもに慕われたいと思っている。しかし、子どもは生育段階でさまざまな問題を抱えるのが普通である。親が予期しなかったことも発生する。どうしたらよいかと考えてもうまくいかず、親が子育てに不安をもつ。子どもはその親の不安を感じて不安になり、さらに親を不安にさせるという悪循環が始まる。親の力不足や上手に人の助けを借りることができないなどのために、孤立し追い詰められて支援が必要な状態となる親も多いのである。

「児童養護施設入所児童等調査」(2018(平成30)年2月1日現在)によると、里親委託児童、児童養護施設入所児童、乳児院入所児童の主な入所理由は**図表X-5**の通りである。

図表X-5をみると、家庭が抱えている困難がわかる。虐待を主たる理由としたもの(網かけ部分)で合計すると、いずれの施設でも30%を超えている。また、母の入院と母の精神疾患の合計も25%を超えている。ここに現れているのは主たる理由であり、実態はそれぞれが複数の理由を抱えている場合も多い。例えば、四人姉弟の家族が父の入院により経済的困難となり、長女が弟たちのために食品を盗んで補導され、子どもの問題を理由として入所したというケースもあった。このように、重複して困難を抱えている多問題家庭が多いといえる。

こうした困難を抱えた親や子どもの状況を理解しながら、彼らのなかにあるよりよく生きたいと願う気持ちに寄り添って、その気持ちを支えながら連携していくことが重要である。

2 施設の家族支援の役割

平成16(2004)年度より、これまでは乳児院にのみ配置されていた家庭支援専門相談員(FSW:Family Social Worker)が、児童養護施設にも配置されるようになった。FSWとは、子どもと親双方の立場から「親と子の最善の利益」を考える職員である。施設のFSWは家庭関係調整や親子関係の再構築支援などで大きな役割を果たしている。

■図表X-5　養護問題発生理由別児童数（平成30年2月1日現在）

	児童数			構成割合（%）		
	里親	児童養護施設	乳児院	里親	児童養護施設	乳児院
総数	5,382	27,026	3,023	100.0%	100.0%	100.0%
父の死亡	126	142	3	2.3%	0.5%	0.1%
母の死亡	583	542	14	10.8%	2.0%	0.5%
父の行方不明	86	60	1	1.6%	0.2%	0.0%
母の行方不明	362	701	40	6.7%	2.6%	1.3%
父母の離婚	74	541	43	1.4%	2.0%	1.4%
両親の未婚	*	*	84	*	*	2.8%
父母の不和	36	240	65	0.7%	0.9%	2.2%
父の拘禁	25	284	10	0.5%	1.1%	0.3%
母の拘禁	136	993	111	2.5%	3.7%	3.7%
父の入院	30	104	2	0.6%	0.4%	0.1%
母の入院	93	620	80	1.7%	2.3%	2.6%
家族の疾病の付き添い	9	29	6	0.2%	0.1%	0.2%
次子出産	13	60	7	0.2%	0.2%	0.2%
父の就労	50	579	24	0.9%	2.1%	0.8%
母の就労	78	592	87	1.4%	2.2%	2.9%
父の精神疾患等	27	208	6	0.5%	0.8%	0.2%
母の精神疾患等	675	4,001	702	12.5%	14.8%	23.2%
父の放任・怠だ	68	544	30	1.3%	2.0%	1.0%
母の放任・怠だ	642	4,045	474	11.9%	15.0%	15.7%
父の虐待・酷使	212	2,542	121	3.9%	9.4%	4.0%
母の虐待・酷使	291	3,538	188	5.4%	13.1%	6.2%
棄児	74	86	9	1.4%	0.3%	0.3%
養育拒否	826	1,455	162	15.3%	5.4%	5.4%
破産等の経済的理由	341	1,318	200	6.3%	4.9%	6.6%
児童の問題による監護困難	64	1,061	4	1.2%	3.9%	0.1%
児童の障害	12	97	35	0.2%	0.4%	1.2%
その他	407	2,480	501	7.6%	9.2%	16.6%
不詳	42	164	14	0.8%	0.6%	0.5%

出典：厚生労働省「児童養護施設入所児童等調査結果」2018.
＊は調査項目にない。筆者により集計の一部を統合したものがある。

子どもの育ちについて、「家庭が適切に役割を果たせるようになり、本来の家庭に戻るのが子どもにとって最善の利益である」という考え方は、子どもの権利が認識されるようになって以後、国際的に一貫して重要とされている。親と離れて暮らす子どもの「最大の関心ごと」の一つが親や家族のことである。親から連絡が来なくなると、どの子どもも生活への姿勢が消極的になる。親への連絡をとってくれる職員に期待して、「私のお母さん、いた？」と聞いてくる幼児の姿を筆者はいつも思い出す。親や家族のことを絶対に悪く言わず子どもと思いを共有する保育者は、子どもにとって頼りになる存在である。施設に限らず、保育所でも子どもの親とよい関係をもつ保育者の前では子どもは安心して生活することができるため、保護者を受け止めることは極めて重要な役割である。

3 支援を必要とする保護者との連携

困難を抱える保護者にとって、その困難を他人に相談することはハードルが高い。「自分で何とかしなくては」という思いが強く、自己判断で行動してかえって思いとは反対の方向に現実が進んでいく場合も多い。必死になっているために、他人に相談するということが頭から抜けてしまう。DV 家庭等にみられる夫婦間の問題では、一方の親が絶対的な力をもっているため、「すべて受け入れて従う」か、それとも「すべてを拒否して関係を切る」かが問われる難しい状態におかれる。少しでも信じたいという思いが、相談することを後回しにしてしまう。

「どうしてもっと早く相談しなかったの」と言いたくなるケースはたくさんある。しかし、親との連携は、こうした親の気持ちを理解しておかなければならない。「結果がマイナスであったのであり、親の思いはプラスを求めていたこと」「ここまでできる努力を頑張ってきたこと」を理解し、受け止めることから連携は始まる。施設の子育て支援とは保護者との共同子育てを通して、保護者の力を高めていくことなのである。「共同子育ては仲間である」ということで、仲間をつくり孤立せずに、上手に人の手を借りて困難を乗り越えることができる連携関係をつくることが保育者には求められる。

一方、保護者とは連携ができそうもない場合もある。たとえ、そういった保護者であっても、子どもの最善の利益を考えながら、少しでも連携していく可能性を追求することが必要である。

3. 親子関係再構築支援の実際

不適切な環境で暮らしてきた子どもの回復と成長のためには、安全な場所での生活だけではなく、成人期以降を見据えてのケアも必要である。もちろん、生活の基盤として安全な場所や不安な感情を受け止めてくれる養育者等の存在は不可欠だが、子どもの回復と成長の過程における親子関係の再構築はとても重要な役割を担っている。

❶ 親子関係再構築のためには

親との関係については、子どもの最大の関心ごとの一つである。それゆえに親子関係再構築の取組みは欠かせないものである。親子関係再構築の条件には次の六つがあると考えられる。

❶ 親子分離に至った入所理由が解消されているか解消の見込みが立っていること。
❷ 親が安定した生活ができる状態にあるか、安定できる見込みが立っていること。
❸ 親に養育者としての自覚が育っていること。
❹ 子どものもつさまざまな問題が改善されているか、改善の見通しが立っていること。
❺ 親子ともに、および家族が家庭に復帰して生活することを強く望んでいること。
❻ 困難が再発した場合、いざというときに、相談できる場所や人が確保されていること。

施設は、児童自立支援計画書において、短期・中期・長期にかかる親子関係調整と親子関係再構築への計画を立て、定期的に見直しながら、児童相談所と連携して再構築の時期を見計らい、支援を行っている。同居を果たしてからも、親からの虐待の再発や子どもの逸脱行動など、家庭が困難を抱えたときに、親も子どもも相談できる相手をもっているかどうか、相談機関との継続的な関係・連携、施設との継続的な関係・連携ができる状態にあるかどうかは、親元に戻すかどうかの判断のうえでは特に重要である。

❷ 子どもの自立・親子関係再構築への支援

親子関係の再構築は、まず子どものなかに大人を信頼する気持ちを育むことから始める。施設職員や支援者がこれまでの経験から生じた否定的な感情や不安な気持ちを受け止め、子どもに対して応答的にかかわることにより、「愛されていない」「自分は不要な存在である」という思いが徐々にやわらぎ、大人を信頼する気持ちが生まれてくる。

親は、安心できる居場所と自分を理解してくれる信頼できる人を得て、心に余裕を取り戻すことができる。そして、はじめて、これまでの子どもへの負のかかわりに気づくことができる。そのうえで、子どもとのアタッチメントの形成や適切な養育スキルの習得などへのさまざまな支援が行われることになる。そのなかには、親自身への心理的ケア、虐待が及ぼす子どもへの悪影響の理解なども含まれる。

また、最終的に親と子どもが適切な関係を築いて一緒に生活できるようになることだけを目指すのではなく、あえて離れて暮らすなど、どうすれば親子にとって一番よい関係を保てるかを親が主体的に選択できるようになることが大切である。親と子どもと両者の距離の認識が一致すれば親子の関係は落ち着き、ともに生活できなくても親子関係の再構築が行われたと考えることができる。育ちと親の現状を子ども自身が整理し、ともに生活できなくても家族との適切な距離が理解できれば、未来に望ましい家庭を築く力が養われるのである。

なお、具体的な内容については「社会的養護関係施設における親子関係再構築支援事例集」（厚生労働省、2013 年）「社会的養護関係施設における親子関係再構築支援ガイドライン」（厚生労働省、2014 年）を参照されたい。

3 親としての成長への支援（ペアレント・トレーニング）

ひとり親家庭などでは、子どもが成長して家事などができるようになり親のもとに帰れるケースもある。しかし、親に課題がある場合は親の意識や行動が変わっていかないと難しい。それらを変えるために行われているのが、ペアレント・トレーニングなどの治療的・教育的プログラムである。

野口は「ペアレント・トレーニングは、大きく分けて親に二つのスキルを教えることから、家族の抱える問題にアプローチする。一つは子どもの行動（特に問題行動）にうまく対処する技術を親が身に付け、子どもの問題行動を減少させるスキルを獲得するアプローチ（行動変容アプローチ）。もう一つは親子関係を改善するのに必要となる親子間のポジティブなコミュニケーションを行うスキルを獲得するアプローチ（関係強化アプローチ）である」[1) と述べている。

ペアレント・トレーニングは、注意欠如・多動性障害（ADHD：Attention-Deficit / Hyperactivity Disorder）などの発達障害を抱える子どもの理解と対応のスキルとして、「親の子どもへのかかわり」を重要視した親訓練として開発されたものであるが、それだけにとどまらず、子どもの行動や思いについての理解とポジティブな言葉や信頼する言葉などにより、関係を改善したり強化したりするスキルを学ぶものになっている。ペアレント・トレーニングの一つである「コモンセンスペアレンティング（CSP：Common Sense Parenting®）」は、アメリカで開発された「被虐待児の保護者支援」のプログラムである。暴力や暴言を使わずに子どもを育てる技術を親に伝えることで、虐待の予防や回復を目指すものである。

野口によると、CSP は❶わかりやすいコミュニケーションの方法、❷よい結果に注目しよい行動を増やし悪い行動を減らす方法、❸効果的にほめる方法、❹前もって言って聞かせることによる予防的な方法、❺子どもの問題行動に介入する方法、❻子どもが感情的になったときに自分自身をコントロールする方法、❼子どもの問題に対して自分の怒りをコントロールする方法、❽親の過剰な子どもへの期待を修正する認知の方法、❾問題が起きたときの解決の方法をモデリングやロールプレイ等で身につける訓練であるとしている[2)]。

施設のなかには「親子訓練室」「生活体験室」などを設置して数日の「親子生活体験」を行い支援する機能をもっているところもあり、家族療法として取り組まれている。

4 親の生活立て直しへの支援

親子関係再構築の支援は、親の生活が安定していることで大きな前進が生まれる。**図表**

X-5で示した通り、施設入所する子どもの親の多くが不安定な生活とさまざまな困難を抱えている。そのため、病気をもつ親と通院する支援、就労が困難な親とハローワークに通う支援、部屋の片づけができない親と部屋を片づける支援など、必要な支援を受けられるようにさまざまな関係機関や制度につなげていくこと、施設が「子どもの最善の利益のために」取り組むことが大切である。親の力だけでは親子の生活が維持できないという家庭は多い。困難を抱えた親の味方になって親を支えていくことが子どもの幸せにつながる。支援者には、単に子どもを保護するだけでなく、積極的に親の生活の安定に支援する役割が期待される。

まとめと課題

社会的養護における家族の支援のあり方は、個々の家族の特性や人間関係によって異なってくる。親や家族の状況を把握しながら、施設などの家族支援のあり方を踏まえ、さらには親子関係の再構築を視野に入れながら支援を行っていくことが重要である。その際、基本的には子どものウェルビーイングを軸として考えていくことによって、適正な支援と対策が可能となってくる。

（中山正雄・深谷昌志）

引用・参考文献

1）野口啓示「ペアレントトレーニング」財団法人資生堂社会福祉事業財団監，STARS（資生堂児童福祉海外研修同窓会）編集委員会編，中山正雄編集代表『ファミリーソーシャルワークと児童福祉の未来――子ども家庭援助と児童福祉の展望』中央法規出版，p.101，2008.
2）同上，p.103
厚生労働省「社会的養護関係施設における親子関係再構築支援ガイドライン」2014.
厚生労働省「社会的養護関係施設における親子関係再構築支援事例集」2013.
中山正雄「多問題を抱える父子への養護施設での援助」田辺敦子ほか編著『ひとり親家庭の子どもたち――その実態とソーシャル・サポート・ネットワークを求めて』川島書店，1991.

5 地域との連携

キーワード

地域に開かれた養育　関係機関との連携　ネットワーク

1. 関係機関の理解

1 支援に携わる関係機関の理解

社会的養護のもとで暮らす子どもたちも、地域とのかかわりのなかで暮らしている。したがって、自立や家庭復帰などに向けて、施設や里親家庭だけでなく、地域の関係機関と連携・協力しながら支援を行うことが重要である。また、子どもたちやその家族は、経済的な課題および心理面や健康面での課題など、多様な課題を抱えている場合も少なくない。そのような課題の解決のためにも地域の関係機関との協力は欠かせない。

支援に携わる関係機関

子どもの支援を視野に入れた機関は多種多様である。個々の機関の特徴を理解し、子どもの状況に合わせてどの機関との連携が必要なのかを判断しなければならない。主な関係機関は**図表X-6**の通りである。

要保護児童対策地域協議会

要保護児童対策地域協議会は、保護が必要と思われる子どもなどの早期発見と、適切な連携のもとでの迅速な支援を行うために、関係者や関係機関が情報を共有し、対策などを協議するためのネットワークである。1990（平成2）年に大阪府において児童福祉司・保健師・弁護士・施設職員等により、わが国で初めて「児童虐待防止協会」という子ども虐待防止ネットワークが立ち上げられた。翌年には東京都でも「子どもの虐待防止センター」が、同じく民間のネットワークとして設立され、以後、全国で地域の困難を抱える子ども家庭を支援する取組みが本格化した。その後、国は、市区町村にネットワークをつくることを進め、2004（平成16）年に「要保護児童対策地域協議会」の設置を努力義務として児童福祉法に定め、2019（令和元）年2月1日現在で全国の99.8%の市区町村に設置されている。

■図表X-6　支援に携わる関係機関

関係機関	役割等
市区町村	保育や子育て支援サービスの実施、乳幼児健診、子どもに関する相談業務を担っている。市区町村には、児童福祉や母子保健等を担当する部局がおかれている。
児童相談所	都道府県、指定都市に設置されている児童福祉に関する専門機関である。子どもに関するさまざまな相談のうち、より高度・専門的なものに対応することになっており、専門の職員が配置されている。
家庭児童相談室	地域における身近な相談機関として、子どもや家庭に関するさまざまな相談に応じている。市区町村の福祉事務所に設置されており、相談業務に従事する専門の職員が配置されている。
児童家庭支援センター	子ども、家庭、地域住民等からの相談に応じ、必要な助言、指導を行う施設である。児童相談所、児童福祉施設など、関係機関の連絡調整も行う。児童相談所を補完するものとして、児童福祉施設等に設置されている。
保健所	公衆衛生の中核的機関として、地域住民の健康保持・増進や病気の予防、食品衛生に関する業務を行っている。都道府県、指定都市、中核市、政令で定められた市、東京都の特別区に設置されている。
市町村保健センター	地域住民に身近な対人保健サービスを総合的に行う拠点として、市町村が設置している。主に母子保健や老人保健における健診や健康相談などを行っている。
医療機関	地域にある病院や診療所（クリニック）。子どもや保護者に対して医療を提供するだけでなく、虐待などで保護が必要な子どもの発見、福祉的な援助が必要な子どもの把握などの役割が期待される。
地域子育て支援センター	気軽に利用できる場として、地域の子育て家庭（主として未就園児のいる家庭）に対する育児相談、栄養指導、育児に関する講習会、情報提供などを行っている。
児童館	健全な遊びを通して、子どもの生活の安定と子どもの能力の発達を援助していくことを目的とした施設である。専門の職員により、遊びの提供、遊びを通じての指導、母親クラブ等の地域組織活動の育成、子育て相談などが行われている。
民生委員・児童委員	地域住民の一員として、それぞれが担当する区域において、住民の生活上のさまざまな相談に応じ、行政をはじめ適切な支援やサービスへつなぐ役割を果たしている。民生委員・児童委員の一部は、「主任児童委員」に指名されており、子どもや子育てに関する支援を専門に担当している。
社会福祉協議会	民間の社会福祉活動を推進することを目的とした、営利を目的としない民間組織である。
子育て世代包括支援センター（母子健康包括支援センター）※	妊娠期から子育て期にわたるまでのさまざまなニーズに対して総合的相談支援を提供するワンストップ拠点であり、市町村におかれている。
子ども家庭総合支援拠点（市町村子ども家庭支援拠点）※	子どもの最も身近な市町村において、子どもや妊産婦の福祉に関する支援事業を適切に行うため、実情の把握、子ども等に関する相談全般から通所・在宅支援を中心にした専門的な相談援助（ソーシャルワーク業務）を行う拠点となる施設である。

※　子ども家庭センターに一体化
子育て世代包括支援センターと子ども家庭総合支援拠点は、2016（平成28）年の児童福祉法改正で設置が定められた施設だが、2022（令和4）年6月の児童福祉法改正において、子育て家庭への相談支援機能の強化を図るために一体化した相談支援機関として見直され、2024（令和6）年4月より「子ども家庭センター」となる。

■図表X-7　支援機関のネットワークの図の例

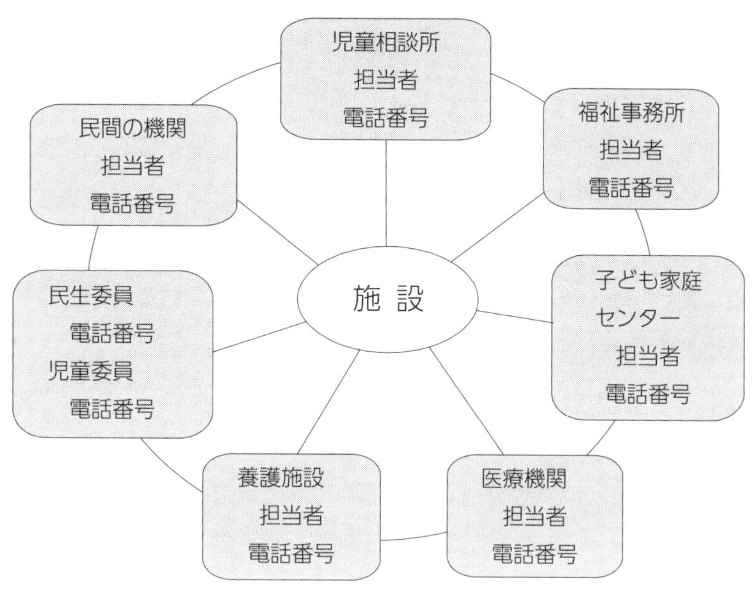

2 支援機関マップの作成

地域にある支援機関を調べて、いつでも連携できるように準備しておくことが、施設などでは大切である。単に調べるだけでなく、連携の方法を具体的に確認しておくことも必要である。保育者や職員などが、「どの問題のときにどこに連絡するか」を共通の認識にしておかなければならない。各自治体で作成している支援マップを利用して施設等で探し出した連携先を加え、相手機関の担当者の名前や電話番号を書き入れておくとともに、実際に電話して普段から関係をもつようにしておく。そうすることでスムーズに連絡し、連携し合える関係をつくっておくことができる。また、職員間で使いやすいように、支援機関ネットワークの図(**図表X-7**)を作成し、いつでも使えるようにしておくことが望ましい。

2. 地域との連携の意義と方法

1 地域との連携の意義

乳児院や児童養護施設、母子生活支援施設などの社会的養護の施設は、明治時代にキリスト教や仏教の教えにもとづく慈善事業として設置されはじめた。特に第二次世界大戦後には、戦争孤児の保護を目的として多くの施設が設置された。戦争孤児たちが引き起こす非行が社会問題化していた当時、地域に迷惑をかけないように生活していくことが施設を存続させ、子どもたちの生活を維持していくために重要なことであった。そのため、地域にはよく知られないままひっそりと生活をしてきたともいえる。

「地域に開かれた施設」という考え方は、1979（昭和54）年の「国際児童年」を契機に特に課題としてあげられるようになった。地域のボランティアや実習生を受け入れる、施設の設備を開放する、地域の自治会や子ども会・PTA等に役員として参加する、地域の子どもとスポーツをする、子ども祭りを開催するなど地域との交流に積極的に取り組む施設もあり、国も「施設機能強化推進費」として地域との交流事業に使える予算を支出している。

子どもの虐待事件の増加などにより、社会的養護の施設についての関心は高まってきたが、いまだ社会における認知度は極めて低いというのが現状である。そのような状況において、施設の地域連携の意義には次のことがあげられる。

❶ 地域の力を借りて施設だけでは不十分な養育の課題を達成していくこと

施設は安全な生活の場として存在し、地域のなかでのさまざまな体験が子どもたちの社会性を育てる。そのため、地域の住民の力を借りて地域の子どもたちとともに地域の一員として養育していくことが重要である。ボランティア活動や地域の諸行事への参加、日々のご近所との交流など、地域に開かれた施設として地域からのさまざまな支援を得ながら子どもの最善の育ちを支えていくことに意義がある。

❷ 施設のもつ設備や専門職の力を地域で活用し地域貢献すること

2003（平成15）年の児童福祉法改正では、児童福祉施設が地域の子育てを支援することが定められ、施設を地域に開放し、地域の子育て家庭にとって身近な存在としてさまざまな相談に応じる努力が求められることになった。民生委員・児童委員やPTA等との連携による活動で、施設の理解と施設への信頼を得て、施設のもつ子育ての専門性を発揮して地域の子育て支援の役割を果たすことは、親子分離ではなく家庭での生活を維持していくための支援として大きな意義がある。

また、地域との連携では、施設入所した子どもを家庭や里親等に再統合する場合も重要になってくる。子どもが帰る家庭の地域の保育所や学校等との連携は、家庭復帰後や里親委託後に必要な支援を生活する地域で受けられるようにし、親子分離の再発や里親不調を防ぐためにも大きな意義がある。子育て支援員としてかかわる場合は、施設の職員等の指示を受けながら、必要に応じて地域と連携をとるよう心がけたい。

2 連携の方法

地域連携の方法は、まず地域に知ってもらう、ボランティアを募集する、可能な限り実習生を受け入れる、日常的に隣近所との関係を大切にすることから始まり、多くの施設が国の予算を活用して地域との交流を行っている。地域の子育て関係機関として多くの人に知ってもらい、地域の利用できる施設という認識を広げるために、施設では、ボランティア担当、実習担当、幼稚園・小学校等の担当、地域子ども会担当、PTA 担当、要保護児童対策地域協議会担当などの担当者を決めて、地域との連携を進めている。子育て支援員もこうした役割を担うことは十分考えられる。

また、専門性を活かした地域との連携として、地域の機関や個人を把握し、支援マップなどを作成して、関係をつくる。支援者は、情報を共有し信頼関係を築くことが重要であり、実際に顔を突き合わせてネットワークミーティングを行うことが必要となる。

ネットワークミーティングとは、関係者が定期的に集まり打ち合わせや支援会議を開くことであるが、その場合のネットワークリーダーになるのがコーディネーターである。コーディネーターには、各機関の専門職間で連携するために、それぞれの専門性を尊重しながら役割を明確にして、それぞれが責任をしっかりと果たすようにすることが求められる。

コーディネーターの主な役割は以下の通りである。

❶ 組織の関係者や関係機関との連絡・調整

❷ 利用者（被援助者）の相談窓口

❸ 援助者（それぞれの専門職）へのコンサルテーション

❹ 連絡会議の日程調整と会場の確保

❺ 連絡会議での進行役

特に連携についての話し合いをうまく進めるうえで、連絡会議の進行役としてのコーディネーターの役割は重要である。子育て支援員がコーディネーターの役割を果たす機会は少ないかもしれないが、地域の関係機関の連携の重要性について知っておくことが大切である。

3. より専門的な支援を必要とする場合の関係機関（医療機関等）との連携について

社会的養護を必要とする子どものなかには、より専門的な支援を必要とする子どもがいる。親から身体的虐待やネグレクトを受けた子どもは、発育不良や障害を抱えることも少なくない。心理的虐待や性的虐待を受けた子どもは不安定で精神疾患を伴うこともある。こうした様子がみられる場合には、ただちに児童相談所や医療機関との連携により必要な対応をしなくてはならない。その対応には医療的なケアも含まれ、その場合は医師や看護師と連携して行うこととなる。

養育者は、健康面での基本的な知識をもつとともに、ほかの専門職や専門機関と連携して子どもの命を救い、健康に育てていく能力が求められる。虐待などにより子どもを保護した場合に、納得しない親が施設に現れて暴れたり、DV 加害者の父親が母子を探して暴力をふるったりするなどの問題が発生することもあり、警察との連携が必要な場合もある。また、虐待を受けた子どものケアのために、児童養護施設などには心理療法を行う職員が必要に応じて配置されており、それら専門職との連携も重要である。

緊急時には子育て支援員であっても子どもを守るために必要な対応が求められることがある。例えば、重篤な虐待を受けてきた子どもには、特徴的な問題行動が表れる場合がある。まずは子ども間での暴力である。暴力をふるう可能性のある子どもについては事前によく理解して、対応についても職員から指導を受けておく必要がある。基本は毅然とした態度で止めさせることであるが、暴力を受けている側の安全を確保し、暴力をふるう側の子どもの落ち着きを待つことが大切である。その場合も一人では対応せずに、ほかの職員の支援を得ることが重要である。次に、精神疾患等をもつ子どもの行動である。リストカットやヘディングなどの自傷行為がみられる場合があるため、その可能性のある子どもについての対応を事前に学んでおく必要がある。突然に起きることも多いが、あわてずに職員に連絡し、本人が落ち着くまでそばに寄り添い（その子どもの気持ちを考え受け止めてそばにいること）、傷への処置を行い、職員を待つことが大切である。子育て支援員という立場であっても、緊急時には子どもを守る役割がある。緊急時の対応については事前に職員等とともに決めておき、いざというときに適切に対応できるようにしておくことが望まれる。

コラム

心理的ケアの方法

心理的に問題を抱えた子どもたちに対してケアを行うにあたって、いくつかの技法がある。なかでも遊戯療法（プレイセラピー）は代表的な技法として多く使われている。遊びを通して子どもの傷ついた体験を表出させ、自分の感情や行動を受け入れてもらう安心感や自己の存在感、自己肯定感をもたせて、自らトラウマを受け止めて軽減していく方法である。その他、カウンセリング、箱庭療法、行動療法、集団心理療法等がある。トラウマの治療法として、最近ではEMDR（眼球運動による脱感作と再処理法）を使用してカウンセリングを行う技法も進められ、その効果が注目されている。虐待を受けた子どもなどを受け入れている児童心理治療施設では、環境総合療法という認知行動療法が多く取り入れられている。環境総合療法とは、施設における生活全体の環境（人的環境も含む）を通してよい体験を行うことで、マイナスの体験による認知を改め、自分自身をプラスに認知していく治療である。生み出されたプラスの行動を認めてほめることにより、マイナスの行動をプラスの行動に変化させていく。

まとめと課題

地域には児童養護に関連してさまざまな施設などの社会資源があり、そこには子どもの支援を目的にさまざまな活動を行っている人たちがいる。自分の住む地域にある関係機関を把握すること、関係する職種や専門職を知ること、それらを整理した自らのエコマップや地域の支援マップなどを作成し、地域との連携の意義を理解することが重要である。

（田上不二夫・中山正雄）

参考文献

厚生労働省「社会的養育の推進に向けて」令和４年３月

6 社会的養護を必要とする子どもの遊びの理解と実際

キーワード

人間関係の困難さの理解　感情のコントロール　体験の再生　集団づくり

1. 遊びの意義

1 社会的養護を必要とする子どもの遊びの特徴

親の愛情を受け取ることのできなかった社会的養護を必要とする子どもは、極端な引っ込み思案や暴力行為などを起こし、ほかの子どもたちと上手に遊べないことも少なくない。その原因には人間関係や感情のコントロールの課題などがある。また遊びの特徴も、虐待を受けた子どもは遊びが断片的になりやすい、特定の遊びに固執するなどの傾向があるといわれている。泣いている顔や攻撃シーンを絵に表現したり、破壊的行動をしたりするなど、遊びのなかで自分自身の体験を再生することも少なくない。

社会的養護を必要とする子どもたちの特徴や遊び方はそれぞれであり、子どもの気持ちに寄り添って適切な支援を考えることが肝要である。

コラム

体験の再生

子どもは遊びのなかで、自分が経験した過去の辛かった体験を再現しているのではないかと思われる場面に出くわすことがある。遊びで過去の辛い体験を再現することは少なくない。支援者としてはどう対応すればよいか迷うことが多いだろう。

子どもが突然興奮したり過度の不安状態に陥ったりした場合には、手をしっかり握る、全身で優しく包み込むなどして気持ちが落ち着くまで待つことが大切となる。しかし、体験を思い出す遊びや話を繰り返すことは異常なことではない。印象に強く残っていることを思い出すのは普通のことと受け止め、子どもが混乱している様子がなければ、そっと見守る姿勢が大切となる。何度も再生することによって記憶内容が少しずつ変容していくことも知られている。しかし、過酷な体験は人生での重要な記憶であり、忘れ去ることはないと思ったほうがよい。子どもの心に過去の記憶として納まっていくことが大切となる。

2 社会的養護を必要とする子どもの遊びの意義

親あるいは親に代わる人との温かい人間関係は重要であるが、友だちや保護者以外の大人との人間関係も、成人してからの人間関係や生き方に重要な影響を与えることが知られている。遊びを通して、安心で安全な、そして楽しく信頼に満ちた人間関係を経験することは、子どもの健全な成長にとって欠かせない。

子どもの遊びの内容には、知的発達、社会性の発達、感情の発達などの能力が反映されている。つまり、それぞれの遊びには必要とされる能力がある。そのため、人間関係や感情の発達に問題を抱えていると、ほかの子どもたちと適切に遊べないことが起こる。したがって、遊びは健全な発達のバロメーターにもなり得る。そして遊べることが一つの目標となる。

また、ほかの子どもたちと上手に遊ぶことができると、道具を使ったり、ルールを覚えたり、コミュニケーションをとったり、協力したり、教えてもらったり、ときには我慢したりと、子どもの知的発達、社会性の発達や感情の発達が促進される。特に安心・安全な人間関係を経験することは、社会的養護を必要とする子どもにとって重要となる。

したがって、支援者には、子どもがほかの子どもと交流したり一緒に遊んだりできるように援助することが求められる。

2. 年齢に応じた遊びの内容

小学校低学年の子どもは幼児期の特徴を引き継いでおり、ほかの子どもの気持ちを理解する力が十分に育っていないことも多いが、社会的養護を必要としている子どもはより強く幼児期の特徴を残していることがある。そのために、子ども同士の結びつきが弱くなり、ほかの子どもと一緒に遊ぶということができない場合がある。

中学年になると、知的能力が高くなり子ども同士のつながりも強くなる。ものづくりや複雑なルールのあるゲームを好むようになり、ときには大人を排斥して、秘密基地をつくって自分たちだけで遊ぼうとする傾向が強くなる。

ところが、社会的養護を必要とする子どもたちのなかには、鬼ごっこや戦闘ごっこなどの小学校低学年の子どもが好むような身体を使った遊びを好む傾向があるなど、ほかの子どもと遊びの好みに違いが出ることがある。周りの大人はこれらの状況を理解することも必要となる。

高学年になると、青年期の特徴がみられるようになる。自己意識が芽生えて異性を気にするようになり、女子は数人の同性の友だちと過ごすようになる。また男子もグループを形成する。社会的養護を必要とする子どものなかには、信頼関係に自信がなかったり、自己中心的で人への要求が強すぎたりするなどほかの子どもたちとの意識の違いが出てトラブルとなることもある。それぞれの意識の違いに配慮しながら人間関係に介入する必要がある。

3. 配慮すべきこと

一人ひとりの子どもをよく観察することが重要である。

虐待を受けた子どもたちは、自己概念に問題を抱えていることがある。虐待する養育者のもとで育てられると、子どもは自分を暴力や悪感情の対象としてとらえる見方を学ぶ。子どもである自分が悪いと考えることで、起こっている状況の一貫性を理解しようとする。また、自分に起こっている苦しい状況をなんとかしようといろいろ試してみても、その状況から逃れることができない。自分は何をしてもだめだということを学習する。心理学用語では、これを「学習された無力感」という。

過酷な環境で育てられた子どもたちは、ネガティブな自己概念をもちやすい。虐待を受けた子どもたちの問題とされる行動は、このような自己概念の歪みからきているものもある。子どもの不適切な行動をただ叱るだけではなく、子どもの心を理解するとともに心のケアにも気を配る必要がある。

コラム

対人関係ゲームを活用した「集団づくりプログラム」

対人関係ゲームを活用した「集団づくりプログラム」は集団の関係性に介入するシステムズ・アプローチの方法である。システムとは、境界内の要素が相互に影響し合っている状態をいう。

社会的養護を必要としている子どもたちのなかには、人間関係の構築を苦手としている子どもが少なくない。集団づくりプログラムでは、身体を動かしたり声を出したりすることで不安や緊張を緩和する体験や簡単なソーシャルスキルを使えば参加できるゲームを使って一緒にゲームを楽しむ体験ができる。ゲームには、協力し合う、自己開示する、コミュニケーションをとるなどソーシャルスキルを学ぶ教材が豊富に含まれている。また、よい人間関係を実現できれば、ソーシャルスキルが容易に学習されるだけではなく、人からどう思われるかという懸念は低下し、「自分は人間関係をうまくやれる」という自己効力感も高くなり、対人不安は低減する。

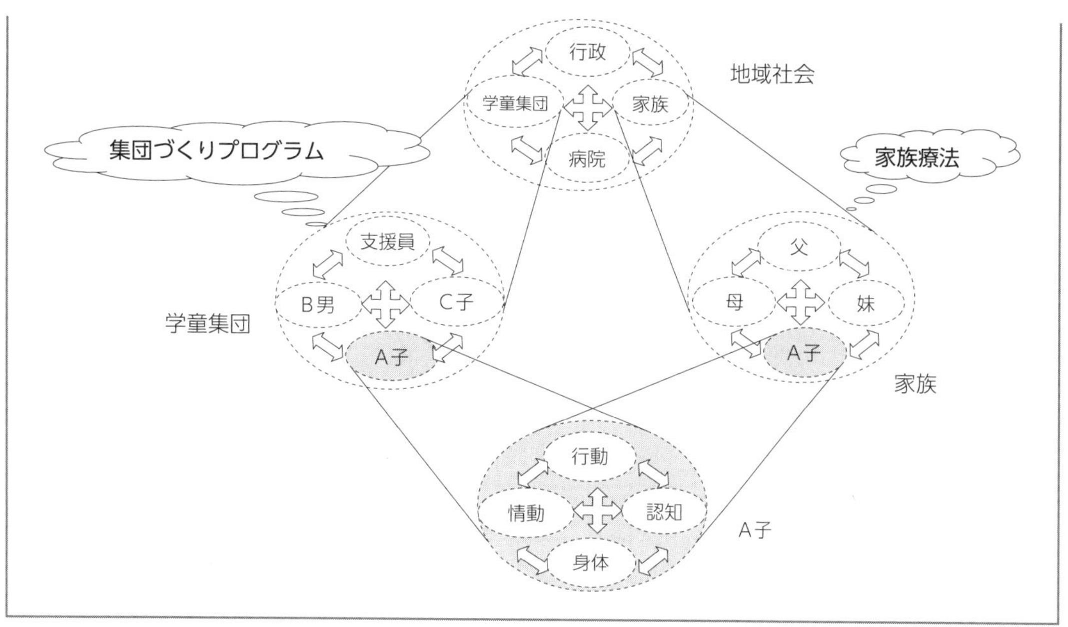

出典：田上不二夫『不登校の子どもへのつながりあう登校支援――対人関係ゲームを用いたシステムズ・アプローチ』金子書房，p.109，2017.

まとめと課題

社会的養護が必要な子どもにとって、安全で安心な人間関係を遊びのなかで経験することが重要である。そのことを理解して、支援者は子どもがみんなの遊びに加われるようにサポートすることが期待されている。

遊びへの支援の仕方にはどのようなものがあるかを書き出し、遊びの支援に対する自分自身の強みについて考えてみよう。

（田上不二夫）

X 社会的養護コース

参考文献

田上不二夫編著『実践 グループカウンセリング――子どもが育ちあう学級集団づくり』金子書房，2010.
田上不二夫『不登校の子どもへのつながりあう登校支援――対人関係ゲームを用いたシステムズ・アプローチ』金子書房，2017.

7 支援技術

キーワード

傾聴　共感　アセスメント　カウンセリング　記録

1. 子どものニーズに応じたコミュニケーションスキル

社会的養護のもとで生活する子どもは、虐待などによりマイナスの経験をしているため、大人に対する不信感が大きく、自己肯定感が低いという傾向がある。子どもへの支援のかかわりは、この点を理解することが前提となる。その子どもを適切に理解することができて初めて、「子どもの最善の利益」の視点からその子どもに合った支援ができるのである。子どものニーズに応じたコミュニケーションスキルとは、子どものプラス面に注目して関係をつくり、子どもに必要なニーズを見つけるというスキルである。

親や家族との関係が希薄な子どもが、施設の職員や里親との関係づくりにおいて示す特徴の一つとして「試し行動」がある。「本当にこの大人は自分の味方なのか」と何度も何度も試してくる。例えば、「わざと学校をさぼって心配してくれることを確認」しようとする。裏切られてきた経験をもつ子どもは、その倍以上の数の安心できる関係を求めていること（ニーズ）を理解したかかわりが必要になってくる。

1 子どもへの傾聴と共感

他者との関係をつくるには、大人も子どもも関係なく、まずは相手に「私はあなたに関心をもっています」「あなたは私にとって大事な人です」というメッセージを送ることが必要である。しかし、それを言葉で表現しても、その思いは相手に簡単には伝わらない。ましてや言語理解に課題がある相手（子ども）、または人に心を閉ざしている相手には、そのメッセージは届かない。そのメッセージを届ける役割を果たすのが「傾聴」（耳で相手の言葉を聞くのではなく、心を傾けて聞こうとすること）である。そのポイントは、以下に示す通りである。

❶ 相手の話（気持ちや思い）を、まるで自分のことのように感じとろうとして、誠実に聞く。その真摯さが相手に伝わって、その心を開かせ、対話が深まっていく。

❷ 相手の気持ちや考えを批判せず、そのまま受け入れようとする。相手のもつさまざまな観念や価値観を限りなく尊重し、それを理解しようと努力する。

❸ 聞き手のなかにとらわれや悩み、葛藤があると、その部分が刺激されて、相手に心を開けなくなる。否定せず、批判せずに、ただ受け止めようとするためには、聞き手側の人格的成熟、おおらかさが必要である。

❹ 相手への「同情」ではなく、ただ「共感」しようと努める。これにより、ニュートラルでありながら、相手に限りないやさしさをもった「中庸」が生み出される。

これらは、子ども支援だけでなく、親面接・親支援の際にとりわけ必要なスキルであり、支援者に必要な基本的態度である。

施設の子ども支援においては、日々の生活をともにするなかで職員の全人格的な姿勢が伝わることで、「傾聴と共感」が大きな意味をもってくる。このような関係が深まると、子ども自ら自身の生い立ちや被虐待経験について語り始めることがある。その場合は、どんなに時間がかかっても、あるいはほかの仕事などがあっても、後回しにしないでしっかりと聞くことが大切である。子どもは、ずっと言えなかったことをやっとの思いで口にすることもある。ほかの用事などでさえぎられることなどがあれば、「言ってはいけないこと」と思い込み、固く口を閉ざしてしまう。特に、性的虐待の被害を受けた子どもの場合は、一度機会を失うと救い出すことが困難になることもある。「誰にも言わないで」と話し始めることもある。それだけ子どもにとっては重い問題であるので、施設は子どもの話を聞いたら、子どもの気持ちを尊重しながらも必要な関係者に内容を共有して支援を行わなくてはならない。自分だけに話してくれたからといって、自分だけで対応してはならないのが原則である。

2 子どものニーズの把握（アセスメント）

子どもが抱える課題は、その子どもの家族が抱える課題でもある。どのような課題があるのかを適切に把握し、子どもに必要なニーズをつかむことを「アセスメント」といい、日本語でいえば「見立てる」と表現してよいだろう。アセスメントで得られた子どもおよび家族の情報は、児童相談所の児童福祉司などによるケースワークにより「児童票」に記される。児童相談所からは児童票をもとに「援助指針」が施設に示されるが、施設では生活をともにするなかで子どものニーズを改めて確認（再アセスメント）することが重要となる。生活のなかで表れる子どものさまざまな言動を職員全体で確認し、その子どもの内面をつかみ理解することが重要となる。そのため、施設で行うケース会議、その子どもにかかわる関係者（児童福祉司・学校の教員等）が一堂に会して総合的に把握し連携していくためのケースカンファレンス、ネットワークミーティングなども重要となる。このような取組みにより、児童の特徴や意思、生活状況、家族との関係、病歴、問題の主訴などの情報が明らかになり、問題解決の方向がみえてくる。

3 グループワークによる支援

集団生活としての施設のグループワーク

施設において子どもは集団で生活しており、この集団の関係を子どもたちのケアと成長・発達に積極的に役立てていくことが、施設のグループワークである。

子どもがグループに所属して生活することにより「生活共同体」としての仲間意識や協調性を育むことができる。話し合って行う生活や達成感がもてる行事などプラスの体験ができるように取り組む。子どもたちの役割は、それぞれが必要な存在として認め合うため、信頼し合うために設定され、その役割を果たすことにより自己肯定感や人への信頼感を高めていくよう、施設では意識的に生活のなかに取り入れることが大切である。

被虐待体験をもつ子どもの多くは「自己防衛」意識が強く、人の温かさを知らない場合もある。支援者は一人ひとりの成育歴や性格などを個別的に理解（ケースワーク）して、どのようなグループに属してどのような活動や生活が必要なのかを見定めることも重要である。

意図的なグループによるグループワーク支援

生活のグループではなく、子どもの状況に応じて子どもの問題行動や認知の改善、あるいはソーシャル・スキル・トレーニング（SST：Social Skill Training）などのために意図的にグループを構成して集団活動や学習などを行うことも、施設では積極的に行われている。話し合いができずにすぐに感情的になる子どもでも、落ち着いて話し合いを大事にすることができる子どもの集団に入れることで、子ども同士のなかで学んで自ら改善していくことができる場合も多い。子ども同士の関係は、よい面でも悪い面でも影響が大きいため、グループワークについては十分理解しておく必要がある。

4 カウンセリングによる支援

乳児院や児童養護施設では、虐待を受けた子どもたちに対応するために心理療法担当職員（心理職員）が配置されている。

命を脅かされるような環境にあった子どもは、施設が安心できる環境であるとわかると「試し行動」をはじめとして、これまでの抑圧の反動としての逸脱行動や攻撃的な問題が表れる。その背景にある子どもの心理を理解してかかわることが重要であり、施設の心理職員は保育士や児童指導員などの職員と協力して支援を行う。子どものもつ困難が大きい場合には、児童相談所の児童心理司との連携も行う。

施設の心理職や児童心理司は、問題の所在を明らかにし、子どもや親とのコミュニケーション課題を解決するにあたって、さまざまな心理テストやプレイセラピーなどの活用、そして非指示的カウンセリングを通して子どもや親の心の状態を把握しながら、本人自身に自分の問題を気づかせることを目指している。非指示的カウンセリング（クライエント中心療法）とは、1950年代にアメリカの心理学者カール・ロジャーズが提唱した方法で、相談者（クライエント）に解決の方法を教えて指示する指示的カウンセリングと異なり、相談者が自ら解決の方法に気づくよう相談者個人の人格や尊厳を大事にするカウンセリングの方法の一つである。問題の解決は、カウンセラー（相談を受ける心理職など）の指示を受けてではなく、子どもが自ら間違いや誤解に気づいて自ら少しずつ改善していくことが重要である。なぜなら、誰でも「指摘されて改善するのは難しく、自分で気づけば改善しやすい」からである。特に困難を抱えた者は「上から目線で指示される」ことへの拒否感が大きいことを理解しておく必要がある。カウンセリングを通してどのような治療が必要かを見出し、実際にはさまざまな心理療法が活用されている。

2. 生活における支援

1 子どもへの支援の基本

生活支援の基本は、安心・安全である。施設の職員がまず重視しなければならないことは、子どもの心情を思い寄り添うことである。寂しさは子どもの心を傷つけ、安心できる人の存在は子どもの心を温め癒していく。傷ついて施設に入所してくる子どもたちに、「安心できる大人がいるよ」と伝わる支援でなくてはならない。

生活における支援とは、子どもの問題やできないことを見つけて指導することではない。ひどい環境のなかにおかれて、「よく頑張ってきたね」と思わずにはいられない傷だらけの子どもも少なくないのである。できないことを指摘するのは誰でもできる。その子どものよさを理解し大切にする、大人としての存在になることが重要である。

安心と安全とは、日々の生活が平穏に続くことである。筆者がかかわっている施設のなかには、現在でも「施設に来て毎日ごはんが食べられる」「お風呂に入れる」「学校に行ける」「友達ができた」などを「施設に来てよかったこと」として語る子どもは多い。施設職員は、日々、食事や掃除・洗濯など子どもの世話をする仕事でもあるが、毎日の生活を維持していくことで、子どもが安心と安全を体感し、子ども自身のもつ「強み」が発揮される土台となるのである。

生活場面で認められ、大事にされる生活が子どもの自己肯定感を育てる。子どもはほめられることを通じて生きる力が強められ、前向きに生活を楽しめるようになる。よい面が発揮できれば、悪い面を素直に受け入れて改善していく力も大きくなるのである。子どもたちの成育歴からみれば、生活上の問題を起こすのは当たり前だということを理解しておく必要がある。子どもたちの問題行動は、「よい子になりたいが、なかなかなれない」というもがきのなかでの言動でもある。また、問題行動は、大人に反発しながら、一方ではそれにきちんと対応してくれる大人を求める、子どもから職員への期待の表現でもある。

2 生活場面におけるほめ方・叱り方

施設で生活する子どもには失敗体験が多く、叱られることに慣れてしまっている場合も多い。「どうせ、また叱られる」「頑張ってもわかってもらえない」「言っても無駄だ」などと生活に後ろ向きな子どもも多い。したがって子どもの積極性や前向きな姿を生み出すためには、生活場面で子どもにわかりやすい具体的なかかわりが大切である。これまで不適切な生育体験をしてきた小学校6年生の子どもを、一般的な基準で評価しても、プラスの評価にはなりにくい。その子自身の成長や発達段階に応じて評価することが大切である。支援者は少しずつ成長するスモールステップを大切にし、一つでもできたことを子どもと一緒に喜び、一段一段階段を上がっていくように見守って認めることである。宿題を例にとると、子どもが15分で宿題に飽きてしまった場合、「15分も頑張れたね」と言うのと、「15分しかできないの？」と言うのでは大きな違いがある。大人の認識が15分では不十分という場合には、「15分も頑張れたね」とそれを認めてから「もう少し頑張れると嬉しいな」などと、子どもに素直な気持ちで受け止められるような声かけが必要である。問題行動を叱らなければならない場合には、一方的に叱ってはならない。「問題を起こしてしまった」という反省の気持ちをもっていない子どもはいない。「失敗して悪かった」という気持ちが素直に出せるようなかかわりが大切である。子どもなりの理由や気持ちがあることを尊重して「悪かったと思っていることはわかっているよ、その気持ちは信じている」「誰でも失敗はある、でも失敗は繰り返さないようにしなければいけないね」「一緒に失敗しないように頑張ろう」と、大人の気持ちを伝えてから、子どもが起こした問題について話し合うことである。

ペアレント・トレーニングは「**X-4 家族との連携**」(294頁）で詳しく述べたので併せて確認してほしいが、社会的養護のもとで生活する子どもへのかかわりにおいて、「認める」「ほめる」ことは「認められる自分に気がつく」「大事にされる自分に気がつく」ことをうながし、子どもの積極的な生活への姿勢をつくり出す。問題を指摘して是正させようとする生活指導ではなく、できることを評価して、できることを増やしていくかかわり方が基本である。

3 年齢や発達段階に応じた支援

近年、児童養護施設では発達障害などさまざまな困難をもつ子どもが増加している。個人のもつ特性により、子ども同士のなかで、いじめや力関係により子どもの安心・安全が損なわれることがあってはならない。そのためには、一人ひとりの年齢や発達段階に応じた生活グループに配慮すること、ソーシャルスキル・トレーニングなどを実施することなども大切である。幼児、小学生、中学生、高校生と、年齢により一日の生活の流れ、行動範囲や体験、生活のなかの役割が異なることも十分に配慮して支援を行う必要がある。例えば、高校生にスマートフォンを持たせることについても、子どもとよく話をして約束ごとを明確にし、約束を守ることを積み重ねるなかで信頼を深めていく生活支援が重要となる。

3. 記録（日誌を含む）の書き方

支援者は施設の生活に仕事としてかかわる以上は、日々のできごとを記録することが求められる。仕事の内容は子どもへのケアであるため、子どもにとって必要となる養育の記録も求められる。つまり、「子どものための記録」と専門職としての「仕事の記録」がある。

1 方針と計画

子どもにとって必要な生活や体験を用意して、子どものケアと成長発達を支援するのが支援員の役割である。記録は何でもよいわけではない。施設の運営についての方針（運営方針）、子どものケアや養育についての方針（養育方針）、子どもの自立を支援していくための計画（児童自立支援計画）、子どものグループ活動や行事等の計画、職員としてのかかわり方の計画（事業計画）、各職務に応じた「心理指導計画」「家庭支援計画」「保健計画」「学習支援計画」など、さまざまな方針や計画に基づいて取組みや子どもの変化・成長を記録することが必要である。

2 どのような記録が必要か

子どものための記録

記録は、子どもがどのように成長してきたのかを記す成長記録である。まず、どの子どもでも成長発達に変化があったときには具体的に記録する必要がある。例えば「初めて言葉を発した日のこと」「誕生日の日のこと」「高校に合格した日のこと」などである。次は、養育方針や計画のなかで、その子どもにとって特に重要なこと、例えば発達に遅れがある子どもの場合は「発達に関する変化や気づきがあったときのこと」、親子関係の調整に課題のある子どもの場合には「親が面会しているときの様子や親子の発言など」、逸脱行動が多い子どもには「生活上で不安定な様子やいつもと違った状況」などを具体的に記入する。

特に子どもについての記録では、将来、子どもが施設を訪ねてきて幼少期の自分の様子を知りたがることを想定し、問題行動などの記録は最低限にとどめ、子どものよい面、がんばっている姿、優しいところなどをたくさん見つけて記録しておく必要がある。将来、子どもが記録を見て「自分はこんなに愛されて育てられたのか」と嬉しくなるような記録でなければならない。読めば、その時の光景が目に浮かぶようなエピソード記録を、月に数回記録することが望ましい。

仕事としての記録

他にも、記録には業務日誌や部屋日誌、方針に対する総括の記録がある。業務日誌や部屋日誌は、子どもの様子や子どもとの約束ごとなどを記録したり、学校関係や親との関係、児童相談所や関係機関との連絡などを記入し、職員間で共有する。職員は交代制のため、朝と夕方でかかわる職員が異なるため、連絡が適切にできていないと、子どもとのトラブルが生じることもある。適切な支援と日々の生活のために、職員間で情報を共有することはとても重要である。そのためにも、記録は必要不可欠である。

それぞれの職務に応じた方針や計画については、その職務の進行状況に応じて記録し、自らの働きの記録にもなる。子どもを担当する職員は、子どものための育成記録のほかに、担当者としての子どもへのかかわり方などについての記録も必要である。子どもの生活は職員のかかわり方によって変化するため、職員のかかわり方や支援の内容の記録と子どもの成長の記録はセットで意味をもつことになる。

再アセスメントのための記録

記録は、子どもの生活や施設の支援内容をふりかえり、子どものために何が必要かを再アセスメントするためにも重要である。児童自立支援計画書には、子ども自身の課題、親の課題、施設の職員の取組内容が書かれているので、計画通りに進んでいるか、計画を変更すべきかなどを再検討していくためにも重要である。

4. 個人情報の保護

児童福祉法では、福祉にかかわる者の守秘義務が定められている。社会的養護の場合は、特に虐待などから逃れて入所している子どもや母子がいる。過去には、施設から学校に通う子どもを学校の門前で待ち構えて連れ去った父親、施設に怒鳴り込んできた母親、母子生活支援施設に押しかけた父親などもおり、ふとしたことから子どもや母子の存在が伝わることがある。近年ではSNSに何気なく載せた写真から居所が知られてしまったということもあった。情報漏洩によって重大な人権侵害が発生することもあるため、守秘義務は厳重に守らなければならない。子育て支援員は、この点を十分に踏まえる必要がある。

まとめと課題

社会的養護で生活する子どものさまざまな体験を理解し、子どものニーズに応じたコミュニケーションのスキルを身につけておくことは重要である。個々に対応するとき、あるいはグループによって対応するときなど、さまざまである。子どもへの支援の仕方、あるいは子どもの姿をどのように記録していくのかまで含めた支援の技術を身につけること。

（斎藤二三子・深谷和子・中山正雄）

参考文献

公益財団法人児童育成協会監，相澤仁・林浩康編『基本保育シリーズ 6 社会的養護』中央法規出版，2015.
櫻井慶一編著『新 保育ライブラリ 社会的養護』北大路書房，2011.
『新保育士養成講座編集委員会』編『新保育士養成講座 第 5 巻 社会的養護』全国社会福祉協議会，2013.
中山正雄編著『実践から学ぶ社会的養護の内容』保育出版社，2011.

8 緊急時の対応

キーワード

不慮の事故　緊急場面　危機場面

本節では、子どもの発達段階における事故の特徴と種類別の対応を示す。さらに、食物アレルギーや虐待など緊急時における連絡・対応、現場で起こりうる危機場面についても説明する。

子育て支援員をはじめ周りの大人は、これらの基本的知識の習得に加えて、事故は常に誰にでもどこにでも起こりうるという意識を高めておく必要がある。不慮の事故は防止可能な健康課題であるにもかかわらず、いまだに子どもの死因としては最も多く、減少していない。それだけ取組みが難しい課題との自覚をもって取り組む必要がある。緊急事態への対応は日頃から十分に心得ておくことが重要である。支援者が初期対応以上の支援スキルに習熟していない場合は、不慣れな対応が困難な事態をより悪化させることもあるので、自分の役割と力量をよく知って支援する。そして、対応が終わったら必ず記録を残しておく。

1. 子どもの発達段階における事故防止と発生時の対応

1 子どもの発達段階における事故の特徴

子どもの発達段階の目安は、年齢である。年齢別に事故の特徴をみていく。厚生労働省の令和４年人口動態統計によると、不慮の事故は、０歳から14歳までいずれの年齢階級においても第２位または第３位の死因である。

さらに詳しく、年齢層別に事故の種類を**図表X-8**でみていくと、０歳では窒息が大きな割合を占める。１歳から４歳においても窒息が多いが、交通事故、転倒・転落、溺死・溺水の割合も大きくなってくる。５歳から９歳では窒息の割合は小さくなり、交通事故、溺死・溺水の割合が増している。

発達段階に合わせた事故防止を考えると、０歳では窒息への防止策が重要であり、１歳から９歳では、年齢が上がるにつれ自立した歩行や移動が可能となり、行動範囲が広がることを踏まえ、自動車や自転車による交通事故と浴槽や池・川などでの溺死・溺水への防止策が重要となる。

■図表X-8　不慮の事故の種類別構成割合（令和4年）

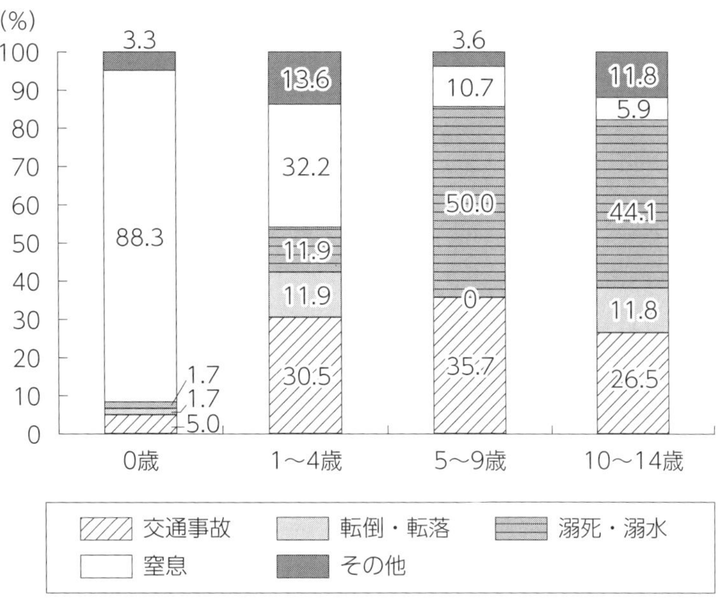

出典：厚生労働省「人口動態統計」2022.

そのほか、子どもが遭いやすい不慮の事故には、誤飲・中毒、火傷・熱傷、気道や気管支への異物の誤吸入、転落・転倒、熱中症などがある。自治体のホームページには、月齢・年齢別に起こりやすい事故が説明されているものもある。例えば、0歳から6歳までででは、愛知県の「あいちはぐみんネット」『月齢・年齢別に見る起こりやすい事故』などが参考になる。

2 事故防止のための環境整備

事故防止のためには事故の種類に応じた適切な配慮や環境の整備が求められる。

まず保護者や養育者が注意すべきことは、子どもから目を離さないこと、一人にしないことである。また、大人にとっては安全で便利な環境でも、子どもの目線・視点からは事故の原因となる環境があることを忘れてはならない。当然の事故もあれば、予想外の事故もある。事故防止のための配慮や近隣・施設・自宅内の安全な環境整備に関して、施設や学校、幼稚園等では職員会議等において取り上げ、支援者全員の共通理解を図っておくことが重要である。

窒息や誤飲、異物の誤吸入では、子どもが直接口に入れたり手について口に入る危険性のあるもの（たばこ、医薬品、化粧品、洗剤、コイン、豆類、プラスチックのおもちゃなど）を子どもの周りに置いたり手が届くところにしまったりしないこと、しまった棚や引き出しには、開けられないようにストッパーをつけるなどの工夫をすることである。

火傷・熱傷の予防は、子どもがそばにいるときは、熱湯や油など火傷をする危険性のあるものを使わないことである。テーブル上に熱いものを置いておくと、テーブルクロスを引っ張ったり、テーブルをひっくり返したりして事故に至ることがあるので注意する。熱湯が出る蛇口は熱いお湯が出ることを子どもに教えておく必要がある。シャワーなどはお湯の温度を必ず確認する。ストーブの周りなど近づいてはいけない場所には柵をする。

転倒・転落に対しては、保護者や養育者が抱っこしているときに足元に障害物がないように整理しておくことや履物を底が低く安定して歩けるものにすることである。また、高いところやベランダのフェンスに登り、転落するのを防ぐには、近くに踏み台となるものを置かないことである。

溺死の防止は、自宅や施設などの湯船に残し湯や貯め水をしないことである。湯船やビニールプールで水遊びをする際には、子どもから決して目を離さないようにする。また、川や池、海、用水路などでの水難事故を防ぐには、大人が油断して目を離すことがないよう意識することが重要である。子どもには、一人や子どもだけで川などに近づかないこと、特に前日に雨が降った日あるいは雨降りの日には川や海、水路などに近づかないことを伝え、普段から水の事故について子どもによく教えておくことが必要である。

交通事故を防止するためには、通学路や地域の遊び場、自宅や施設周辺の環境を子どもが交通事故に遭う可能性という視点で常に監視し、危険場所をチェックし改善に取り組むことである。子どもは遊びに熱中すると周りが見えなくなる。子どもだけで遊ぶ場合も、誰かが車道への飛び出しなどが危ないことを理解していれば、お互い注意できる。そのために、子ども同士が交通安全のルール遵守と危険な行動を注意できるような安全教育をする。大人が模範となって交通安全に留意して、交通ルールを守ることも重要である。

2. 緊急事態への対応における配慮と緊急連絡について

どんなに安全や健康に気をつけていても、思わぬ事故や出来事、病気の発症や悪化は起きてしまうものである。そのときには、どのように対応し、どこに連絡をすればよいのだろうか。起きる緊急事態によって異なるので、起こりうる事態を想定して対応や連絡先を決めておくとよい。マニュアルや緊急連絡網なども決めておくとよいだろう。救急車や病院、児童相談所などへの連絡はもとより、保護者へ速やかに、できるだけ包み隠さずに連絡をする必要がある。

1 食物アレルギーへの対応

東京都は「食物アレルギー緊急時対応マニュアル」を作成している。詳しくはマニュアルを参照してほしいが、大まかな流れは、まず発見者がアレルギー症状（全身の症状、呼吸器の症状、消化器の症状、皮膚の症状、顔面・目・口・鼻の症状）を確認する。そして、原因食物を食べた可能性、あるいは原因食物に触れた可能性の有無を即座に判断する。ぐったりしている、嘔吐を繰り返している、意識が朦朧としているなど、痛みや苦痛の様子などから5分以内に緊急性を判断する。

緊急性を示す症状がみられたら、エピペン®(261頁)を所持している子どもの場合、周囲の誰かに声をかけてエピペン®と内服薬を持ってこさせる。また、助けを求めて人を集める。救急車を要請し、できるだけ早くエピペン®を必ず「太ももの前外側」に打ち、安静にさせる。可能なら内服薬を飲ませる。反応がなく、呼吸がなければAEDを使って心肺蘇生(87～88頁)を行う。この間、絶対に子どもから目を離さない。なお、エピペン®は、治療薬ではなく症状を緩和する薬なので、注射後は必ず医療機関を受診する。

もし、エピペン®を処方されている子どもがいる場合は、製薬会社が作成しているホームページで、アナフィラキシーの徴候やエピペン®の使い方を確認する。練習用エピペン®トレーナーを使ったトレーニングも全職員が経験しておく。

すぐに緊急性を示すアレルギー症状が出なくても、運動などで誘発され、時間が経過して遅れて症状が現れることもあるので、大人が目を離さないように、注意して観察を続ける必要がある。

2 子どもの病気、けがや事故を発見したときの対応

急な病気やけがへの対応として、「いつもと違って様子がおかしい」と感じたときは、ためらわずに救急車を呼ぶ。消防庁のパンフレット「救急車を上手に使いましょう～救急車必要なのはどんなとき？～」では、子どもは、大人とは判断基準となる症状が異なり、顔(唇の色が紫、顔色が悪い)、頭(頭を痛がって痙攣がある、頭を強くぶつけて出血が止まらない、意識がない)、胸(激しい咳やゼーゼーして呼吸が苦しそう、呼吸が弱い)、お腹(激しい下痢や嘔吐で水分が取れず食欲がなく意識がはっきりしない、激しいお腹の痛みで苦しがる、嘔吐が止まらない、便に血が混じった)の症状がみられたら、迷わず救急(119番)に電話するよう呼びかけている。

その他、交通事故や転落などの事故状況を目撃したり、広範囲あるいは重症のやけど、発疹などを発見したりした場合なども、ためらわずに救急車を要請する。判断に迷った場合には、救急安心センター事業(#7119もしくは指定されている電話番号)に相談することもできる。救急車を要請する場合、あるいは医療機関の救急外来を受診する際には、電話により、❶事故や具合が悪くなった状況と時間、❷現在の症状、❸行った応急手当の内容、❹具合が悪い子どもの情報(年齢、持病、かかりつけ病院、普段飲んでいる薬など)などをメモして伝える。

3 虐待やDVを行った親への対応

子どもが直接受けている暴力も、子どもの目の前で行われる配偶者からの暴力(DV)も、ともに虐待である。虐待やDVを行った親への対応では、子どもの心身の安全を守ること

を第一に考え、一貫性をもち、毅然とした態度で臨む必要がある。そのため、事前に主たる養育者・支援者と対応について確認しておく必要がある。また、一人でこのような親に対応するのは避け、その際の対応の記録も残しておくべきである。

なお、こうした虐待やDVについては、子育て支援員が直接対応するのではなく、社会的養護の専門職員、主たる養育者・支援者に対応してもらうということを基本にし、協力して問題にあたるという姿勢が重要である。子どもたちからの訴えがあった場合や徴候を発見した場合には、速やかに専門職員などに連絡し、その指示を仰ぐというのが基本になるであろう。

3. 現場で起こりうる危機場面の例

1 子ども間のいじめや暴力

子どもの間でいじめや暴力が起こったとき、どのような理由があろうともいかなる形態の暴力も許されないという基本姿勢に立ち、いじめの場合はいじめられている被害者の心身の安全を第一に考え、安全を確保する。一旦いじめを容認する雰囲気ができると、いじめを防ぐのは難しくなる。対等な関係でのけんかや殴り合いである場合は、負傷している子どもの確認・救助・安全確保を行う。いずれの場合も、必ず支援員や職員を含む複数の大人で対応し、大人の身の安全にも十分に注意を払う必要がある。

まず実際に行うべきことは、複数の大人で興奮している子どもたちの暴力行為を制止することである。同時に、周りにいる子ども達の安全を確保する。けがをした子どもがいる場合は、重症度を判断し、重症であれば救急車を要請し、軽度であれば養護教諭など手当てができる大人が対応する。

主たる養育者・支援者は、管理者や警察、子どもの保護者や養育者など、連絡すべき関係者や関係機関に、事態の発生の経過を5W1H（いつ、どこで、誰が、何を、なぜ、どのように）でわかっている範囲の事実を正確に伝えることが重要である。その後、事情聴取を行い、関係者による緊急対策会議を設けて対応や支援、処遇などを検討し、関係者での情報や意識の共有を図る。

このような暴力行為に対する対応の基本的考え方や方針は、子どもから大人への暴力でも同様である。

2 飲酒や喫煙、危険な遊びや禁止されている行為

まず、20歳未満での飲酒・喫煙は法律（「20歳未満の者の飲酒の禁止に関する法律」、「20歳未満の者の喫煙の禁止に関する法律」）で禁止されており、絶対に許されないという一貫した基本姿勢に立ち、子どもを教育、指導し、やめさせる。監督すべき立場にある者が、20歳未満の者の飲酒・喫煙を制止しなかった場合は、法的な罰則があることをよく理

解したうえで対応する。対応する際には、子ども達が喫煙や飲酒を開始する理由は、❶好奇心や面白半分、刺激を得るため、❷背伸びして大人ぶったり、強がったりするため、❸ピアプレッシャーや仲間への同調圧力、承認欲求、❹現実逃避やストレス回避、❺大人や社会への反発・反抗、❻親など影響力がある人の模倣、であることを踏まえた対処が必要である。これらの心理社会的要因は、危険な遊びや禁止されている行為を行う子どもにも当てはまる。実際に子どもたちがこうした行為を行っている場面に出会ったり、情報として子どもたちから伝わってきた場合、まずは子どもたちにそうした行為をやめさせるとともに、どうしてそのような行為に至ったのかをていねいに聞き取ることが必要である。その際に決して高圧的な態度をとってはいけない。反発を招くだけである。そして、専門職員などと連携して、そうした行為に至った背景の解消に努めることが肝要である。

まとめと課題

子どもが遭う事故や危機状態は、人為的なもの、社会的なもの、自然現象によるものなど多岐にわたる。重要な緊急事態に対してはマニュアルの作成や対応の訓練が必要であるが、すべてを事前に準備しておくことは難しい。そこで、実践経験から学びながら、対応にかかわる教訓や経験則をつくっていくことが課題である。

また、日本社会には本音と建前があり、暴力や飲酒などの行為も基準が曖昧になりかねない。どの職員も支援の場で共通認識を形成し、一貫した姿勢をもつことが重要である。

事件や事故が発生した場合にすべきことは、❶事実の確認、❷情報の共有、❸緊急支援の必要性の判断、❹緊急支援チームの結成である。これらのことを管理者のリーダーシップのもとに行い、子どもの保護者や養育者に誠意をもって対応し説明する。保護者や養育者がその対応と説明を受け入れられるかは、日頃の信頼関係の形成によるところが大きい。

（朝倉隆司）

参考文献

厚生労働省「人口動態統計」2022.
愛知県「あいちはぐみんネット」『月齢・年齢別で見る起こりやすい事故』（https://www.pref.aichi.jp/kosodate/hagumin/growing/age.html）
東京都「食物アレルギー緊急時対応マニュアル」（https://www.hokeniryo.metro.tokyo.lg.jp/allergy/pdf/zenbun1.pdf）
VIATRIS「EPIPEN® エピペンサイト」（https://www.epipen.jp/）
消防庁「救急車を上手に使いましょう」（https://www.fdma.go.jp/publication/portal/items/portaP002_japanese.pdf）

9 施設の理解

キーワード

社会的養護　児童福祉施設　児童養護施設　里親　養護問題発生理由

1. 社会的養護の現状

1 社会的養護を担う児童福祉施設等の状況

保護者のいない児童、被虐待児など、家庭環境上養護を必要とする児童に対し、児童相談所の措置等によって受託し、社会的養護を担っている社会的資源は、以下の通りである。

＜児童福祉施設＞

❶ 乳児院

❷ 児童養護施設（小規模グループケア（ユニットケア）、地域小規模児童養護施設（グループホーム）を含む）

❸ 児童心理治療施設

❹ 児童自立支援施設

❺ 母子生活支援施設

❻ 自立援助ホーム

＜家庭的養護＞

❶ 里親

❷ 小規模住居型児童養育事業（ファミリーホーム）

これらの社会的養護を担う施設の対象児童、施設数、定員、現員、職員総数、ならびに里親区分、登録里親数、委託里親数、委託児童数、および小規模グループホーム、地域小規模児童養護施設、ファミリーホームの数は、**図表Ⅰ-11**（52頁）の通りである。

2 社会的養護の対象児童の状況

2022（令和4）年3月の厚生労働省の資料によると、社会的養護の対象児童は、約4万2000人である。これらの児童の養護問題発生理由の推移をみたものが、**図表Ⅹ-9**である。

父母の死亡・行方不明など、保護者のいない児童の割合は著しく減少し、両親の離婚・未婚・不和の割合も減少している。これに対し、父母の就労等の経済的理由、父母の放任・怠惰、父母の虐待・酷使の割合がほとんど変化していないことも特徴としてあげられる。

このうち、乳児院、児童養護施設の児童の入所理由として高い割合を占めているのが虐待・ネグレクトである。

■図表X-9　養護問題発生理由別児童数の割合の推移

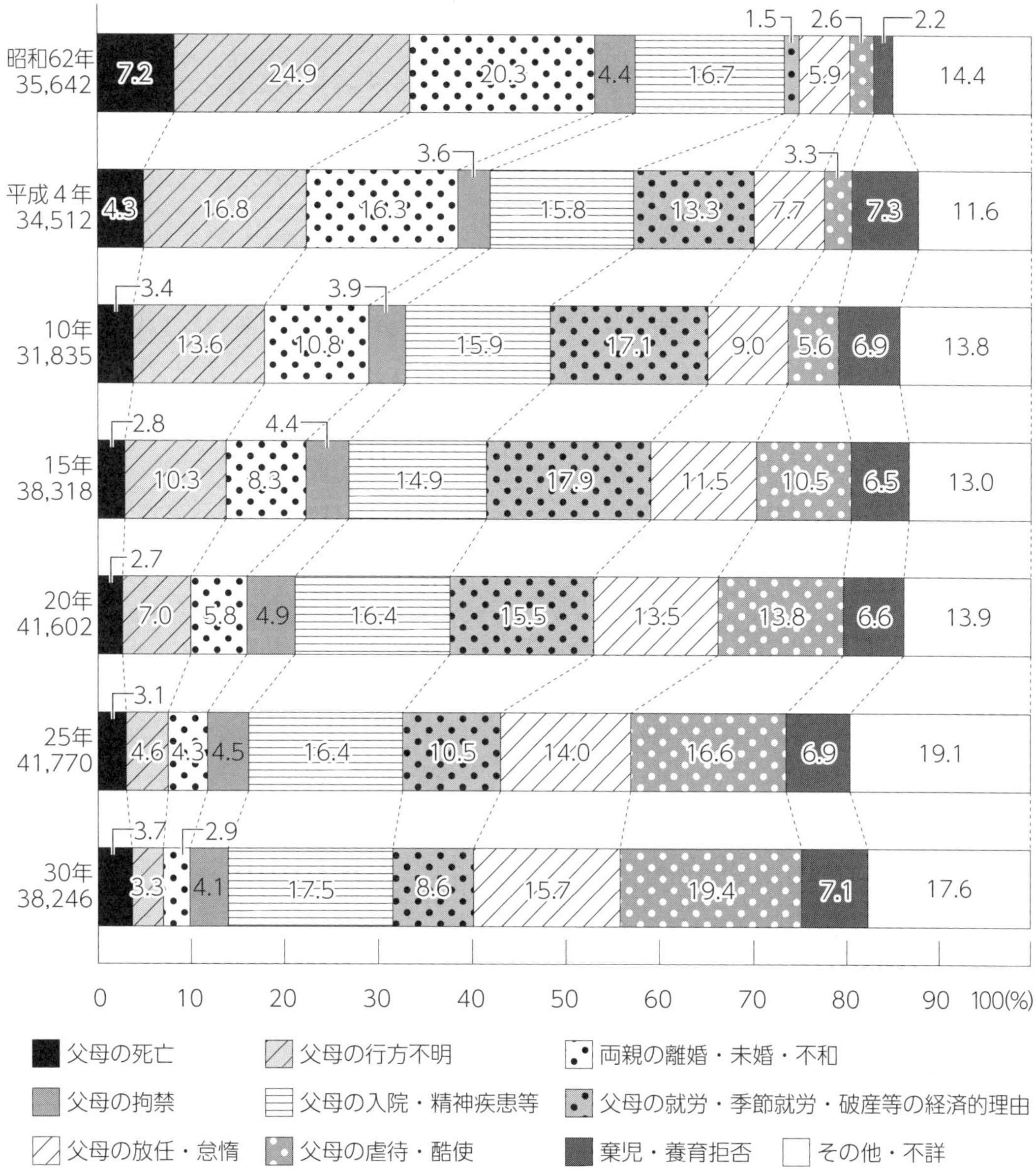

	父母の死亡	父母の行方不明	両親の離婚・未婚・不和	父母の拘禁	父母の入院・精神疾患等	父母の就労・季節就労・破産等の経済的理由	父母の放任・怠惰	父母の虐待・酷使	棄児・養育拒否	その他・不詳
昭和62年 35,642	7.2	24.9	20.3	4.4	16.7	1.5	5.9	2.6	2.2	14.4
平成4年 34,512	4.3	16.8	16.3	3.6	15.8	13.3	7.7	3.3	7.3	11.6
10年 31,835	3.4	13.6	10.8	3.9	15.9	17.1	9.0	5.6	6.9	13.8
15年 38,318	2.8	10.3	8.3	4.4	14.9	17.9	11.5	10.5	6.5	13.0
20年 41,602	2.7	7.0	5.8	4.9	16.4	15.5	13.5	13.8	6.6	13.9
25年 41,770	3.1	4.6	4.3	4.5	16.4	10.5	14.0	16.6	6.9	19.1
30年 38,246	3.7	3.3	2.9	4.1	17.5	8.6	15.7	19.4	7.1	17.6

0　10　20　30　40　50　60　70　80　90　100(%)

※年によって調査項目は若干異なっている。全国の里親、児童養護施設、児童心理治療施設（情緒障害児短期治療施設）、児童自立支援施設、乳児院の入所児童。

出典：厚生労働省子ども家庭局・社会援護局障害保健福祉部「児童養護施設入所児童等調査」

2. 演習

前項の内容を学び、理解したうえで、施設職員等による演習、グループワークを通じ、実際の業務について理解する。特に、社会的養護の支援者としてのやりがい、支援者として必要なこと、期待されること等を学ぶ。

ある児童養護施設の紹介

社会的養護を担う施設のなかで最も多く設置されている児童養護施設の一つを紹介する。

＜社会福祉法人二葉保育園　二葉学園＞

❶ 沿革

二葉学園は、1900（明治33）年に野口幽香（のぐちゆか）、齊藤（さいとう）（森島（もりしま））峰（みね）が創設した私立幼稚園の創立をもって始まり、以後120年余の歴史をたどってきている。

第二次世界大戦後1947（昭和22）年に母子寮と養護施設が分園として設立され、その後母子寮は廃設となったが、1964（昭和39）年社会福祉法人二葉保育園の設立後、1968（昭和43）年に養護施設（現・児童養護施設）二葉学園となった。

1981（昭和56）年に、本園に加えグループホーム第一分園（2002（平成14）年小規模児童養護施設に移行）が設置され、さらに1986（昭和61）年に第二分園、2004（平成16）年に第三分園、2005（平成17）年に第四分園、2006（平成18）年に第五分園、2007（平成19）年に第六分園、2017（平成29）年に第七分園、2019（平成31）年に第八分園が順次設置された。このほか、近隣の2市の委託による子どもショートステイ事業を運営している。

❷ 入所児童数

2歳から18歳未満（20歳未満まで継続可能）の男女児童で、定員は本体施設40名、地域小規模施設18名、計58名である。

❸ 職員構成

職員は、園長以下、事務および栄養士、調理員、児童指導員、保育士、臨床心理士、治療指導員、嘱託医、嘱託精神科医の専門職で構成されている。

❹ 理念

手をつなぐ、笑顔をつなぐ、未来へつなぐ——未来に向かって自分らしく歩んでいこう

❺ 運営基本方針

① 子どもの最善の利益を追求する施設運営を目指す。

② 民主的かつ組織的連携強化による運営を目指す。

③ 学校および児童相談所、地域社会との連携を強化し、社会的に開かれた施設運営の実

践を目指す。

❻ 養護目的

① さまざまな事情により、家庭で生活できない状況の子どもや、環境上、生活上養護を必要とする子どもを受け入れて、子どもの権利を主体とした位置づけのなかで健全に成長と自立ができるよう養護する。

② 暴力、いじめを排除し、家庭的な小集団による生活をおくる。

③ 子どもに対してより専門的な支援を行うことを目的に、精神科医や治療指導担当職員による助言を通じ、子どもたちに直接かかわる職員の専門性の向上に努める。

❼ 生活、活動

養護目的

さまざまな事情により、家庭で生活できない状況の子どもや、環境上・生育上養護が必要とする子どもを受け入れて、子どもの権利を主体とした位置づけのなかで健全に、成長と自立ができるよう養護します。

暴力・いじめを排除し、家庭的な小集団による生活をおくります。

また、子どもに対してより専門的な支援を行うことを目的に、精神科医や治療指導担当職員による助言を通じ、子どもたちに直接かかわる職員の専門性の向上に努めています。

心理療法

子どもたちの心の傷つきや、自分でも整理できない気持ちについて、子どもと一緒にいろいろ考えていく場として、二葉学園では、心理士による心理療法・カウンセリングを行なっています。

地域活動

地域の方々との関わりを持ちながら子育て支援を行っていくことを目的にコミニティケアワーカーを配置し、地域との連携を強めています。また、地区子ども会に参加したり、小中学校の役員を引き受けて活動するなど、地域における子育て支援に積極的に関わっています。

食生活

二葉学園では「食」が子どもの成長発達につながるという点だけでなく、時には癒しとなることも大切と考え、「献立を立て、食材を購入し、調理し、食べる」といった食生活の一連の流れを理解し、身につけて、各々が主体的に食生活を営めるようになることを目指していきたいと考えています。

行事・児童会

各居室やホーム独自の小規模なレクリエーションを始め、学園全体で行う体験プログラムや希望者による70km、40km強歩、クリスマス会、卒園生を送る会、そして地域の方を交えた交流バーベキュー等、年間を通じて特色ある行事を展開しています。それと同時に、幼・小・中・高の各児童会を設け、子どもたちが自由に意見を表現できる場として活用しています。

主な行事	4月〜8月	体験プログラム
	8月	地域交流バーベキュー大会
	10月	強歩（70km、40km）
	12月	クリスマス会
	1月	卒園生の会
	3月	卒園生を送る会
		スキー・雪遊び

青色は全員で行う大きな行事です。

※その他の行事

誕生日会・七夕の会・節分の会・ひなまつり・餅つき・児童会等

習い事・ボランティア活動

すべての児童が自分らしさや自信を持てるように、ひとつは好きなことや習い事に取組めるように働きかけています。（サッカー・野球・水泳・ダンス・そろばん・ピアノ・茶道・英会話・学習塾等）

また、多くのボランティアの方に関わっていただいています。（児童の個別学習・遊び・紙芝居・絵画・美容散髪・ピアノ・調理・環境整備等）

X

社会的養護コース

児童会 夏の取り組み報告

今年の児童会の夏の取り組みは、五つの全児童会が同じロケーションを使用して二泊三日のキャンプを行いました。リレー方式で八月二日～十二日の期間、活動日が一日重なるように、

高校生会←小学生高学年会←幼児の会←小学生低学年会←中学生会

の順に活動を行いました。

高校生会

初日は「ゲル」作りから始まりました。下準備をしてから臨んだものの、炎天下での作業は想像を超える過酷さでした。しかし、高校生の働きも職員の想像を超えるものでした。滝のように汗をかきながら、個々の作業はテキパキと、協同作業では声をかけ合いながら作り上げていきました。女の子はゲルの屋根になる部分をとても丁寧にそしてスピーディに作業してくれました。皆の頑張りで、とても立派なゲルが完成しました。

二日目は、中学生会から託された竹製の手作り水鉄砲遊びや、ロケーションがとても綺麗な中での川遊びを楽しみました。夜には自身のことを語る場を設けました。普段話せないような話が出たりしてとても興味深い話ばかりでした。

最終日、小高会を迎え入れ、メダルを渡し、スイカや手作りのパン、台作りから始めた流しそうめんでおもてなしをしました。大変な作業でしたが小高会の子どもたちがとても嬉しそうに食べてくれて疲れも吹っ飛びました。

準備を進めていく中で、どう成功させるかと不安も強い中でのスタートでしたが、想像以上の頑張り、そして楽しんでいる高校生を見て、達成感や充実感に満ち溢れた夏の取り組みとなりました。

保育士

小学生高学年会

早朝出発し、電車とバスを乗り継ぎ、丹沢湖から歩いてキャンプ場まで向かいました。長い道のりでしたが互いに励まし合い、誰も欠けることなく歩き切ることが出来ました。到着後、高校生会からのおもてなしとして、流しそうめんやスイカを食べたりと楽しい時間を過ごしました。

現地での活動は、川遊びや滝を目指しての山道散策、「無事カエル」の制作などを行いました。「無事カエル」は、何事もなく帰ってきて欲しい願いをこめて、ビーズで装飾したバッジです。それぞれ味のある作品となっていました。

活動の中で一番印象に残っているのは、二日目のキャンプファイヤーです。元々計画にはなかったのですが、キャンプ場で活動をしていると、福島県から来ていた小学生と現地の小学生の交流へのお誘いを受けまして、参加させて頂きました。交流を通じて、子ども達の笑顔がたくさん見られました。その夜、前半期の活動やこのキャンプについて子ども共に振り返りを行いました。川で遊んだことが大きく残っているようで、皆「楽しかった」と話していました。最終日に小低会へのおもてなしを行い、「無事カエル」を渡しました。互いに笑顔で、とても良い雰囲気で終えることが出来ました。

児童指導員

幼児の会

今年は、二泊三日のキャンプでしたが、人生初の経験だった児童も多かったのではないでしょうか。バーベキュー、花火、プチ肝試し、魚つかみ取り、どの活動も全力で取り組む姿には感動させられました。

プチ肝試しでは、『川の神様のカッパにきゅうりをもっていく』というもので、大泣きしてしまう児童もいましたが、最後には「カッパさんにまた会いたい」と、きらきらした目を見ることができました。魚つかみ取りでは自分達で作った川の中の囲いに魚を放流し、手づかみ！怖がっていても最後は塩焼きにして美味しく食べ、生き物を食べて生きているという実感が残っていたら･･嬉しく思います。最初は川に入るのも難しかった子ども達が、最終日には初日よりも流れが速い川に自分から入ろうとチャレンジする姿も見られ、三日で大きく成長する姿を見ることができました。

体力面や怪我等の心配もありましたが、何事もなく最後まで過ごすことができ「また行きたい」という言葉にほっと一安心です。

子ども達の感想一部分ですがお伝えします。

「いっぱい“えんえん”しちゃったの。」「お魚つるつるしてた！」「カッパさんいた。きゅうりなげたの。」

児童指導員

中学生会

キャンプは小高会からのおもてなしから始まりました。手作りのハンモック以外にも「無事に帰る」という意味が込められた名前入りのカエルのバッジ等、目を輝かせるばかりでした。事前にペイントしたベンチも役立っていることを聞き大喜び。

火起こしへ初挑戦し、火への怖さや難しさを直に感じていました。しかし、翌日から全員が「やりたい！」と言う程でした。夜はナイトウォークにも挑戦しました。‚川神様‘と言う名の川の神様からの「川を汚さずに遊び、生き物と仲良くして欲しい」という手紙を見つけ、ゲルに戻ってみると川神様からおやつのプレゼントを発見。皆、想像を膨らませていました。川遊びでは職員が夜な夜な作った風船いかだを使って浮いてみたり、勇気を出して川に飛び込んでみたりと最初こそ水を嫌がる児童もいましたが様々な遊び方を見つけて遊んでいました。最終日には、幼児の会へのおもてなしとしてピザ作りをしました。

活動を通して、昨年と同様なメンバーであり、成長を感じさせるような表情をたくさん見せてくれました。非日常の環境の中、挑戦したり、踏ん張ったり、協力し合ったりして過ごす三日間はあっという間に幕を閉じたのでした。

保育士

小学生低学年会

早朝五時半頃出発しました。谷峨駅で朝食のおにぎりを食べ、ダムを見に行きました。その後はキャンプ場まで歩いて向かいました。元気だった子ども達も到着する頃にはもうヘトヘトになっていました。私も無我夢中で歩きました。現地に着いてから、幼児の会のおもてなしを受け、手作りのすいとんを美味しく頂きました。

活動は、近くの川で遊んだり、絶景の滝を見に行ったり･･･中には自ら滝に打たれに行く児童もいました。夜は銭湯へ行き、疲れを取りました。

食事は、カレー作りやバーベキュー。たくさんお肉を食べる児童もいれば、一生懸命火の番をする児童もいました。「火の番のため」に、とお肉を確保してくれる優しい子もいました。

今年は、一年生がたくさん加わり、あまり面識のない子ども同士での取り組みでしたが、様々な取り組みを通じて、学年問わず助け合いながら仲良く取り組むことが出来ました。また、はじめは活動に消極的だったり歩くのが辛いと話す子ども達も、取り組みが終わる頃になると「滝で飛び込んだり川にもぐったり楽しかった」や「もう一泊しても良かったな」等と話している子がいる程良い取り組みとなりました。

児童指導員

まとめと課題

社会的養護の実践体系、特に社会的養護を担う児童福祉施設の実践現場を学び、直接ふれることは、子育て支援員にとって、子どもの理解、子育ての理解を深め、子育て支援員としての資質を高めるうえで非常に大きな意義をもつ。なかでも、全国に最も多く設置されている社会的養護を担う児童福祉施設である児童養護施設を理解し、ケアワーク、ソーシャルワークの実際を学ぶことが重要である。

（網野武博）

参考文献

厚生労働省「社会的養育の推進に向けて」令和４年３月

索引

き

く

け

こ

さ

し

せ

そ

子育て支援員研修テキスト刊行委員会（50音順、◯は委員長）

	瀧口　優	（たきぐち・まさる）	白梅学園短期大学名誉教授
	竹鼻ゆかり	（たけはな・ゆかり）	東京学芸大学教授
	橋本真紀	（はしもと・まき）	関西学院大学教授
◯	深谷昌志	（ふかや・まさし）	東京成徳大学名誉教授

執筆者一覧（50 音順）

朝倉隆司	（あさくら・たかし）	東京学芸大学名誉教授	Ⅹ-8
網野武博	（あみの・たけひろ）	元・東京家政大学教授	Ⅹ-1、Ⅹ-9
荒川雅子	（あらかわ・まさこ）	東京学芸大学講師	Ⅰ-3、Ⅱ-6
内山絢子	（うちやま・あやこ）	元・目白大学教授	Ⅹ-3
尾木まり	（おぎ・まり）	子どもの領域研究所所長	Ⅳ-1、Ⅳ-3、Ⅳ-5
奥山千鶴子	（おくやま・ちづこ）	NPO 法人子育てひろば 全国連絡協議会理事長	Ⅵ-2、Ⅵ-5、Ⅶ-1、Ⅶ-4、Ⅷ-5、Ⅷ-6
桶田ゆかり	（おけだ・ゆかり）	十文字学園女子大学 非常勤講師	Ⅱ-7、Ⅱ-8
熊澤幸子	（くまさわ・さちこ）	昭和女子大学名誉教授	Ⅱ-3
小泉左江子	（こいずみ・さえこ）	東京純心大学教授	Ⅳ-2、Ⅳ-4
斎藤二三子	（さいとう・ふみこ）	幼児教育研究家	Ⅹ-7
佐々加代子	（さっさ・かよこ）	白梅学園大学名誉教授	Ⅰ-4、Ⅲ-1、Ⅲ-2、Ⅲ-3、Ⅲ-4、Ⅲ-5
汐見稔幸	（しおみ・としゆき）	東京大学名誉教授	序-1、序-2、Ⅰ-1
鈴木　聡	（すずき・さとし）	東京学芸大学教授	Ⅹ-2
田上不二夫	（たがみ・ふじお）	筑波大学名誉教授	Ⅹ-5、Ⅹ-6
瀧口　優	（たきぐち・まさる）	白梅学園短期大学名誉教授	Ⅰ-8、Ⅱ-10、Ⅱ-11、Ⅱ-12、Ⅲ-6、 Ⅳ-6、Ⅵ-8、Ⅵ-9、Ⅸ-2、Ⅸ-3、Ⅸ-4
竹之内章代	（たけのうち・あきよ）	東北福祉大学准教授	Ⅰ-7
竹鼻ゆかり	（たけはな・ゆかり）	東京学芸大学教授	Ⅱ-4、Ⅱ-5
鶴　宏史	（つる・ひろふみ）	武庫川女子大学教授	Ⅰ-5、Ⅵ-1、Ⅵ-3
鉄矢悦朗	（てつや・えつろう）	東京学芸大学教授	Ⅷ-1、Ⅷ-2
中田周作	（なかだ・しゅうさく）	中国学園大学教授	Ⅸ-1、Ⅸ-5、Ⅸ-6
中山哲志	（なかやま・さとし）	東日本国際大学・ いわき短期大学学長	Ⅴ-1、Ⅴ-2、Ⅴ-3、Ⅴ-4
中山正雄	（なかやま・まさお）	白梅学園短期大学名誉教授	Ⅰ-6、Ⅹ-3、Ⅹ-4、Ⅹ-5、Ⅹ-7
西村德行	（にしむら・とくゆき）	東京学芸大学教授	Ⅷ-3、Ⅷ-4
橋本真紀	（はしもと・まき）	関西学院大学教授	序-3、Ⅵ-4、Ⅵ-6、Ⅵ-7、Ⅶ-2、Ⅶ-5
深谷和子※	（ふかや・かずこ）	東京学芸大学名誉教授	Ⅰ-6、Ⅱ-10、Ⅹ-7
深谷昌志	（ふかや・まさし）	東京成徳大学名誉教授	Ⅰ-5、Ⅹ-4
松田恵示	（まつだ・けいじ）	立教大学特任教授	Ⅰ-2、Ⅱ-9
松永静子	（まつなが・しずこ）	白梅学園大学・白梅学園短期大学 子ども学研究所研究員（嘱）	Ⅱ-1、Ⅱ-2
水枝谷奈央	（みえたに・なお）	玉川大学非常勤講師	Ⅶ-3

※ 2024 年 1 月にご逝去されました。

子育て支援員研修テキスト　第3版

2017年8月20日　初版発行
2019年2月25日　第2版発行
2024年4月5日　第3版発行

監　修……………………一般社団法人　教育支援人材認証協会
編　集……………………子育て支援員研修テキスト刊行委員会
発行者……………………荘村明彦
発行所……………………中央法規出版株式会社
〒110-0016　東京都台東区台東3-29-1　中央法規ビル
TEL 03-6387-3196
https://www.chuohoki.co.jp/
印刷所……………………株式会社アルキャスト
装丁・本文デザイン……株式会社ジャパンマテリアル

定価はカバーに表示してあります。
ISBN978-4-8243-0013-3